权威·前沿·原创

皮书系列为
"十二五""十三五""十四五"时期国家重点出版物出版专项规划项目

B

BLUE BOOK

智库成果出版与传播平台

甘肃蓝皮书

BLUE BOOK OF GANSU

甘肃社会发展分析与预测

（2025）

ANALYSIS AND FORECAST ON
SOCIAL DEVELOPMENT OF GANSU (2025)

主 编／景志锋 赵国军

社会科学文献出版社

SOCIAL SCIENCES ACADEMIC PRESS (CHINA)

图书在版编目(CIP)数据

甘肃社会发展分析与预测.2025／景志锋，赵国军
主编.-- 北京：社会科学文献出版社，2024.12.
(甘肃蓝皮书).-- ISBN 978-7-5228-4724-5

Ⅰ.D674.2
中国国家版本馆 CIP 数据核字第 2024CC7308 号

甘肃蓝皮书

甘肃社会发展分析与预测（2025）

主　　编／景志锋　赵国军

出 版 人／冀祥德
责任编辑／张　媛　侯曦轩
责任印制／王京美

出　　版／社会科学文献出版社·皮书分社 (010) 59367127
　　　　　地址：北京市北三环中路甲 29 号院华龙大厦　邮编：100029
　　　　　网址：www.ssap.com.cn
发　　行／社会科学文献出版社 (010) 59367028
印　　装／天津千鹤文化传播有限公司

规　　格／开　本：787mm×1092mm　1/16
　　　　　印　张：20　字　数：296 千字
版　　次／2024 年 12 月第 1 版　2024 年 12 月第 1 次印刷
书　　号／ISBN 978-7-5228-4724-5
定　　价／158.00 元

读者服务电话：4008918866

甘肃蓝皮书编辑委员会

甘肃蓝皮书编辑委员会办公室

主要编撰者简介

景志锋 甘肃省社会科学院党委副书记,先后在甘肃省教育厅、甘肃省委组织部等单位主要从事教育行政管理、党员教育管理和信息化等工作。先后主持开发建设甘肃教育科研网、陇原先锋甘肃党员教育智慧云平台。在甘肃省农村党员干部远程教育平台研发中主持教学资源库建设工作,该平台获甘肃省2010年度科技进步二等奖,主持研发"甘肃党建"平台及手机App。主持编写出版的《乡村干部培训教材》一套10册,其中2册被中国国家图书馆收藏。

赵国军 甘肃省社会科学院杂志社总编辑、研究员,主要从事民族社会历史文化和宗教等方面研究。先后在《世界宗教研究》《哈尔滨工业大学学报》《甘肃社会科学》《吉首大学学报》《宁夏社会科学》等刊物发表论文40余篇,其中10多篇先后被《中国社会科学文摘》、《高校文科学术文摘》、人大复印报刊资料、《新华文摘》等全文转载、摘编。先后主持完成国家社会科学基金项目、甘肃省社会科学规划项目以及其他项目10多项。先后获国家民委优秀成果三等奖、甘肃省社会科学优秀成果二等奖、三等奖5次。

总　序

2024年7月18日，中国共产党第二十届中央委员会第三次全体会议在北京召开。全会审议通过的《中共中央关于进一步全面深化改革　推进中国式现代化的决定》深刻阐述了进一步全面深化改革、推进中国式现代化的重大意义和总体要求，擘画了以中国式现代化全面推进中华民族伟大复兴的战略举措。我们高举中国特色社会主义伟大旗帜，全面贯彻习近平新时代中国特色社会主义思想，弘扬伟大建党精神，自信自强、守正创新，踔厉奋发、勇毅前行，在省委省政府的正确领导和有关部门、单位的大力支持下，倾全院之力研究编撰出版甘肃各行业各领域系列蓝皮书，经过多年的不懈努力，"甘肃蓝皮书"已成为著名的智库品牌。

"甘肃蓝皮书"作为甘肃经济社会各领域发展的年度性智库成果，从研究的角度记录了甘肃经济社会的巨大变迁和发展历程。2006年《甘肃经济社会发展分析与预测》《甘肃舆情分析与预测》面世，标志着"甘肃蓝皮书"正式诞生。至"十一五"末，《甘肃社会发展分析与预测》《甘肃县域和农村发展报告》《甘肃文化发展分析与预测》相继面世，"甘肃蓝皮书"由原来的2种增加到5种。2011年，我院首倡由陕西、甘肃、宁夏、青海、新疆西北五省区社科院联合编研出版《中国西北发展报告》。从2014年起，我院加强与省直部门和市州合作，先后与省住房和城乡建设厅、省民族事务委员会、省商务厅、省统计局、酒泉市合作编研出版《甘肃住房和城乡建设发展分析与预测》《甘肃民族地区发展报告》《甘肃商贸流通发展报告》《甘肃酒泉经济社会发展报告》。2018年，与省精神文明办、平凉市合作编研出版《甘肃精神文明发展报告》《甘肃平凉经济社会发展报告》。2019年，与省文化和旅游厅、临夏回族自治州合作编研出版《甘肃旅游业发展报告》《临夏回族自治州经济社会发展形势分析与预测》。2020年，与兰州市社会科学院合作编研出版《兰州市经济社会发展形势分析与预测》，与沿黄九省区（青海、四川、甘肃、宁夏、内蒙古、陕西、山西、河南、山东）社科院合作编研《黄河流域蓝皮书：黄河流域生态保护和高质量发展报告》。2021年，与省人力资源和社会保障厅合作编研出版《甘肃人力资源和社会保障发展报告》。2022年，与武威市、肃北蒙古族自治县合作编研出版《武威市文化与旅游发展报告》《肃北蒙古族自治县经济社会发展报告》。2023年，与国网甘肃省电力公司合作编研出版《甘肃能源发展报告（2024）》。2024年，与甘肃省广播电视局合作编研出版《甘肃广播电视和网络视听发展报告》，与兰州城市学院合作编研出版《甘肃城市发展报告》。至此"甘肃蓝皮书"的编研出版规模发展到22种，形成"5+2+N"的格局，涵盖了经济、社会、文化、生态、舆情、住建、商贸、旅游、民族、能源、广播电视、城市发展、人力资源和社会保障等领域，地域范围从酒泉、武威、临夏、平凉、兰州等省内市州拓展到"丝绸之路经济带"、黄河流域以及西北五省区等相关区域。

十九年筚路蓝缕，十九年开拓耕耘。如今"甘肃蓝皮书"编研种类不断拓展，社会影响力逐渐扩大，品牌效应日益凸显，已由院内科研平台，发展成为众多省内智库专家学者集聚的学术共享交流平台和省内外智库研究成果传播转化平台，成为社会各界全面系统了解甘肃推进"一带一路"建设、西部大开发形成新格局、黄河流域生态保护和高质量发展等国家战略实施，以及甘肃经济发展、生态保护、乡村振兴、文化强省等领域生动实践和发展成就的重要窗口，成为凝结甘肃哲学社会科学最新成果的学术品牌，体现甘肃思想文化创新发展的标志品牌，展示甘肃有关部门、行业和市州崭新成就的工作品牌，在服务省委、省政府重大决策和全省经济社会高质量发展中发挥着越来越突出的作用。

2024年"甘肃蓝皮书"秉持稳定规模、完善机制、提升质量、扩大影响的编研理念，始终融入大局、服务大局，始终服务党委和政府决策，始终坚持目标导向和问题导向，坚定不移走高质量编研之路。在编研过程中遵循原创性、实证性和专业性要求，聚焦省委省政府中心工作和全省经济社会发展中的热点难点问题，充分运用科学方法，深入分析研判全省经济建设、社会建设、生态建设、文化建设总体趋势、进展成效和存在的问题，提出具有前瞻性、针对性的研究结论和政策建议，以便更好地为党委和政府决策提供事实依据充分、分析深入准确、结论科学可靠、对策具体可行的参考。

2025 年，甘肃省社会科学院以习近平新时代中国特色社会主义思想为指导，认真贯彻落实《中共中央关于进一步全面深化改革　推进中国式现代化的决定》和习近平总书记对甘肃重要讲话和指示精神，坚持为人民做学问，以社科之长和智库之为，积极围绕国家发展大局和省委、省政府中心工作，进一步厚植"甘肃蓝皮书"沃土，展现陇原特色新型智库新风貌，书写好甘肃高质量发展新篇章，为加快建设幸福美好新甘肃、不断开创富民兴陇新局面贡献智慧和力量。

此为序。

李旭文

2024 年 8 月 26 日

摘　要

　　《甘肃社会发展分析与预测（2025）》是"甘肃蓝皮书"系列成果之一，由甘肃省社会科学院组织科研人员撰写。本书坚持以习近平新时代中国特色社会主义思想为指导，深入贯彻党的二十大和二十届二中、三中全会精神和习近平总书记视察甘肃重要讲话精神。立足甘肃省情实际，全面回顾了2024年甘肃社会发展取得的具体成就，分析和梳理了当前社会发展中存在的问题，并提出对策建议。

　　全书分为总报告、发展篇、专题篇、调查篇四个部分，由18篇报告组成。总报告指出，2024年甘肃坚持稳中求进工作总基调，持续实施"四强"行动，做深做实"五量"文章，全省经济发展向上向好，卫生健康事业高质量发展、社会民生事业全面发展、居民收入水平与消费能力都有提升、就业创业工作成绩显著、新型城镇化与和美乡村建设持续推进，经济社会发展主要指标进位争先、质效兼优，增速稳居全国前列。发展篇通过综合分析，对甘肃社会保障发展、城乡居民收入与消费、就业形势、人口发展、卫生健康事业发展等进行研究。专题篇侧重具体行业和领域展开专题调查研究，主要对甘肃发展新质生产力的人才要素支撑、新时代甘肃和美乡村建设、农村养老服务体系建设、完善生育支持政策体系、强化城乡社区服务功能、建设区域中心城市、"枫桥经验"甘肃实践等进行深入研究。调查篇主要聚焦甘肃社会发展中的热点问题，主要对"结对帮扶·爱心甘肃"工程实施效果、构建普惠托育服务体系、新型城镇化建设、城市形象构建、积石山地震灾后重建等开展调查分析。

2024年甘肃坚持把发展作为解决一切问题的基础和关键，坚持深化改革、勇于创新、苦干实干，全省凝心聚力谋发展，不断优化营商环境，大力实施引大、引强、引头部的招商引资活动，牢牢把握高质量发展这个新时代的硬道理，抢抓战略机遇，超前布局未来产业，放大比较优势，努力推动经济社会与民生事业不断发展。2025年甘肃要继续努力推动经济社会高质量发展，持续做好就业创业工作、巩固提升社会民生保障水平、持续大幅改善营商环境、积极实施人口长远发展规划、推进教育强省战略和因地制宜发展新质生产力等，努力谱写加快建设幸福美好新甘肃的新篇章。

关键词： 社会发展　社会治理　民生福祉　甘肃

Abstract

Social Development of Gansu Analysis and Forecast (2025) represents a pivotal contribution to the "Gansu Blue Book" series, authored by researchers from the Gansu Academy of Social Sciences. This work is informed by the principles of Xi Jinping Thought on Socialism with Chinese Characteristics for a New Era, in alignment with the spirit of the 20th National Congress of the Communist Party of China, the decisions of the second and third plenary sessions of the 20th Central Committee, and the guidance provided by General Secretary Xi Jinping during his inspection of Gansu Province. The book is firmly rooted in the specific context of Gansu province. It provides a comprehensive review of the achievements in social development during 2024, analyses the current challenges facing social progress in Gansu, and offers policy suggestions aimed at fostering further reflection and insight into the province's social construction and development efforts.

The book is comprised of four sections. The report is comprised of four sections: General Report, Development Section, Special Topics Section, and Survey Section. In total, there are 15 reports. The General Report delineates the principal developments of 2024, underscoring Gansu's commitment to pursuing progress while upholding stability. The province proceeded with the implementation of the "Four Strong" actions and intensified its efforts in the "Five Priorities," which resulted in a substantial increase in economic growth. Notable advancements were observed in the healthcare sector, social welfare services underwent extensive expansion, residents' income and consumption capabilities increased, and employment and entrepreneurship initiatives yielded considerable outcomes. Moreover, consistent advancement was achieved in the realms of new urbanisation and the construction of aesthetically pleasing rural areas. The key indicators of economic and social development demonstrated improvement in both quantity and quality, with growth rates remaining among the highest in the nation.

The Development Section presents a comprehensive analysis of various aspects, including social security development, income and consumption levels of urban and rural residents, employment trends, population growth, and the healthcare sector. The Special Topics Section is dedicated to in-depth research into specific fields, including the role of talent in supporting the development of new productivity in Gansu, the implementation of the "Fengqiao Experience" in Gansu in the new era, rural beautification projects, the establishment of rural elderly care systems, improving birth policy support mechanisms, enhancing urban and rural community services, and the development of regional central cities. The Survey Section addresses pivotal matters pertaining to the social development of Gansu, including the repercussions of the "Paired Assistance and Loving Gansu" initiative, the establishment of an inclusive childcare service system, the construction of an urban image, the undertaking of new urbanisation efforts, and the post-earthquake reconstruction in Jishishan.

The book reaches the conclusion that, in 2024, the province of Gansu continued to regard the pursuit of development as the fundamental and critical solution to all challenges. By deepening reform, fostering innovation, and working assiduously, the entire province was mobilised to pursue progress. Significant efforts were made to optimise the business environment, attract leading enterprises and investments, and remain committed to the path of high-quality development, which is an essential requirement of the new era. Gansu identified and acted upon strategic opportunities, formulated forward-thinking plans for future industries, leveraged its comparative advantages, and strove to achieve continuous advancements in economic, social, and livelihood sectors. In the forthcoming year, Gansu will maintain its focus on high-quality economic and social development, intensifying its efforts to enhance employment and entrepreneurship, consolidating and improving social welfare services, markedly optimising the business environment, implementing long-term population development strategies, promoting education as a core pillar of provincial strength, and cultivating new productivity tailored to local conditions. These endeavours are intended to facilitate the commencement of a new era of accelerated prosperity and growth in Gansu.

Keywords: Social development; Social governance; People's well-being; Gansu

目　录 ⏎

Ⅰ　总报告

Ⅱ　发展篇

Ⅲ　专题篇

Ⅳ　调查篇

皮书数据库阅读使用指南

CONTENTS ⊠

I General Report

II Reports on Social Development

Ⅲ   Reports on Special Subjects

Ⅳ   Reports on Social Survey

总报告

B.1

加快建设幸福美好新甘肃

——2024~2025年甘肃社会形势分析与预测

赵国军*

摘　要： 2024年甘肃坚持把发展作为解决一切问题的基础和关键，坚持以实干担当、敢作善为凝聚高质量发展合力。牢牢把握高质量发展这个新时代的硬道理，抢抓战略机遇，超前布局未来产业，放大比较优势，立足国家所需，大力发展新质生产力，全省经济社会发展保持向上向好的积极态势，社会事业全面发展，民生事业不断改善，新型城镇化与和美乡村建设水平不断提升，营商环境大幅改善，招商引资量质齐升，生态建设硕果累累。但当前全省社会发展也面临潜在的问题和困难，报告提出持续做好就业工作，不断改善社会保障和民生福祉，大幅改善营商环境，持续实施教育强省战略与因地制宜发展新质生产力，不断推动人口均衡发展等对策建议。

---

* 赵国军，法学博士、哲学博士后，甘肃省社会科学院杂志社总编辑、研究员，主要从事民族社会历史文化研究。

关键词： 社会发展　社会治理　民生福祉　甘肃

2024 年是中华人民共和国成立 75 周年，也是实现"十四五"规划目标任务的关键一年。甘肃全省上下坚持以习近平新时代中国特色社会主义思想为指导，深入贯彻党的二十大和二十届二中、三中全会精神，坚定不移贯彻落实习近平总书记对甘肃重要讲话重要指示批示精神，坚持稳中求进工作总基调，全面贯彻新发展理念，着力推动高质量发展，主动服务和融入新发展格局，以构建"一核三带"区域发展格局，持续实施"四强"行动，做深做实"五量"文章。统筹扩大内需和深化供给侧结构性改革，统筹新型城镇化和乡村全面振兴等，扎实推进积石山地震灾后重建，促进社会预期和营商环境持续改善、民生福祉持续增进、经济运行持续向好，深入推进"两新""两重"落地见效，经济社会发展主要指标进位争先、质效兼优，增速稳居全国前列，各项社会事业呈向上向好的发展态势。

一　2024年甘肃社会发展主要成就

（一）经济发展向上向好

2024 年，甘肃加快转方式、调结构、提质量、增效益，超前布局未来产业，因地制宜发展新质生产力，塑造现代化产业体系新优势。坚持以改革办法、市场手段释放高质量发展活力。用好"关键一招"，抓住"最大机遇"，充分激发各类经营主体内生动力和创新活力。坚持"稳中求进、以进促稳、先立后破"工作要求推动各项工作，使全省经济动力活力持续增强，经济运行稳中有进、进中提质、质量齐升、效速兼取，呈现向上向好的积极态势，延续了 2023 年的良好发展势头。

2023 年是全面贯彻党的二十大精神的开局之年，全省地区生产总值

11863.8 亿元、同比增长 6.4%，增速居全国第六。① 2024 年，甘肃经济社会发展继续保持向上向好的积极态势，前三季度全省经济发展向好势头持续巩固，发展质效不断提升，地区生产总值 9126.3 亿元，按不变价格计算，同比增长 6.0%，增速居全国第二位；分产业来看，第一产业 1219.8 亿元，同比增长 6.0%，第二产业 3216.3 亿元，同比增长 9.0%，第三产业 4690.2 亿元，同比增长 4.3%②，是甘肃自 2022 年第三季度以来连续 9 个季度增速保持在全国"第一方阵"。

（二）卫生健康事业高质量发展

党的二十大以来，全省卫生健康系统持续巩固拓展健康扶贫成果同乡村振兴有效衔接，建立以病种分级分工为基础、城市大医院和基层医疗卫生机构紧密联动的分级诊疗模式，完成村医"乡聘村用"改革，持续深化基层首诊"三医联动"改革，稳步推进疾控体系改革及公立医院改革，完善医疗卫生服务体系。四种主要慢病签约管理覆盖率达到 99.99%；基层医疗卫生人员达 7.98 万人，村医队伍中执业（助理）医师占比 34.79%；创建省级卫生乡镇街道 1029 个，省级卫生村 3859 个。③ 1318 家乡镇卫生院和社区卫生服务中心达标率 85.09%。

2024 年，甘肃紧密围绕经济社会发展和人民群众需求，实施甘肃健康惠民工程、医疗服务质量提升工程、公共卫生安全工程、中医药强省工程、人才兴医工程、基层首诊便民惠民工程、"三医"协同发展工程、医学科技创新引领工程、全周期健康服务提质工程、卫生健康数字工程等卫生健康事

---

① 范海瑞等：《向新向质　实干兴陇——党的二十大以来甘肃省经济社会绿色转型高质量发展综述》，《甘肃日报》2024 年 9 月 28 日。

② 甘肃省统计局、国家统计局甘肃调查总队：《甘肃统计月报（2024 年 9 月）》，http://tjj.gansu.gov.cn/tjj/c109456/202410/174010699/files/a54a56e97bfc488eb0285c0fc1ba26d7.pdf，2024 年 11 月 7 日。

③ 范海瑞等：《向新向质　实干兴陇——党的二十大以来甘肃省经济社会绿色转型高质量发展综述》，《甘肃日报》2024 年 9 月 28 日。

业高质量发展"十大工程30项行动"①，解决医疗卫生领域的关键问题，提升公民健康水平，推进健康甘肃建设。2024年1月，省长任振鹤在省第十四届人民代表大会上作政府工作报告时提出："加快'一核两翼三中心'医疗高地建设，打造4个国家区域医疗中心。推动县域5大急危重症救治中心全覆盖，建设县域5大临床服务中心。提升基层卫生健康服务水平。"② 在省政府承诺2024年继续办好10件为民实事中有两件是卫生健康方面的，一件是启动实施万名低保困难老年人白内障复明工程，另一件是对20万名城乡妇女进行"两癌"免费检查。③

2024年2月，省卫生健康委印发《甘肃省基层医疗卫生服务能力提升培训三年实施计划（2024—2026）》，强力推进基层医务人员能力提升。2024年3月，省卫生健康委等12部门为落实省委办公厅、省政府办公厅《关于加快推进卫生健康事业高质量发展的意见》（甘办发〔2023〕43号）精神，制定出台《甘肃省全民健康工程实施方案（2024—2027年）》（甘卫发〔2024〕24号），贯彻"大健康、大卫生"的发展理念，建立政府主导、部门合作、全社会参与的促进全民健康长效机制和工作体系，逐步实现"少得病、晚得病、不得病"的目标。实施方案提出，将大健康大卫生理念贯穿全程，从影响健康的主要行为和环境因素入手营造健康环境、推进健康行动、改善健康行为、推广健康生活方式。到2027年，居民主要健康影响因素得到有效控制，全民健康素养水平达到28%，健康生活方式基本普及，人均健康预期寿命在现在基础上再提高1岁，居民主要健康指标达到全国平均水平，健康公平基本实现。④

2024年4月，省疾控局会同省发展改革委、省卫生健康委、省医保局

---

① 《2024年甘肃卫生健康工作怎么干》，甘南州卫生健康委员会网站，2024年1月30日。
② 任振鹤：《政府工作报告——2024年1月23日在甘肃省第十四届人民代表大会第二次会议上》，《甘肃日报》2024年1月30日。
③ 任振鹤：《政府工作报告——2024年1月23日在甘肃省第十四届人民代表大会第二次会议上》，《甘肃日报》2024年1月30日。
④ 《关于印发〈甘肃省全民健康工程实施方案（2024—2027年）〉的通知》，甘肃省卫生健康委员会网站，https://wsjk.gansu.gov.cn/wsjk/c113837/202403/173876677.shtml，2024年3月18日。

等 12 部门联合印发《甘肃省全面消除麻风危害可持续发展规划（2024—2030 年）》。① 2024 年 8 月，省卫生健康委按照"一年一大步、三年上台阶、五年大变样"的总体要求，到 2025 年底农村地区实现每千常住人口配备 1 名合格乡村医生的总体目标，决定开展乡村医生队伍提质扩容活动，常住人口 1500 人以下的行政村至少要配备 1 名合格乡村医生，常住人口 1500~2500 人的行政村至少要配备 2 名合格乡村医生，2500~3500 人的行政村至少要配备 3 名合格乡村医生。②

（三）社会民生事业全面发展

2024 年，全省社会民生事业全面推进，保障水平持续提高，人民群众的幸福感、获得感稳步提升。1~9 月，全省一般公共预算民生支出 2842.2 亿元，同比增长 4.1%；社会保障就业支出 615.2 亿元，同比增长 7.7%；灾害防治及应急管理支出 114.4 亿元，同比增长 141.5%；住房保障支出 131.1 亿元，同比增长 2.0%；城乡社区支出 141.4 亿元，同比增长-7.6%。③

2023 年，省委、省政府决定实施"结对帮扶·爱心甘肃"工程，25 万名干部带着温暖、问候与鼓励深入每一户困难家庭，与 26.7 万名孤儿、困难重度残疾人、特困家庭结对认亲，为他们排忧解难，送去物质上的帮助和精神上的慰藉与关怀。截至 2024 年 8 月，全省各级结对干部累计开展联系交流 242 万人次、走访探视 163.05 万人次，帮办实事 36.9 万件，资助资金（含物资折合）8800.17 万元。其中，2024 年上半年，开展联系交流 83.53 万人次、走访探视 58.70 万人次，帮办实事 12.38 万件，资助资金（含物资

---

① 《〈甘肃省全面消除麻风危害可持续发展规划（2024—2030 年）〉解读》，甘肃省卫生健康委员会网站，http://wsjk.gansu.gov.cn/wsjk/c113461/202404/173896468.shtml，2024 年 4 月 17 日。

② 《关于开展乡村医生队伍提质扩容活动的通知》，甘肃省卫生健康委员会网站，http://wsjk.gansu.gov.cn/wsjk/c113837/202408/173975572.shtml，2024 年 8 月 27 日。

③ 甘肃省统计局、国家统计局甘肃调查总队：《甘肃统计月报（2024 年 9 月）》，http://tjj.gansu.gov.cn/tjj/c109456/202410/174010699/files/a54a56e97bfc488eb0285c0fc1ba26d7.pdf，2024 年 11 月 7 日。

折合) 3258.58 万元。① 全省基本医保参保率连续 6 年稳定在 95% 以上，截至 2024 年 7 月底，全省基本医疗保险参保人数为 2454.65 万人，参保率为 99.58%，位列全国第五。全省职工医保和城乡居民医保政策范围内住院医疗费用报销比例整体分别稳定在 80% 和 70% 左右。②

2024 年，全省社会事业全面发展，民生福祉不断改善。2024 年，省财政厅下达全省教育领域民生实事资金 9.5 亿元，较上年增长 3 亿元，增幅 46.2%。全省实施中小学"强县中增学位建宿舍扩食堂"工程，全面提升 20 所县属高中办学能力，增补学位 2 万个，新建、改扩建教师周转宿舍 900 套、食堂 400 个；利用乡村闲置资源，改造建设 100 个乡镇综合养老服务中心和 300 个村级互助幸福院；继续对困难家庭子女普通高校入学给予资助，录取到本科院校的一次性补助 1 万元、专科（高职高专）院校的一次性补助 8000 元；完成 5000 户困难重度残疾人家庭无障碍改造，改造乡镇街道闲置资源建设 20 个残疾人日间照料中心。③ 2024 年 5 月，省政府启动建设河西北部高速公路新通道、甘肃中南高速公路新通道、甘肃中东高速公路新通道"三大高速公路新通道"，建设总规模约 4550 公里，估算总投资约 5460 亿元。项目建成后，甘肃省基础设施将实现新的飞跃。④

（四）收入水平与消费能力都有提升

2024 年，甘肃各级通过打造热点商圈，创建夜间消费聚集区品牌，培育绿色低碳消费市场等方式契合居民消费优化升级趋势。2024 年前三季度，全省居民人均可支配收入 19108 元，同比增长 6.1%；全省居民人均生活消费支

① 范海瑞等：《向新向质　实干兴陇——党的二十大以来甘肃省经济社会绿色转型高质量发展综述》，《甘肃日报》2024 年 9 月 28 日。
② 范海瑞等：《向新向质　实干兴陇——党的二十大以来甘肃省经济社会绿色转型高质量发展综述》，《甘肃日报》2024 年 9 月 28 日。
③ 任振鹤：《政府工作报告——2024 年 1 月 23 日在甘肃省第十四届人民代表大会第二次会议上》，《甘肃日报》2024 年 1 月 30 日。
④ 范海瑞等：《向新向质　实干兴陇——党的二十大以来甘肃省经济社会绿色转型高质量发展综述》，《甘肃日报》2024 年 9 月 28 日。

出14290元，同比增长4.3%。按常住地分，城镇居民人均可支配收入31201元，同比增长4.6%；人均生活消费支出20712元，同比增长3.1%。农村居民人均可支配收入9415元，同比增长7.5%；农村居民人均生活消费支出9143元，同比增长5.1%。从收入来源看，全体居民人均工资性收入、经营净收入、转移净收入分别增长6.9%、6.6%、6.1%，财产净收入下降2.0%。

2024年，全省市场销售额保持增长，网络零售额快速增长。前三季度社会消费品零售总额3382.5亿元，同比增长3.9%。按经营单位所在地分，城镇消费品零售额2764.1亿元，增长3.7%；乡村消费品零售额618.4亿元，增长4.7%。按消费类型分，商品零售2977.8亿元，增长3.2%；餐饮收入404.7亿元，增长9.7%。部分基本生活类和升级类商品销售良好，限额以上单位粮油食品类、饮料类、中西医药品类商品零售额分别增长15.0%、9.2%、4.5%；家用电器和音像器材类、通信器材类零售额分别增长29.0%、15.6%；新能源汽车零售额增长48.9%。[1] 前三季度，全省服务业增加值同比增长4.3%，比上半年加快0.4个百分点。其中，租赁和商务服务业、住宿和餐饮业、交通运输仓储和邮政业、信息传输软件和信息技术服务业、批发和零售业增加值分别增长14.0%、9.2%、8.8%、6.8%、6.3%。[2] 天水市因麻辣烫而爆红于网络，随之掀起了一波甘肃旅游热。天水伏羲庙、兰州中山桥、敦煌莫高窟、嘉峪关长城、甘南扎尕那等成为游客热门打卡地。2024年上半年，甘肃游客的人均旅游消费为670元，同比增长6.3%，高于全国上半年人均旅游消费增幅（4.1%）。[3] 2024年1~10月，全省接待游客数量达到4.16亿人次，旅游消费总额为3170亿元，与上年同期相比分别增长15.8%和25.2%。[4]

---

① 甘肃省统计局、国家统计局甘肃调查总队：《甘肃统计月报（2024年9月）》，http://tjj.gansu.gov.cn/tjj/c109456/202410/174010699/files/a54a56e97bfc488eb0285c0fc1ba26d7.pdf，2024年11月7日。

② 《2024年前三季度全省经济运行情况》，甘肃省统计局网站，http://tjj.gansu.gov.cn/tjj/c109459/202410/174007270.shtml，2024年10月22日。

③ 范海瑞等：《向新向质　实干兴陇——党的二十大以来甘肃省经济社会绿色转型高质量发展综述》，《甘肃日报》2024年9月28日。

④ 田玥：《今年1月至10月全省共接待游客4.16亿人次　实现旅游收入3170元》，《兰州晚报》2024年11月29日。

（五）就业创业工作成绩显著

2024年，全省贯彻落实中央各项就业决策部署，聚焦市场主体、重点群体、就业技能、创业带动和数字赋能五个方面，优化就业创业政策措施，以更加积极的就业政策，稳存量、扩增量、提质量、兜底线，通过延续实施阶段性降低失业和工伤保险费率、稳岗返还、一次性扩岗补助等政策，大力推行"免申即享""一网通办"等经办模式，帮助各类经营主体降成本、稳预期、强信心。持续推进"陇原惠岗贷"融资业务，支持中小微企业稳岗扩岗。深入开展"援企稳岗·服务千企"行动，建立涵盖省、市、县、街道、社区的五级就业服务网络，实现各类公共就业服务事项一网通办①，扎实推进高校毕业生、农民工、退役军人和就业困难人员等社会各类人员的就业创业，使全省就业形势保持总体稳定。

2024年，全省高校毕业生规模达28.2万人，就业形势严峻复杂，就业任务艰巨。为此，创新开展"公共就业服务进校园"系列活动，启动实施第三季"百名人社局长直播带岗暖心行动"，上半年累计举办直播带岗883场次，组织用人单位1.58万家。加快"三支一扶""特岗计划""西部计划""支持1万名未就业普通高校毕业生到基层就业"项目。针对农民工群体，延续实施脱贫劳动力交通补助政策，支持引导外出就业。人社部门大力开展"春风行动""春暖农民工"等公共就业服务活动，累计举办线上线下招聘活动2900多场次。持续推进"乡村就业工厂"转型升级，累计建成2571个，吸纳就业9.4万人。统筹开发管好用好乡村公益性岗位，上半年全省公益性岗位共安置脱贫人口14.1万人。针对就业困难群体，坚持集中帮扶和常态化帮扶相结合，实现就业2.21万人，零就业家庭全部"动态清零"。持续打造"陇原妹""天水白娃娃""镇原护工"等8个省级家政劳务品牌。截至2024年8月底，全省城镇新增就业25.2万人，同比增长1.5%；全省共输转城乡富余劳动力518.8万人，其中脱贫劳动力199.3万人。同时，还分类支持

① 文洁：《上半年我省累计实现城镇新增就业19.97万人》，《甘肃日报》2024年8月15日。

乡村就业工厂转型升级、提质增效，目前全省乡村就业工厂累计达到 2571 个，共吸纳就业 9.4 万人，其中脱贫劳动力 3.6 万人。①

（六）生态环境建设硕果累累

甘肃肩负筑牢国家西部生态安全屏障、推动黄河流域生态保护和高质量发展的重大责任。2024 年 9 月 12 日，习近平总书记在兰州主持召开全面推动黄河流域生态保护和高质量发展座谈会并发表重要讲话，总书记强调要持续完善黄河流域生态大保护大协同格局，筑牢国家生态安全屏障。甘肃牢记习近平总书记殷殷嘱托，深入实施黄河国家战略，颁布实施《甘肃省黄河流域生态保护和高质量发展条例》，启动实施水源涵养、水土保持、节水治水等重点生态项目，扎实推进甘南黄河上游水源涵养区山水林田湖草沙一体化保护和修复工程，全面开展黄河流域兰西城市群生态建设行动，2023 年黄河流域甘肃段水质优良比例达 92.68%，黄河干流出境断面水质连续 8 年达到Ⅱ类，"一河清水向东流""黄河之滨也很美""黄河很美，将来会更美"成为甘肃亮丽名片。②

甘肃坚决扛牢祁连山生态保护重大政治责任，持续巩固祁连山生态治理成效。2023 年，甘肃祁连山国家级自然保护区植被指数、植被覆盖度、植被生产力，均较 2017 年增长 7%以上。全面推进"三北"工程，打好河西走廊—塔克拉玛干沙漠边缘阻击战、黄河"几字弯"攻坚战，31 个"三北"重点工程项目扎实推进。2023 年，全省完成国土绿化 1343.06 万亩，绿化面积实现"三连增"、居全国第二。③ 全省国土绿化面积达到 2952.05 万亩，位居全国第二。

① 范海瑞等：《向新向质 实干兴陇——党的二十大以来甘肃省经济社会绿色转型高质量发展综述》，《甘肃日报》2024 年 9 月 28 日。
② 范海瑞等：《向新向质 实干兴陇——党的二十大以来甘肃省经济社会绿色转型高质量发展综述》，《甘肃日报》2024 年 9 月 28 日。
③ 范海瑞等：《向新向质 实干兴陇——党的二十大以来甘肃省经济社会绿色转型高质量发展综述》，《甘肃日报》2024 年 9 月 28 日。

（七）持续推进新型城镇化与和美乡村建设

近年来，甘肃城镇化进程明显加快，2023年甘肃城镇人口达到1368.05万人，城镇化率达到55.49%。2024年，通过完善"一县一方案、一季一调度、一年一清单"机制，统筹更多政策、资金、力量向县域倾斜，积极推进以县城为重要载体的新型城镇化建设，开展城乡融合发展三年行动，加快农业转移人口市民化。初步形成了以西陇海—兰新线为横轴，以黄河沿岸城镇带、陇东南城镇带为纵轴，兰白、酒嘉、张掖、金武、天成和平庆等多个城市组团为重点的"一横两纵多组团"的城镇化发展空间格局。进一步强化了县城和特色小镇建设，打造宜业宜居优质生活圈，促进产业、人才等资源要素集聚融合，协调推进城乡融合发展新格局。

全省聚焦"村庄美、产业兴、治理好、乡风和、百姓富、集体强"6项创建内容，坚持以"千万工程"为引领，按照"成熟一个、认定一个、授牌一个"的原则，大力实施和美乡村创建行动，打造更多村庄美、产业兴、治理好、乡风和、百姓富、集体强的和美乡村。2023年底，省委、省政府授牌表彰第一批94个省级和美乡村。全省各地通过深入开展和美乡村建设，不断完善乡村基础设施。2023年底，全省农村公路里程达12.6万公里，具备条件的建制村通硬化路和通客车的比例达100%，农村自来水普及率达90.5%，农村供电可靠率达99.8%。建成乡镇卫生院1352个、村卫生室16240个，建设乡镇敬老院161家、农村社区互助性养老服务设施7044个。6个镇、60个村评定为全国乡村治理示范村镇，陇南市民事直说"1234"工作法、甘南州"8+"基层治理模式、凉州区"全链条"化解基层矛盾机制入选全国乡村治理典型案例。通过不断探索产业带动模式，尝试整村、整镇产业化发展，增加了农民收入，提升了农民生活水平，农民获得感和幸福感不断增强。①

---

① 范海瑞等：《向新向质 实干兴陇——党的二十大以来甘肃省经济社会绿色转型高质量发展综述》，《甘肃日报》2024年9月28日。

二 甘肃社会发展面临的潜在问题

（一）城镇化率偏低的情况依然存在

据国家统计局数据，2023年全国城镇常住人口93267万人，比2022年增加1196万人，常住人口城镇化率为66.16%，比2022年提高0.94个百分点，和发达经济体80%左右的城镇化率相比，还有很大提升空间，中国的城镇化仍然处在持续发展过程中。2023年，甘肃城镇人口1368.05万人，城镇化率为55.49%，低于全国平均水平10.67个百分点，仍处于低度城镇化省份。甘肃与相邻的四川、陕西、宁夏、青海、内蒙古、新疆等省区相比，城镇化率处于末位，但从近十年城镇化率增速来看，甘肃以16.71%的增速居于首位，快于全国平均13.06%的水平。但与2024年8月国务院印发的《深入实施以人为本的新型城镇化战略五年行动计划》中要求的全国城镇化水平未来要达到70%的要求相比，甘肃城镇化率偏低的情况依然存在，还有较大差距。

从2023年全省各市州城镇化率来看，兰州84.85%、嘉峪关94.67%、金昌79.83%、酒泉67.07%、白银59.48%、天水49.03%、武威50.87%、张掖54.86%、平凉48.09%、庆阳45.21%、定西41.46%、陇南40.1%、临夏40.27%、甘南45.40%，只有兰州、嘉峪关、金昌、酒泉高于全国水平，白银相对接近全国水平，其他各市州与全国水平和全省水平差距较大。从全省来看，省内各市州城镇化发展不平衡情况依然存在。

（二）全省就业结构性矛盾明显

高校毕业生总量增长与全省就业容量存在一定差距，高校毕业生的完全充分就业与实际就业存在结构性矛盾。农民工、就业困难人员等群体，随着全国经济发展增速减缓，房地产行业处于止跌企稳的阶段，其上下游产业用工量减少，使农民工等就业群体的就业面临承压局面。甘肃处于西部欠发达地区，产业结构和产业基础薄弱，产业链不多，可提供的就业渠道和岗位与需要就业的群体存在明显的结构性矛盾。受自然地理等因素影响，农业农村现代化水平不高、农业产业附加值较低，农业产业收入低，容纳就业量有限。

（三）人口老龄化呈上升趋势

世界上多数国家都面临人口老龄化问题和人口老龄化趋势。我国随着人均寿命的延长、人口出生率和生育率下降，人口老龄化问题日益凸显。根据甘肃省统计局数据，2023 年底，甘肃省 60 岁及以上人口为 470.02 万人，占总人口数的 19.06%；甘肃省 65 岁及以上人口为 336.48 万人，占总人口数的 13.65%。同时，甘肃人口老龄化程度持续加深。根据 2020~2023 年统计数据，甘肃省人口老龄化呈缓慢上升趋势，2020 年 65 岁及以上人口占总人口比重为 12.58%，2021 年 65 岁及以上人口占总人口比重为 13.05%，2022 年 65 岁及以上人口占总人口比重为 13.44%，2023 年 65 岁及以上人口占总人口比重为 13.65%。65 岁及以上人口数也从 2020 年的 314.78 万人增加到 2023 年的 336.48 万人，说明甘肃人口老龄化趋势不断加深。而农村由于青壮年劳动力外出经商务工等，空巢老人数量持续增多，实际存在的人口老龄化问题更加明显。2023 年全省常住人口 2465.48 万人，比上年末减少26.94 万人，人口自然增长率进一步下降为-1.33‰。

（四）发展不平衡不充分问题依然存在

甘肃地处西北内陆，东西狭长，省内各地自然地理气候差异明显。又地处黄河上游，是黄河上游水源涵养区，承担着黄河流域生态保护的责任和国家西部生态安全屏障的重任。为保护生态环境，一些地区的发展自然受限。自然地理气候等因素也制约着一些地区的发展，投资产出效率下降。各种因素综合作用，甘肃与全国沿海和中部等其他地区相比，在全国层面存在多年发展不平衡不充分的问题，发展速度慢，区域差距明显。从全省范围看，兰州作为甘肃省会城市，在省内发展较好，嘉峪关、金昌等工业城市在省内发展相对较快，其他各市州发展程度不一，投资增长较慢，省内也存在发展不平衡不充分的问题。因此，区域性发展困境比较明显，城乡居民收入增长较慢。

2024 年前三季度，全国居民人均可支配收入 30941 元，比上年同期名义增长 5.2%，扣除价格因素，实际增长 4.9%。分城乡看，城镇居民人均可支配收入 41183 元，同比增长 4.5%，扣除价格因素，实际增长 4.2%；农村居民人均可支配收入 16740 元，增长 6.6%，扣除价格因素，实际增长 6.3%。前三季度，全国居民人均消费支出 20631 元，比上年同期名义增长 5.6%，扣除价格因素，实际增长 5.3%。分城乡看，城镇居民人均消费支出 25530 元，增长 5.0%，扣除价格因素，实际增长 4.8%；农村居民人均消费支出 13839 元，增长 7.6%，扣除价格因素，实际增长 6.2%。[1] 2024 年前三季度，甘肃居民人均可支配收入 19108 元，同比增长 6.1%。按常住地分，城镇居民人均可支配收入 31201 元，增长 4.6%；农村居民人均可支配收入 6157 元，增长 7.5%。从收入来源看，全体居民人均工资性收入、经营净收入、转移净收入分别增长 6.9%、6.6%、6.1%，财产净收入下降 2.0%。[2] 两者对比可以看出，地区发展不平衡不充分反映到居民收入和支出上差距明显。

（五）发展新质生产力面临挑战

2023 年 7 月以来，习近平总书记在四川、黑龙江、浙江、广西等地考察调研时，提出要整合科技创新资源，引领发展战略性新兴产业和未来产业，加快形成新质生产力。在 2023 年 12 月中央经济工作会议上习近平总书记指出："以科技创新推动产业创新，特别是以颠覆性技术和前沿技术催生新产业、新模式、新动能，发展新质生产力。"[3] 2024 年 1 月，习近平总书记在

---

[1] 《2024 年前三季度居民收入和消费支出情况》，国家统计局网站，https：//www.stats. gov.cn/sj/zxfb/202410/t20241018_ 1957037.html，2024 年 10 月 18 日。

[2] 《甘肃统计月报（2024 年 9 月）》，甘肃省统计局网站，http：//tjj.gansu.gov.cn/tjj/ c109456/202410/174010699.shtml，2024 年 10 月 25 日。

[3] 《中央经济工作会议在北京举行》，《人民日报》2023 年 12 月 13 日。

中共中央政治局第十一次集体学习时发表重要讲话指出："新质生产力是创新起主导作用，摆脱传统经济增长方式、生产力发展路径，具有高科技、高效能、高质量特征，符合新发展理念的先进生产力质态。它由技术革命性突破、生产要素创新性配置、产业深度转型升级而催生，以劳动者、劳动资料、劳动对象及其优化组合的跃升为基本内涵，以全要素生产率大幅提升为核心标志，特点是创新，关键在质优，本质是先进生产力"，并强调"要按照发展新质生产力要求，畅通教育、科技、人才的良性循环，完善人才培养、引进、使用、合理流动的工作机制"。习近平总书记关于新质生产力内涵和特征的重要论述指明在发展新质生产力的过程中，科技是第一生产力、人才是第一资源、创新是第一动力。习近平总书记 2024 年 9 月视察甘肃时指出："甘肃要积极推进新型工业化，加快传统产业改造升级，做强做优特色优势产业，积极发展战略性新兴产业，因地制宜发展新质生产力，打造全国重要的新能源及新能源装备制造基地。"①

2024 年 9 月，中国科学技术发展战略研究院发布的《中国区域科技创新评价报告 2024》显示，甘肃综合科技创新水平指数全国排名第 23 位，位居第二梯队。我们在看到甘肃发展新质生产力具有的优势和特色时，也不可忽视甘肃经济基础相对薄弱，科技创新能力不强，高质量科技产出供给不足，科技发展水平显著落后、科技创新平台相对较少，在人才引进机制、人才培养体系、人才激励措施、"引得进，留得住，用得好"等方面还存在一些短板和不足。

三　2025年甘肃社会发展对策建议

（一）持续做好就业工作

就业是最大的民生，是人民群众幸福生活的基础。做好就业工作也是维

---

① 《习近平在甘肃考察时强调　深化改革勇于创新苦干实干富民兴陇　奋力谱写中国式现代化甘肃篇章》，新华社，2024 年 9 月 13 日。

护社会繁荣稳定、推动共同富裕的必由之路。要坚持就业优先战略，提前谋划，扎实做好就业各项工作，形成相关部门通力协作的"大就业"工作格局，共同作为。坚持稳中求进工作总基调，构建"一核三带"区域发展格局，大力招商引资，通过引大、引强、引头部企业，推动"四强"行动深入发展，扩大就业岗位。

继续深入实施"全省干部包抓联企业"行动、"援企稳岗·服务千企"行动、"百千万"创业引领工程、"陇原惠岗贷"系列专项活动。加强现有劳务输出品牌的宣传推广，培育新行业和新的劳务输出品牌，规范和发展新就业形态，支持多渠道灵活就业，推动各地加强零工市场建设。积极关注留乡、返乡务工人员，加强调研监测，全力以赴引导尽快就地就近就业，确保务工人员就业局势总体稳定。深化东西部帮扶协作机制，继续做好输转城乡富余劳动力和脱贫劳动力工作，争取 2025 年有增长。同时，关注和做好就业困难群体的就业兜底工作。

多措并举、深入细致地做好高校毕业生就业工作，预计 2025 年全省高校毕业生数量与 2024 年相当，总人数依然较高，就业压力和就业形势依然严峻。继续实施好"三支一扶"、"特岗教师"、"高校毕业生下基层"和乡村医生扩容增质等国家和省级项目，继续落实好高校毕业生到基层就业创业的各项政策措施，鼓励高校毕业生到基层、到艰苦地区和民族地区就业创业。

（二）巩固提升社会民生保障水平

党的十八大以来，习近平总书记三次到甘肃考察，勉励甘肃加快高质量发展，保障和改善民生，苦干实干富民兴陇，奋力谱写中国式现代化甘肃篇章。2024 年，甘肃按照"更大力度提升民生品质，坚持以人民福祉为念，把群众的'点滴小事'当成'心头大事'，'兜住、兜准、兜牢民生底线'"的工作思路推动社会民生保障工作。① 目前，全省分层分类社会救助

---

① 任振鹤：《政府工作报告——2024 年 1 月 23 日在甘肃省第十四届人民代表大会第二次会议上》，《甘肃日报》2024 年 1 月 30 日。

体系不断完善、儿童福利和未成年人保护工作持续加强、残疾人等就业困难群体救助工作扎实推进、为民实事任务顺利完成、养老服务供给不断优化，深入推进"结对帮扶·爱心甘肃"工程成效显著，使全省社会民生保障事业稳步发展。2024年，全省共下拨困难群众救助补助资金116.55亿元（其中中央97.13亿元、省级19.42亿元）。要继续按照兜底线、救急难、保基本、促发展、可持续的总体思路，深入推进甘肃社会保障领域改革发展，巩固提升社会民生保障水平。

要加强对各项社会保障工作的前瞻性、基础性研究，看远一点，谋深一层，统筹兼顾、系统谋划，强化制度设计。提高社会民生保障政策精准度，让社会民生保障更贴合工作实际和群众需求，让更多群众共享改革发展成果。推动服务方式从传统方式向数字化、智能化转变，提升社会民生保障服务管理效能，激发社会民生保障事业发展的动力活力，进一步解决好群众急难愁盼问题和兜牢社会民生保障底线。

（三）不断改善营商环境

2024年，全省招商引资工作呈现量质齐升、效速兼具的积极态势。1~7月，全省新签项目3744个，签约金额8891.9亿元，同比增长30.89%；新建、续建项目4256个，到位资金5127.92亿元，同比增长65.77%。1~8月，全省固定资产投资同比增长2.2%；扣除房地产开发投资，固定资产投资增长5.6%。其中，制造业投资增长13.6%。分产业看，第一产业投资同比增长64.4%；第二产业投资增长17.8%，其中工业投资增长18.1%；第三产业投资下降8.3%。高技术产业投资增长27.9%，其中高技术制造业和高技术服务业投资分别增长26.3%和29.2%，高技术投资增长加快。

经济发展是社会发展的基础，全省要紧扣"西部领先、全国靠前"营商环境建设目标，继续完善"优化营商环境提质增效年"行动的政策措施，围绕政务、法治、市场、创新、要素，持续着力营造公平、透明、便捷、高效、亲清的营商氛围，积极营造甘肃思开放、优环境、抓招商的良好形象和口碑，全省继续围绕强龙头、补链条、聚集群，聚焦"14+1"产业链和现代服务业等重点领域，举全省之力通过节会招商、以商招商、科技招商、金融招商、驻点招商、平台经济招商和市场潜力招商等推动招商引资大突破，不间断实施"引大、引强、引头部"行动，加快引进高技术、高成长性、高附加值企业，拉动投资兴业，推动经济发展，创造就业岗位，推动甘肃社会高质量发展和形成中国式现代化建设新局面。

（四）大力推进教育强省战略和因地制宜发展新质生产力

持续实施省属高校"双一流"突破和高校办学层次提升，优化提升高等职业教育办学质量和层次，推进甘肃高等职业教育名校建设。继续推进教育部基础教育综合改革实验区建设，创建数字化战略行动助推教育现代化实验区，不断合理优化农村教育资源布局，办好必要的农村小规模学校，继续加大城镇中小学学校学位供给，就近解决进城务工人员子女入学难问题，通过轮岗、支教、集团办学等方式提升办学质量和缩小城乡、区域中小学教育差距。继续做好义务教育阶段控辍保学工作，论证谋划高中教育普及工作。继续实施录取到本科院校的一次性补助政策，建议将录取到本科院校的一次性补助提高至1.2万元、专科（高职高专）院校的一次性补助提高至1万元。

继续深入推进"强科技"行动，支持推进全省现有科技创新平台发展，把已有的优势领域和学科、专业及技术做大做强。坚持面向世界科技前沿、面向全国和全省重大战略需求，培育一批有基础、有人才支撑的学科、科技创新平台和专业及技术。人才是发展新质生产力的第一资源，持续深化人才发展体制机制改革，支持实施人才赋能工程，创新人才支持保障政策，突出以用为本壮大各类人才队伍，坚持招才引智和自主培养并重，千方百计稳住人才存量、扩大人才增量。着力打造具有甘肃特色的区域人才聚集地，通过人才引进方式构建科技创新平台，因地制宜推动发展新质生产力。

（五）积极推动人口长期均衡发展

根据全省人口发展态势，积极引领人口发展新形势，推动多渠道人口信息共享，综合测算和预判，科学合理及时调整相关政策措施，及早对相关基础设施、公共服务和产业发展做出规划，增强资源配置的有效性，引导和促进全省人口长期均衡发展。

全面清理制约未来人口发展的政策措施，多渠道多形式宣传解读生育支持政策，调动育龄夫妇生育积极性。结合全省实际，在婚嫁、生育、养育等方面制定更加有效的政策，全面降低生育成本，解决育龄夫妇后顾之忧。针对出生人口数量下降、人口自然增长率由正转负的问题，尽快研究制定生育支持配套政策，降低生育、养育、教育成本，提升优生服务水平。

持续促进经济快速发展，增加就业机会。大力发展劳动密集型产业和富民产业，推动县域经济全面提速提质，吸引外出人口回流和省外人口来甘。借鉴西安、成都、杭州、沈阳、苏州等地"年轻人口争夺战"的做法经验，吸引更多人力资源特别是年轻人口在甘落户、就业。推动甘肃人口长期均衡发展，支撑全省经济社会高质量发展。

发 展 篇

B.2
2024年甘肃社会保障发展报告

许振明*

摘　要：　社会保障是保障和改善民生，推进经济社会高质量发展，保障人民共享改革发展成果的重要制度安排。2024年，甘肃社会保障实现了基本民生保障水平稳步提升、养老服务体系建设加快推进、医疗保障体系稳步完善等积极成效。在关注成绩的同时，也必须看到甘肃社会保障还存在一些亟待解决的问题，需要坚持以人民为中心的发展思想，兜住、兜准、兜牢民生底线，在巩固提升社会保障能力方面加力提效，深入推进甘肃社会保障高质量发展。

关键词：　社会保障　民生事业　社会救助　甘肃

　　社会保障目前较为统一的概念是指"各种社会保险、社会救助、社会

---

* 许振明，甘肃省社会科学院马克思主义研究所副研究员，主要研究方向为社会学理论与方法。

福利、军人保障、医疗保健、福利服务以及各种政府或企业补助、社会互助保障等社会措施的总称"[1]。

社会保障涵盖基本的民生问题，近年来关注度居高不下，需要持续加力提质。2024年甘肃省政府工作报告指出，"要更大力度提升民生品质。坚持以人民福祉为念，把群众的'点滴小事'当成'心头大事'，兜住、兜准、兜牢民生底线"[2]。一年来，甘肃社会保障建设取得了一些亮眼的成绩，但也存在相应的问题，研究和解决这些问题，有助于推动社会保障可持续、高质量发展。

一　2024年甘肃社会保障发展的基本态势

（一）城乡低保

1. 保障人数

截至2024年6月，共保障城乡低保对象185.51万人[3]，占全省人口的7.44%。其中，城市低保28.66万人，占城市总人口的2.09%；农村低保156.85万人（一类13.03万人、二类79.89万人、三类54.68万人、四类9.25万人），占农村人口的13.95%；城乡低保对象较2023年底（180.64万人）增加4.87万人，增幅2.7%（见图1）。

2. 保障标准

2024年，全省城乡低保省级指导标准分别为每人每年8400元（月700元）、5580元（月465元），与上年持平，如图2所示。其中，农村一类每人每年5580元（月465元）、农村二类5304元（月442元）、农村三类1068元（月89元）、农村四类744元（月62元）。

---

① 郑功成：《社会保障学——理念、制度、实践与思辨》，商务印书馆，2000，第11页。
② 任振鹤：《政府工作报告——2024年1月23日在甘肃省第十四届人民代表大会第二次会议上》，《甘肃日报》2024年1月30日。
③ 甘肃省民政厅相关统计数据，以下未标明出处的数据，均来源于此。

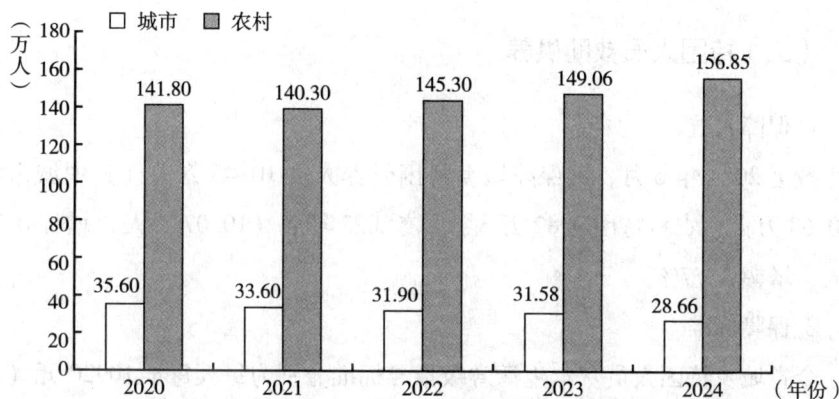

图1　2020~2024年甘肃低保人数变化情况

数据来源：甘肃省民政厅相关统计数据。

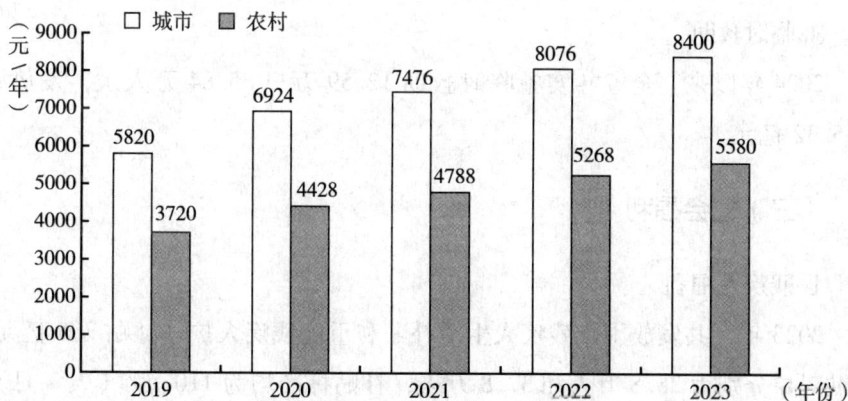

图2　2019~2023年甘肃城乡低保标准变化情况

数据来源：甘肃省民政厅相关统计数据。

3. 救助资金

2023年，共下拨困难群众救助补助资金118.6亿元（其中中央99.18亿元、省级19.42亿元），中央资金较2022年减少9.64亿元（2022年中央资金108.82亿元），减幅8.86%。2024年，共下拨116.55亿元（其中中央97.13亿元、省级19.42亿元），中央资金较2023年减少2.05亿元，减幅2.07%。

（二）特困人员救助供养

1. 保障人数

截至 2024 年 6 月，共保障城乡特困供养人员 10.45 万人（其中城市特困 0.63 万人、农村特困 9.82 万人），较 2023 年底（10.07 万人）增加 0.38 万人，增幅 3.77%。

2. 保障标准

全省城乡特困人员基本生活省级指导标准分别为每人每年 10920 元（月 910 元）、7260 元（月 605 元）。特困人员照料护理标准全省一致：全自理每人每年 1800 元（月 150 元）、半护理 3612 元（月 301 元）、全护理 5412 元（月 451 元）。

3. 临时救助

2024 年以来，全省共实施临时救助 12.59 万户 35.84 万人次，发放资金 5.32 亿元。

（三）社会福利

1. 残疾人福利

2023 年，共发放困难残疾人生活补贴和重度残疾人护理补贴 7.5 亿元，补贴对象分别为 28.8 万人和 37.8 万人，补贴标准均为 110 元/（人·月）。2024 年以来，已发放残疾人两项补贴资金 3.8 亿元，惠及困难残疾人生活补贴对象 29.1 万人、重度残疾人护理补贴对象 37.8 万人。全省已建成运营市级精神卫生福利机构 6 个（兰州、武威、张掖、定西、平凉、陇南），建成即将运营 5 个（天水、嘉峪关、金昌、白银、临夏），正在建设 3 个（酒泉、庆阳、甘南）。

2. 儿童福利

截至 2024 年 6 月，全省共有孤儿 4509 人，事实无人抚养儿童 17297 人，保障标准为集中养育 1470 元/（人·月）（全年 17640 元），社会散居 1080 元/（人·月）（全年 12960 元）。全省共有儿童福利机构 20 个，其中市级 14 个、县级6个（靖远县、甘谷县、广河县、东乡县、积石山县、康乐县）。

全省共有农村留守儿童约6万人，农村留守妇女2.8万人。共设立乡镇（街道）儿童督导员1356人、村（居）儿童主任17516人。

（四）社会保险

1. 参保人数

全省职工养老、居民养老、失业、工伤保险参保人数分别达到532.5万人、1379万人、210.1万人、297.2万人。[①]

2. 工伤保险标准

2024年，全省工伤保险标准、生活护理费标准、供养亲属抚恤金标准月人均水平分别达到3449元、3019元、1557元。同时，大力推进基层快递网点优先参加工伤保险。

3. 养老保险

调整全省城乡居民基本养老保险缴费档次，在原有12个档次基础上增加4000元、5000元两个档次。提高全省企业和机关事业单位退休人员养老金水平，分别达到月人均3237元和5614元。调整提高全省失业保险金标准。调整工伤保险有关待遇，全面完成2023年城乡居民基本养老保险中央财政基础养老金提标工作。提高机关事业单位工作人员和退休人员死亡丧葬费标准。

4. 社保基金

社保基金风险防控持续加强，研究出台《甘肃省社会保险基金飞行检查暂行办法》《甘肃省社会保险基金约谈暂行办法》，扎实开展社保基金风险排查和专项整治，组织开展全省社保基金管理提升年行动，深入实施失业保险基金管理问题专项整治行动。全省社保基金累计结余849.4亿元。职业年金投资规模263.7亿元，居民养老保险基金投资规模195亿元，运行总体平稳。

---

① 甘肃省人力资源和社会保障厅相关统计数据，以下未标明出处的数据，均来源于此。

（五）特殊群体关爱

2023年以来，全省25.1万名干部已与26.32万名关爱对象实现结对，累计开展联系交流140.87万人次、走访探视93.37万人次、帮助解决实际困难16.14万个、帮办实事22.22万件、资助资金（含物资折合）5164.47万元。①

（六）灾害救助

2023年12月18日，积石山县发生6.2级地震后，省委、省政府成立现场工作组和实地调研指导组指导救灾减灾，动员社会组织捐款捐物2.01亿元，跟进做好受灾群众基本生活保障，快速启动民政机构灾损评估和恢复重建，为最短时间内夺取抗震救灾初步胜利贡献了力量。

（七）慈善和社工志愿服务

2023年，下达省级补助资金4466万元，省、市、县三级按照1:1:1比例配套，持续推进乡镇（街道）社工站建设，建成乡镇（街道）社工站1131个，覆盖率达到83.4%。积极争取设立"甘肃慈善奖"，促进全省慈善事业发展。全面开展志愿服务记录与证明出具工作，创新"抽查+普查"工作模式，促进志愿服务工作常态化规范化发展。有序开展东西部协作社会工作人才交流工作，深入实施"牵手计划"和"三区计划"，社工专业人才队伍作用发挥日益凸显。

二 2024年甘肃社会保障取得的成效

（一）聚焦民生关切，基本民生保障水平稳步提升

1. 分层分类社会救助体系不断完善

近年来，甘肃持续健全完善社会救助制度，印发《关于加强低收入人

---

① 甘肃省民政厅相关统计数据，以下未标明出处的数据，均来源于此。

口动态监测做好分层分类社会救助工作的实施意见》[1] 等一系列政策措施，全面做好低收入人口的认定、监测以及常态化救助帮扶工作。有序推进救助增效工作，全省共保障特困供养人员 10.17 万人[2]；实施临时救助 36.54 万户 101.81 万人次，发放资金 12.58 亿元。继续提高社会救助保障标准，全省城乡低保省级指导标准分别提高 4%、6%，达到 8400 元和 5580 元；特困人员基本生活标准分别达到 10920 元和 7260 元。建立社会救助与"甘肃一键报贫"共享联动机制，将符合条件的救助对象及时纳入相应救助范围。

2. 儿童福利和未成年人保护工作持续加强

制定加强事实无人抚养儿童精准保障相关政策，推进部门信息共享、健全发现机制，共为 4398 名孤儿和 16884 名事实无人抚养儿童累计发放生活保障资金约 2.84 亿元。持续实施"孤儿医疗康复明天计划"和"福彩圆梦孤儿助学工程"项目，高标准推进儿童福利机构"精准化管理、精细化服务"质量提升工作，更好保障机构内养育儿童的合法权益。

3. 残疾人和流浪乞讨人员救助工作扎实推进

加强残疾人两项补贴对象动态管理，强化数据筛查比对，及时将符合条件的残疾人纳入补贴范围，主动服务率从 2022 年的 28.1% 提高到 62.8%。深入实施"福彩助残"项目，完成 618 具辅具配送、133 具各类假肢适配安装以及 310 台助听器验配工作。加强流浪乞讨人员救助管理，建立常态化巡查制度，强化站内照料、寻亲服务等工作，扎实开展"盛夏送清凉""寒冬送温暖"专项救助活动，累计救助 0.9 万人。

（二）聚焦需求导向，养老服务体系建设加快推进

1. 基本养老服务清单有效落实

出台《甘肃省推进基本养老服务体系建设实施方案》《甘肃省基本养老

---

[1] 《关于加强低收入人口动态监测做好分层分类社会救助工作的实施意见》（甘政办发〔2023〕92 号），2023 年 11 月 18 日。

[2] 甘肃省民政厅相关统计数据，以下未标明出处的数据，均来源于此。

公共服务清单》，建立任务台账并实行"季调度"，统筹多方力量推动政策落实。制定出台关于经济困难老年人服务补贴、护理补贴、高龄津贴发放的规范性文件，明确补贴发放对象、标准和程序，落实三项补贴省级补助资金共计1.75亿元。省委政法委等9部门印发《关于开展特殊困难老年人探访关爱服务的实施方案》，全面建立探访关爱服务机制，做好有需求的分散特困供养对象"四个一"服务。

2. 养老服务网络持续健全

健全县、乡、村三级养老服务网络，市级养老机构实现全覆盖，县级特困供养机构覆盖率达到98.8%。围绕打造符合省情实际的"甘肃标准""甘肃模式"，连续第三年将养老服务设施建设纳入甘肃省为民实事范围，在2021年、2022年建成220个乡镇（街道）综合养老服务中心基础上，2023年各级财政列支3.1亿元，建成100个乡镇综合养老服务中心和300个村级互助幸福院，累计新增养老床位6200张（其中护理型床位5059张）、设施面积40多万平方米，配备养老护理员600余人。

3. 养老服务供给不断优化

在2022年将张掖市列为全国居家和社区基本养老服务提升行动项目试点市的基础上，民政部将庆阳、陇南列为2023年试点，共列支资金4519万元。另外，甘肃还支出资金1500万元对1万户特殊困难老年人家庭进行适老化改造，完成"十四五"任务的86.37%。开展甘肃省养老服务省级示范机构创建工作。推进养老机构护理型床位建设，护理型床位占比提高至58%。开展全省"敬老月"系统宣传活动，举办全省养老护理员职业技能大赛和培训班，全年累计培训人员1万人次。按照积极主动创稳要求，常态化开展消防、食品、用电、用气、特种设备等综合监管。

（三）创新兜底方式，深入实施结对关爱行动

深入学习贯彻习近平总书记关于"对困难群众要格外关注、格外关爱、格外关心"的重要指示精神，按照省委、省政府推进"结对帮扶·爱心甘肃"工程建设部署要求，积极履行省关爱办工作职责，甘肃出台印发实施方案，研发优化全省"结对帮扶·爱心甘肃"工程建设信息系统和微信小程序，组织召开全省结对关爱行动培训视频会议，广泛动员社会力量参与，鼓励全省社会组织通过捐款捐物、志愿服务、辅助结对三种方式参与结对关爱行动，扎实推进各项任务落地落实。

（四）聚焦改革任务，医疗保障体系稳步完善

1. 突出底线任务，医疗保障体系建设同乡村振兴战略有效衔接

一是动态参保全覆盖，把基础夯实。将农村低收入人口和脱贫人口参保工作摆在突出位置，通过提升资助标准、实行差额征缴等，有针对性地指导各统筹地区加强参保动员，巩固实现两类人员2024年基本医疗保险参保率100%。[①] 二是待遇标准稳提升，把负担减轻。统筹加大对低收入人口和边缘人群的医疗救助力度，合理提升低收入人口三重保障整体待遇水平。目前，全省低收入人口政策范围内住院医疗费用报销比例达到89.98%。三是监测帮扶更精准，把机制建好。持续健全完善高额医疗费用负担风险人群主动发现、动态监测、信息共享、精准帮扶机制。2024年以来，全省各级医保部门已推送监测数据4.9万条，其中，重点监测对象数据1.9万条，普通农村居民数据3万条。

2. 突出稳健持续，健全多层次医疗保障体系

一是严格执行医疗保障待遇清单制度，完善基本医疗保险筹资和待遇调整机制，推进参保扩面，推动全省待遇政策规范统一、统筹层次巩固提升。二是出台《关于进一步做好医疗救助资助低收入困难群众参加城乡居民基本医疗保险工作的通知》，进一步规范资助政策、畅通资助环节，低收入困难群众实现资助参保免申即享。三是稳步推进职工基本医疗保险门诊共济保障改革政策落实和风险防范工作，更好解决参保职工普通门诊保障需求。截至2024年5月底，全省有3406.3万人次享受门诊统筹报销待遇，报销金额22.19亿元。四是完善基本医保门诊慢性特殊疾病保障政策，在前期统一规

---

① 甘肃省人力资源和社会保障厅相关统计数据，以下未标明出处的数据，均来源于此。

范病种范围和认定条件的基础上，进一步开展相关待遇支付标准的测算工作。五是进一步拓展"两病"门诊用药保障机制政策覆盖面。截至2024年6月，全省有269.1万"两病"患者纳入保障范围，待遇享受人数51.7万人，医保基金支出8063.73万元。六是推进设立专项公益基金，守护困难群体健康。主要用于孤儿、困难重度残疾人、特困家庭以及发生重大变故等困难群体的医疗救助。

3. 突出协同治理，积极发挥医保基金在促进医保、医疗、医药联动改革中的战略性购买作用

一是强化药品目录管理。按照国家规定的省级调整权限和程序，将140种中藏药饮片、25种民族药和717种治疗性医疗机构制剂纳入甘肃省基本医保基金支付范围。二是推进支付方式改革。认真组织落实紧密型县域医共体支付政策。三是持续开展集中带量采购工作。主动开展省级医药集采工作，甘肃省组织甲状腺功能检测试剂集中带量采购，价格平均降幅42.07%，首年预计可节约资金3950万元。启动中药配方颗粒带量联动集采工作，200个品种价格预计平均降幅44.62%。四是持续深化医疗服务价格改革。修订医疗机构申请的属于改良创新、拓展应用的151项医疗服务价格项目，经国家医保局审批后在全省范围内执行。对甘肃儿科、精神卫生、病理等医疗服务价格进行专项调整。

4. 突出标本兼治，在严厉打击欺诈骗保过程中持续保持基金监管高压态势

一是建立负面问题清单机制。结合以往国家、省级飞行检查及各类专项检查发现的违法违规问题，制定印发甘肃省定点医疗机构违法违规使用医保基金负面问题清单（2024版），共梳理92项135条违法违规问题，及时退回违法违规使用的医保基金，确保存量问题整改到位。二是强力推进监督检查。组织全省医保系统、定点医药机构，聚焦重点领域、重点岗位、重点人群、重点问题，开展医疗领域腐败问题、违法违规使用医保基金问题及挤占挪用医保基金问题专项检查等5个专项行动。三是全面推进智能审核。组织开展全省智能监管子系统应用情况调研工作，指导基层定点医药机构、医保经办机构积极运用智能监管子系统开展事前提醒、事中预警及事后监管工作。2024年以来，全省各地通过智能监管子系统拒付、追回违规基金1144.57万元。

三 2024年甘肃社会保障发展存在的问题

当前，社会保障存在的问题主要包括社会保障体系覆盖不全、社会保障基金压力较大、社会保障法治建设尚需完善等方面。这些问题影响了社会保障制度的公平性和可持续性，需要采取有效措施加以解决。

第一，社会保障体系覆盖不全是一个突出问题。尽管我国已经建立了包括基本医疗、工伤、失业、养老及生育保险等在内的社会保障制度，但实际覆盖率仍有待提高。农民、部分非国有企业、个体工商户和新就业形态从业人员等尚未全面纳入社会保障体系，导致部分低收入群体和特殊群体未能得到充分保障。

第二，社会保障基金压力较大。随着人口老龄化趋势的加剧，抚养比不断上升，基本养老保险基金面临越来越大的支付压力，基金管理问题存量还没有清仓见底，增量还未遏制到位，形势依然严峻复杂。基金来源渠道相对单一，主要依靠企业和个人缴费，而财政补贴和投资收益等辅助来源有限。医疗保险基金也面临类似的压力，医疗费用不断增长，基金支付能力受到挑战。

第三，社会保障法治建设尚需完善。虽然我国已经出台了一系列社会保障相关的法律法规，但在实际执行过程中仍存在诸多问题和挑战。部分法律法规条款过于原则性，缺乏具体实施细则，导致执行难度加大。社会保障监管机制也有待加强，以确保社会保障基金的安全、规范和高效使用。

第四，医疗保险参保扩面工作推进有困难。从近几年城乡居民基本医疗保险的参保情况来看，甘肃省城乡居民的参保缴费人数总体呈现逐年递减的趋势。主要原因是甘肃省常住人口总体呈逐年减少的趋势，城乡居民医疗保险缴费标准逐年上涨，部分统筹区城乡居民参保意识不强等。

第五，医保基金监管的深度和广度还不够。一方面，随着近年打击欺诈骗保的力度持续加大，医保骗保由台前转向幕后，手段更隐秘、更专业，监管工作要求更高与监管人员能力较弱的矛盾凸显。另一方面，受人员编制影响，监管执法力量严重不足。

四 推动甘肃社会保障高质量发展的思考建议

（一）坚持以习近平新时代中国特色社会主义思想为指导，坚持以人民为中心的发展思想，深入推进甘肃社会保障领域改革

坚持立足省情实际，坚持问题导向，紧盯人民群众实际需求，逐步拓展服务对象、丰富服务内容、创新服务方式，切实提升改革精准性、针对性、实效性。在工作规划上，加强社会保障的基础性、前瞻性研究，尤其是对带有根本性、全局性、紧迫性的保障项目，谋得更深一层，看得更远一点，加强制度设计，做到系统谋划、统筹兼顾。在制度整合上，坚持国家立法与地方先行立法结合，切实解决社会保障法律及制度体系建设滞后的问题；加强社会保障制度精准度建设，因地制宜推动社保政策完善，让社会保障更贴近群众需求和工作实际。推动服务对象从兜底型向普惠型转变，推动社会救助对象从低保对象、特困人员向更多低保边缘家庭、刚性支出困难家庭扩展，养老服务从特困老人向全体老人扩展，儿童福利从孤儿、事实无人抚养儿童向所有需要帮助的困境儿童、流动儿童扩展，拓展社会救助、养老服务等对象，让更多群众共享改革发展成果；推动保障内容从以物质保障为主向物质与精神兼顾、维护权益与促进发展并重拓展；推动社会保障工作力量从单纯依靠政府资源向以政府为主导、社会组织和公益慈善力量有序参与转变；推动服务方式从传统方式向数字化、智能化转变，加快推进社会保障信息化建设，提升社会保障服务管理效能。持续在健全完善社会救助体系、儿童合法权益保障制度、残疾人保障制度和关爱服务体系、养老事业和养老产业政策机制、社会保障规范管理体系等方面下功夫，激发社会保障事业发展的动力活力。

（二）紧盯重大改革机遇，在巩固提升社会保障能力方面加力提效

一是深化社保制度改革。持续巩固完善失业、工伤保险省级统筹制度，研究制定相应配套政策。调整全省退休人员养老金。积极推进提高城乡居民基本养老保险省级基础养老金最低标准。加快全省企业职工基本养老保险数据治理工作进度，确保企业职工养老保险全国统筹平稳实施。推动甘肃省养老保险第三支柱个人养老金试点城市运行工作。稳妥实施新就业形态就业人员职业伤害保障试点。二是深入实施"扩面提标"行动。贯彻实施《社会保险经办条例》。聚焦新业态就业人员、灵活就业人员、农民工等重点群体，实施社保精准扩面专项行动，推进基本养老保险扩面增效。深入贯彻落实医疗保障待遇清单制度，巩固提升门诊和住院保障水平，完善基本医疗保险筹资和待遇调整机制，推动城乡居民基本医疗保险省级统筹。健全防范化解因病返贫致贫动态监测和帮扶机制，巩固拓展医疗保障脱贫攻坚成果。根据国家统一安排，规范生育保险政策，稳步推进长期护理保险制度建设。贯彻落实新修订的在中国境内就业的外国人参加社会保险暂行办法。适时适度提高社会保险待遇水平，确保及时足额发放到位。三是建立健全基金"大监管"体系。拓展社保基金管理巩固提升行动、失业保险基金管理专项整治成果，推进实现全险种基金"一本账"管理。稳妥推进基本养老保险基金投资运营，逐步提高委托额度，探索更加灵活的投资运营模式，实现基金保值增值。做好企业职工、退役军人养老保险关系转移工作。进一步健全社会保障内控稽核机制。在全省社保领域持续开展警示教育。加快完善数据治理工作机制，认真落实社会保险领域严重失信主体名单管理办法。四是持续推进医保基金安全运行。进一步加强基金运行和风险预警监测，持续提升数据统计和形势分析质量，严格预算执行监督，做好绩效评价，切实提升基金使用效率。扎实推进群众身边不正之风和腐败问题、民生领域"一域一重点"、医疗领域腐败问题、违法违规使用医保基金问题及挤占挪用医保基金问题专项检查等5个专项行动。积极推进智能监控系统运用，依据国家医保局建立的智能监控知识库和规则库，督促承建商完成

"两库"同步更新和本地化应用，推进经办机构运用系统开展全量医保结算费用的智能审核工作。

（三）久久为功，不遗余力，高质量做好社会保障重点工作

1. 持续健全分类社会救助体系

顺应人民对美好生活的新要求，加快构建覆盖全面、城乡统筹、分层分类、综合高效的社会救助格局[①]，推动社会救助从"保生存"向"防风险""促发展"转变。推动分层分类社会救助体系建设，推进防止返贫帮扶政策和低收入人口常态化帮扶政策衔接并轨，坚决守住不发生规模性返贫的底线。制定发展服务类社会救助政策措施，推动社会救助由资金救助、实物救助向服务救助拓展，解决救助对象的现实困难。拓展全省社会救助监测预警信息平台功能，健全信息交换制度机制，实现与相关部门数据共享制度化、常态化。稳慎提高救助保障标准，持续开展低保扩围增效，稳住救助对象规模，兜住兜准兜牢民生底线。进一步完善临时救助制度，加强临时救助与就业服务、失业保险的政策衔接，提高救助时效性。要建立容错纠错机制，落实"三个区分开来"要求，鼓励基层干部担当作为。

2. 大力发展普惠型养老服务

目前全省 60 岁及以上老年人口已达 425.04 万人[②]，占全省总人口的17.06%，人口老龄化还在持续加深，失能、高龄、空巢等老年人日益增多，普惠型养老服务需求逐步加大。针对老年人急需的吃饭、活动、短托、康复需求，乡镇（街道）综合养老服务中心可以突出"五有"功能，即有供餐助餐设施，有休闲活动场所，有医疗康复区域，有日托、全托床位，有上门服务能力；在保障中心老年人服务需求的同时，为居家有需求的老年人提供助餐、就医、家政、安全等专业养老服务。村级互助幸福院突出吃饭、活动功能，设置厨房、餐厅、老年活动室、卫生间等，鼓励有条件的

[①] 《民政部办公厅关于社会救助改革创新试点和 2022 年度社会救助领域创新实践活动有关情况的通报》（民办函〔2023〕4 号），2023 年 1 月 19 日。

[②] 甘肃省民政厅相关统计数据，以下未标明出处的数据，均来源于此。

地方结合实际，为有需求的老年人提供助餐等居家上门服务。鼓励各类有条件的企业、社会组织运营综合养老服务中心，明确管理制度、收费标准、人员资质等规定，确保资产和运营安全。各地主动对接人社部门落实公益性岗位，为村级互助幸福院降低人力成本，形成"家庭拿一点、政府和集体经济补一点、社会捐一点"的多元化养老资金筹集模式，做到社会效益最大化。鼓励各类服务设施在保证老年人按成本吃饭的基础上，吸引附近学生、干部等社会群体就餐，同时开展送餐服务，扩大经营范围，做到开源增收。

3. 着力提升儿童福利保障水平

持续抓好孤儿、事实无人抚养儿童"精细排查、精确认定、精准保障"工作，继续实施孤儿及困境儿童先天性心脏病筛查救治工作。推进实施儿童福利机构"精准化管理、精细化服务"质量提升行动，规范信息档案建设，推进优化提质和创新转型。强化对流动和留守儿童关爱服务，深入贯彻落实新修订的《中国公民收养子女登记办法》，强化收养登记政策业务培训，提升基层业务能力。加强儿童福利队伍建设管理，压实工作责任、提升业务素质，用心用情用力干好儿童福利工作。

（四）持续推进全省医保信息平台深化应用和提升数据安全水平

加快推进全省医保信息平台服务支撑能力提升项目建设，持续优化"三电子两支付"服务创新，深入落实"两结合三赋能"工作措施，努力实现医保码就医全场景全流程应用，不断为医保改革、管理和服务赋能助力。强化部门间协同配合，推动医保、医疗、医药等数据共享与业务联动，实现共建共享共治。同时，要增强网络和数据安全意识。随着信息化建设的深入推进，数据共享已成为常态，社保部门不仅需要推动内部业务间数据共享，还要与政府其他部门实现共享，人员信息和数据安全问题愈发重要，网络和数据安全也是社保系统面临的风险之一。要时刻紧绷安全这根弦，牢固树立网络和数据安全意识，加强人员管理和培训，提升数据安全防控能力，完善数据安全管理制度。

参考文献

郑功成：《社会保障学——理念、制度、实践与思辨》，商务印书馆，2000。

风笑天：《社会学研究方法》（第三版），中国人民大学出版社，2009。

陈向明：《质的研究方法与社会科学研究》，教育科学出版社，2000。

2024年甘肃居民收入和消费发展报告

王 荟*

摘　要：　2024年，甘肃居民收入消费稳步增长。主要特点为甘肃居民收入与经济发展实现同步增长；居民收入结构呈"三增一降"态势；全社会消费水平呈现良性增长态势；城乡消费支出存在一定的分化特征；居民消费价格指数可控且城乡居民恩格尔系数在持续下降后呈趋稳态势。预测2025年，居民收入仍将总体保持增长态势，居民收入结构不断优化，居民消费市场总体保持稳定，甘肃居民消费价格涨幅目标或可控制在4%左右。未来，甘肃如何进一步推动经济高质量发展，实现质的有效提升和量的合理增长进而推动居民收入稳定增长以及全社会消费水平提升依然是紧迫的现实问题。本报告就甘肃收入和消费相关数据开展关联性分析，针对居民收入消费存在的主要问题就进一步高质量完成预定目标提出几点建议：充分发挥政府增加居民收入的引导和支持作用；推动产业发展着力提高居民工资性收入水平；持续优化营商环境以创业创新扩大就业范围；着力以高素质的劳动力供给推动收入水平跃升；大力创新促消费模式和推动系列政策的开展落实。

关键词：　收入增长　促进消费　就业　甘肃

《中华人民共和国国民经济和社会发展第十四个五年规划和2035年远景目标纲要》提出要"坚持居民收入增长与经济增长基本同步……持续提高低收入群体收入，扩大中等收入群体，更加积极有为地促进共同富裕"；针

---

* 王荟，甘肃省社会科学院财政金融研究所副所长、副研究员，主要研究方向为区域经济发展。

对消费问题，提出要"形成强大国内市场，构建新发展格局，畅通国内大循环，促进国内国际双循环，加快培育完整内需体系"。党的二十大进一步明确了扩大内需对未来经济增长的重要性，提出了扩大内需要同深化供给侧结构性改革有机结合的实现路径。2023年，"着力扩大国内需求"，成为我国经济工作的第一大任务。2024年中央经济工作明确提出"坚持稳中求进工作总基调"，强调"巩固和增强经济回升向好态势，持续推动经济实现质的有效提升和量的合理增长"，"着力扩大内需"与"切实保障和改善民生"是重点任务之二。

2024年是实施"十四五"规划的关键一年。2024年，甘肃省涉及收入与消费的主要预期目标是：社会消费品零售总额增长8.5%，居民消费价格涨幅在3%左右，城乡居民人均可支配收入分别增长6%和7%。可见，甘肃如何进一步推动经济高质量发展，实现质的有效提升和量的合理增长进而推动居民收入稳定增长以及全社会消费水平提升依然是紧迫的现实问题。本报告就甘肃收入和消费相关数据开展关联性分析，针对居民收入消费存在的主要问题就进一步高质量完成预定目标提出对策建议。

一　甘肃居民收入发展态势分析

近年来，甘肃省积极促进居民增收，通过促进就业创业、推动农业产业升级、加快工业转型升级、促进服务业发展、及时兑现各项社会保障待遇、增加居民转移净收入等举措，努力实现居民收入水平持续稳定提升。

（一）居民收入与经济发展实现同步增长

2023年，甘肃省居民人均可支配收入为25011元，同比增长7.5%，扣除价格因素，实际增长6.9%，名义增速和实际增速分别高于全国平均水平1.2个和0.8个百分点。其中，城镇居民人均可支配收入为39833元，同比增长6.0%。农村居民人均可支配收入为13131元，同比增长7.9%，农村居民人均可支配收入增速快于城镇居民1.9个百分点，城乡居民人均可支配收入之比为 3.03，比上年同期缩小 0.06，城乡居民收入差距持续缩小（见表1）。

表1 2020~2023 年甘肃城乡居民收入主要指标

单位：元，%

指标	2020 年	2021 年	2022 年	2023 年
全省居民人均可支配收入	20335.1	22066	23273	25011
城镇居民人均可支配收入	33821.8	36187	37572	39833
以上一年同期为基期的增长率	4.6	7.0	3.8	6.0
农村居民人均可支配收入	10344.3	11433	12165	13131
以上一年同期为基期的增长率	7.4	10.5	6.4	7.9

资料来源：根据甘肃发展年鉴及统计公报数据整理测算。

截至 2024 年三季度末，全省居民人均可支配收入 19108 元，同比增长 6.1%。按常住地分，城镇居民人均可支配收入 31201 元，增长 4.6%；农村居民人均可支配收入 9415 元，增长 7.5%（见表2）。

表2 2023 年前三季度和 2024 年前三季度甘肃城乡居民收入主要指标

单位：元，%

指标	2023 年前三季度	2024 年前三季度
全省居民人均可支配收入	18003	19108
以上 年同期为基期的增长率	7.8	6.1
城镇居民人均可支配收入	29826	31201
以上一年同期为基期的增长率	6.1	4.6
农村居民人均可支配收入	8756	9415
以上一年同期为基期的增长率	7.9	7.5

资料来源：根据甘肃历年统计月报数据整理测算。

总体而言，对比 2023 年甘肃省 GDP 6.4% 以及 2024 年前三季度 GDP 6.0% 的增长率，甘肃城乡居民人均可支配收入增长与经济增长基本同步，是宏观经济的增长效果在居民收入端的体现。

（二）居民收入结构呈"三增一降"态势

2023年，甘肃全体居民人均工资性收入14236元，增长9.5%，经营净收入增长2.9%，财产净收入增长4.0%，转移净收入增长6.8%。其中，城镇居民人均工资性收入增长7.6%，农村居民人均工资性收入增长11.3%。工资性收入依然为主要收入来源，整体收入结构较稳定。

进入2024年，前三季度，从收入来源看，全省居民人均工资性收入、经营净收入、转移净收入分别增长6.9%、6.6%、6.1%，财产净收入下降2.0%，① 总体呈现"三增一降"的态势。

二　甘肃城乡居民消费发展形势分析

近年来，甘肃把恢复和扩大消费摆在优先位置，提升传统消费，培育新型消费，扩大服务消费，增强消费对经济发展的基础性作用，聚焦重点活动、重点行业、重点项目、重要城市、节假日、平台载体、东西协作、助农帮扶等开展万场促消费活动，全力实现社会消费品零售总额目标任务。

（一）全社会消费市场回暖，消费水平呈现良性增长态势

2023年，甘肃城乡居民消费回暖明显，全社会消费水平实现大幅增长。当年全省社会消费品零售总额达4329.7亿元，同比增长10.4%，增速比全国高3.2个百分点。其中城镇消费品零售额为3544.2亿元，增长10.2%；乡村消费品零售额为785.5亿元，增长11.3%。基本生活类商品销售较好，限额以上单位饮料类增长23.9%、烟酒类增长18.1%、粮油食品类增长9.2%、中西医药品类商品零售额增长6.4%；升级类商品销售较快增长，限额以上单位金银珠宝类、体育娱乐用品类商品零售额分别增长30.6%和

---

① 省政府新闻办举行2024年前三季度全省经济运行情况新闻发布会公开数据。

13.1%；出行类商品销售带动明显，限额以上单位石油及制品类、汽车类商品零售额分别增长 13.1%和 15.2%；限额以上批零住餐业通过公共网络实现零售额增长34.7%。①

2024 年，甘肃进一步加强促进消费各项举措，持续推动兰州、酒泉、天水、张掖、庆阳 5 个区域消费中心城市建设，提升城市的消费吸引力和辐射力；加强流通体系建设，通过"商务+文旅""商务+体育""商务+节会"等形式丰富的促销手段，做到了"季季有主题、月月有活动"的总体要求，聚焦汽车、家电、家居、餐饮、陇酒以及特色农产品等重点品类，促进消费提质升级。截至 2024 年三季度末，全省社会消费品零售总额 3382.5 亿元，同比增长 3.9%。按经营单位所在地分，城镇消费品零售额 2764.1 亿元，增长 3.7%；乡村消费品零售额 618.4 亿元，增长 4.7%。按消费类型分，商品零售 2977.8 亿元，增长 3.2%；餐饮收入 404.7 亿元，增长 9.7%。部分基本生活类和升级类商品销售良好，限额以上单位粮油食品类、饮料类、中西医药品类商品零售额分别增长 15.0%、9.2%、4.5%；家用电器和音像器材类、通信器材类零售额分别增长 29.0%、15.6%；新能源汽车零售额增长 48.9%。② 总体看来，甘肃消费市场回暖，商品消费有所升级，消费水平呈良性增长态势。

（二）城乡消费支出存在一定的分化特征

2023 年，甘肃全体居民消费支出增幅最大的前三项依次为医疗保健、教育文化娱乐及其他用品和服务（见表3）。其中，城镇居民消费支出增幅最大的前三项为医疗保健、教育文化娱乐及其他用品和服务（见表4），而农村居民消费支出增幅最大的前三项为医疗保健、教育文化娱乐和交通通信（见表5）。

---

① 省政府新闻办召开的 2023 年全省经济运行情况新闻发布会公开数据。
② 省政府新闻办举行 2024 年前三季度全省经济运行情况新闻发布会公开数据。

表3 2021~2023年甘肃居民消费增长情况

单位：元，%

指标	2021年		2022年		2023年	
	支出额	比上年增长	支出额	比上年增长	支出额	比上年增长
居民生活消费支出	17456	7.9	17489.4	0.2	19013	8.7
食品烟酒	5218	9.4	5364.2	2.8	5687	6.0
衣着	1217	6.7	1137.6	-6.6	1222	7.4
居住	3706	4.2	3918.5	5.7	4065	3.7
生活用品及服务	1068	2.1	1000.1	-6.4	1057	5.7
交通通信	2215	9.7	2322.2	4.8	2604	12.1
教育文化娱乐	1894	9.6	1775.7	-6.2	2071	16.6
医疗保健	1761	14.0	1612.6	-8.4	1893	17.7
其他用品和服务	377	2.0	358.5	-4.8	414	15.4

资料来源：根据甘肃发展年鉴及统计公报数据整理测算。

表4 2021~2023年甘肃城镇居民消费增长情况

单位：元，%

指标	2021年		2022年		2023年	
	支出额	比上年增长	支出额	比上年增长	支出额	比上年增长
城镇居民生活消费支出	25757	4.6	25207.0	-2.1	27044	7.3
食品烟酒	7543	6.7	7530.3	-0.2	7793	3.5
衣着	1939	4.3	1759.4	-9.3	1871	6.3
居住	5732	-0.9	6006.0	4.8	6039	0.5
生活用品及服务	1648	-0.8	1523.9	-7.6	1583	3.9
交通通信	3296	7.0	3334.8	1.2	3740	12.1
教育文化娱乐	2692	10.9	2470.5	-8.2	2937	18.9
医疗保健	2292	9.6	2005.1	-12.5	2407	20.0
其他用品和服务	615	-3.8	577.1	-6.2	674	16.8

资料来源：根据甘肃发展年鉴及统计公报数据整理测算。

表5　2021~2023年甘肃农村居民消费增长情况

单位：元，%

指标	2021年		2022年		2023年	
	支出额	比上年增长	支出额	比上年增长	支出额	比上年增长
农村居民生活消费支出	11206	12.9	11494.2	2.6	12575	9.4
食品烟酒	3467	13.1	3681.6	6.2	3999	8.6
衣着	674	10.8	654.5	-2.9	702	7.3
居住	2180	14.4	2296.9	5.3	2482	8.1
生活用品及服务	631	7.1	593.2	-6.0	635	7.1
交通通信	1402	13.6	1535.6	9.5	1694	10.3
教育文化娱乐	1293	6.7	1235.9	-4.4	1376	11.4
医疗保健	1362	19.4	1307.8	-4.0	1481	13.3
其他用品和服务	197	16.8	188.6	-4.2	205	8.8

资料来源：根据甘肃发展年鉴及统计公报数据整理测算。

2024年前三季度，甘肃人均生活消费支出为14290元，同比增长4.3%。其中，食品烟酒支出为4241元，增长3.4%；衣着支出为898元，增长1.6%；居住支出为2622元，增长-3.7%；生活用品及服务支出为757元，增长-3.2%；交通通信支出为2141元，增长12.9%；教育文化娱乐支出为1610元，增长12.6%；医疗保健支出为1639元，增长6.2%；其他用品和服务支出为381元，增长15.1%。支出增幅最大的前三项依次为其他用品及服务、交通通信、教育文化娱乐。城镇居民消费支出增幅最大的前三项为其他用品和服务（17.7%）、交通通信（14.9%）和教育文化娱乐（13.7%），而农村居民消费支出增幅最大的前三项为教育文化娱乐（8.3%）、交通通信（7.8%）和居住（5.1%）。[①]

可见，居民消费保持稳步增长，但城乡消费特点则明显分化。具体而言，城镇居民的医疗保健、教育文化娱乐、交通通信支出普遍增长明显，相关消费需求旺盛、消费压力也较大（此处不考虑价格因素）。同时，农村居民在交通通信、医疗保健方面的需求增长明显，也显示出一定程度的消费升级态势，但增长幅度低于城镇居民，教育文化娱乐支出增幅则明显低于城镇居民。

---

① 数据来源于甘肃省统计局2024年统计月报。

（三）居民消费价格指数可控且城乡居民恩格尔系数持续下降后呈趋稳态势

一方面，甘肃居民消费价格指数基本稳定可控。2023 年 1~12 月，甘肃居民消费价格指数为 100.5，价格温和小幅上涨。2024 年 1~6 月，居民消费价格指数为 100.3，价格涨幅维持在合理范围。另一方面，城乡居民恩格尔系数在持续下降后呈趋稳态势。2014~2019 年，甘肃城乡居民恩格尔系数总体呈下降趋势。其中，城镇居民恩格尔系数由 2014 年的 36.8% 下降到 2019 年的 28.6%；农村居民恩格尔系数由 2014 年的 37.6% 下降到 2019 年的 29.2%。2019 年可以看作近十年来恩格尔系数曲线的一个拐点。进入 2020~2023 年这一阶段，恩格尔系数则总体呈现小幅震荡下趋稳态势（见表6）。

表6 2014~2023 年甘肃城乡居民消费主要指标

单位：元，%

指标	2014 年	2015 年	2016 年	2017 年	2018 年	2019 年	2020 年	2021 年	2022 年	2023 年
城镇居民消费支出	15507	17451	19539	20659.4	22606	24453.9	24614.6	25757	25207.0	27044
城镇居民恩格尔系数	36.8	30.63	29.57	29.2	28.7	28.6	28.7	29.29	29.87	28.81
农村居民消费支出	5372	6830	7487	8029.7	9064.6	9693.9	9922.9	11206	11494.2	12575
农村居民恩格尔系数	37.6	32.86	31.29	30.4	29.7	29.2	30.9	30.91	32.02	31.80

资料来源：根据历年甘肃国民经济和社会发展统计公报数据汇总测算。

三 甘肃城乡居民收入与消费发展形势预测

疫情结束后，甘肃宏观经济稳步发展，在经历了 2022 年、2023 年两年的调整和恢复后，甘肃城乡居民收入与消费呈现明显向好态势。2024年，随着经济全面复苏、经济预期偏良性、营商环境持续优化以及国家宏观经济政策的出台引导，甘肃经济社会发展整体向好，2024~2025年居民收入与消费呈现新的发展态势，本报告在此做出以下几点预测。

一是居民收入仍将总体保持增长态势。甘肃省经济整体向好为收入增长奠定了基础。2024年前三季度，甘肃省地区生产总值为9126.3亿元，同比增长6.0%，增速高出全国1.2个百分点，位居全国第二（与重庆并列）、西北五省区第一。随着2024年9月《关于实施就业优先战略促进高质量充分就业的意见》文件的出台以及产业向西部转移政策的推出，甘肃促进就业与工资性收入增长的动力必然进一步强劲。经济运行的向好态势和政策发展机遇均为居民收入增长提供了条件，尽管面临各种挑战，但整体上居民收入仍将稳定增加，预计2024年底可顺利实现城乡居民人均可支配收入分别增长6%和7%的目标。2025年，在国家经济刺激政策和相关利好的推动、全国经济整体向好的态势下，甘肃省居民收入指标的增长目标或相应提高。

二是居民收入结构将不断优化。2024~2025年，甘肃居民在保障工资性收入稳步增长的同时，经营净收入、转移净收入和财产净收入或将迎来较明显的增长。首先，甘肃积极推动各类产业发展，营商环境不断优化，推动个体经营户和小微企业提高经营效益，增加居民经营净收入。其次，政府在民生保障方面的投入持续增加，各项惠民政策不断完善和落实，使得居民转移净收入保持稳定增长。最后，国家一系列宽松货币政策的出台，将进一步刺激金融市场和房地产市场，财产净收入或可实现较大幅度增长。

三是居民消费市场将总体保持稳定。一方面，随着基本生活类消费、出行相关消费、网络零售和文旅消费的稳定增长，甘肃社会消费品零售总额增长8.5%的总体目标将稳步实现。另一方面，近年来，甘肃省居民消费价格指数保持在合理范围内小幅增长的态势。2024年底，甘肃居民消费价格涨幅可控制在3%左右；2025年，考虑到国家宏观货币政策可能趋于宽松，甘肃居民消费价格涨幅目标或可控制在4%左右。

四　甘肃增加居民收入促进消费面临的主要困难

现阶段，甘肃省增加居民收入促进消费的关键依然在于提高居民就业水平和就业质量，面临的主要问题有以下几个方面。

一是省内产业结构升级调整依然承压前行，增加居民收入亦面临较大压力。甘肃省产业发展不平衡问题依然比较突出，单一产业结构限制了居民就业渠道和收入来源的多样性。

二是创业创新的社会氛围不浓，就业机会不足。甘肃省创业创新的社会氛围不浓，部分地区的社会观念相对保守，对创新创业的支持和包容度不够，缺乏鼓励冒险、宽容失败的社会氛围。这在一定程度上影响了人们的创新精神和创业热情，也不利于扩大就业范围。

三是就业质量不高，收入稳定增长的基础较差。甘肃农业和服务业中存在大量非正式就业、灵活就业岗位，这些岗位往往工资较低、工作稳定性差、社会保障不完善。如一些零工经济从业者，包括外卖骑手、网约车司机等，虽然工作灵活性高，但收入易受平台规则、市场供需变化等因素影响，并且在劳动保护、福利待遇方面存在诸多不足。再如一些地方劳动密集型企业，多从当地招聘工人，但这些工人的知识水平偏低，培训升级的代价较高企业难以承受，而工人亦没有培训后领取高工资的强烈动力，最终导致收入水平持续徘徊在低位。

四是省内劳动力市场的结构性供需矛盾导致居民收入提升难度大。甘肃省面临较为严重的劳动力结构性供需矛盾。调查结果显示，有66.96%的被调查者认为甘肃的"人才引育"政策亟待完善。一方面，高素质的技术人才和管理人才短缺，企业的用工成本较高。随着经济的发展和产业结构的升级，企业对高层次研发人员、高技能工人和创新型复合型人才的需求增加，但甘肃省部分劳动力技能水平较低，难以满足市场需求，导致工资性收入实现大幅提升的空间十分有限。特别是在一些新兴产业和高科技领域，企业难以招到合适的技术人才，而一些低技能劳动者又面临就业困难。另一方面，省内经济发展水平和产业结构的差异导致区域劳动力供需不平衡。一些经济发达地区和产业集聚区劳动力需求旺盛，但当地劳动力供给不足，需要从其他地区引进。如在白银区调研中了解到，该地工业基础好，工业企业众多，可解决当地的就业问题。而一些经济欠发达地区劳动力过剩，但就业机会较少，收入水平低。

五是提振消费面临较多困难。首先，省内经济发展不平衡不充分的主要矛盾必然导致整体较低的收入水平难以有效支撑居民消费能力并提升消费水平。其次，趋于保守的消费观念叠加风险规避偏好较高的心态在相当程度上抑制了当前的消费意愿。最后，甘肃消费市场在商品和服务的供给上相对单一，本地的品牌企业相对较少，不但影响消费需求，亦影响了企业的投资和经营积极性，进而影响了消费市场的供给，最终导致市场活力不足。

五　进一步推进收入消费高质量发展的几点建议

（一）充分发挥政府增加居民收入的引导和支持作用

要进一步扩大社会保险覆盖范围，按时足额支付各项社会保险待遇，逐步提高城乡居民的基本养老金、医疗保险报销比例等，增强居民的抗风险能力，促进转移净收入持续增长，为居民的收入增长提供保障。要进一步根据甘肃的实际情况，制定和完善促进就业的政策措施，加大对就业的资金投入和政策支持力度。基层政府要进一步建立健全就业监测体系，及时掌握劳动力市场的供求状况和就业形势的变化，为政府决策提供依据。要根据经济发展情况适时调整最低工资标准，特别是针对四类地区的最低标准应大幅提高，进一步缓解区域收入差距过大的问题，保障低收入劳动者的基本收入。

（二）推动产业发展着力提高居民工资性收入水平

要重点提升工资性收入这一最主要收入来源，通过产业高质量发展带动工资性收入稳定大幅增长。要注重发挥甘肃特色农业产业优势，加大农业科技投人，着力推进各地农业现代化进程，提高农业生产效率，推动农产品的精深加工和品牌建设，延长农业产业链，增加附加值，从而创造更多的生产、加工、销售和物流等环节的就业岗位。要着力推进传统工业"三化"改造，在有色冶金、石油化工等领域，加强技术创新和设备升级，提高产品质量和竞争力，同时带动相关的研发、设计、生产、管理等岗位需求。要着力推动新能源及装备制造业等新兴产业高质量发展，实施质量强省战略，着力强链、延链、稳链，衍生高水平的就业岗位。聚焦提升省内服务业从业人员综合素质以带动行业高质量发展，提升服务业从业人员服务意识、竞争意识。要建立企业和机关事业单位职工工资增长的长效机制和支付保障机制，确保劳动者报酬增长速度不低于经济发展速度。

（三）持续优化营商环境以创业创新扩大就业范围

要加大省内创业的政策支持力度，特别要解决中小微企业贷款难、贷款贵问题，认真落实创业担保贷款、税收优惠、创业补贴等政策，减轻创业者的资金压力，对企业的重点项目简化办税流程，提供便利办税优质服务。加大年度创业创新企业评选的奖励力度，帮助创业者解决创业过程中遇到的问题和困难，鼓励劳动者通过灵活就业、自主创业等方式实现就业，全面激发创业者的积极性和创造性。要注重发挥商会和行业协会在推进创业过程中的积极作用，加强对创业项目的跟踪和服务，营造良好的创业创新氛围。要大力支持省内平台经济、共享经济等新就业形态的发展，规范新就业形态的劳动用工，保障劳动者的合法权益。要重点鼓励支持科技含量高的创业创新行为，以带动覆盖范围广的就业，构建和谐的劳动关系。

（四）着力以高素质的劳动力供给推动收入水平跃升

要及时调整省内大中专院校的专业设置。特别要紧跟甘肃产业升级发展需求，调整职业院校的专业设置，增加与新兴产业和重点产业相关的专业，如新能源技术、智能制造、大数据技术等。同时，加强职业院校与企业、地方政府的合作，采取订单式培养、顶岗实习等模式，提高学生的实践能力和就业竞争力。要强化技能培训，特别是针对不同群体的需求，开展多种形式的职业技能培训，提高劳动者的就业能力和技能水平，使其能够适应市场的需求，增加就业机会和收入。要拓展省外劳务输出渠道，加强地区之间的劳务输出和输入，实现劳动力资源的优化配置，增强省内劳动力的就业竞争力。

（五）大力创新促消费模式和推动系列政策的开展落实

要关注近年来省内居民消费倾向，在通信、出行、旅游等方面加大消费政策引导和支持力度。要举办好各类促消费活动，形成波浪式的消费热潮，营造良好的消费氛围。可借鉴 2024 西安暑期乐购节构建的"123+N"活动框架，即一个统一的活动主题、线上线下融合两条线、三个专场启动仪式、联动 N 家企业商户参与的消费模式。要着力培育文旅消费新场景，抓好进一步提振文旅市场相关政策措施的落地落实，开展宣推活动，实施景区门票优惠等惠民举措。要提升消费服务保障水平，加强产品质量监管和消费权益保护，打击假冒伪劣，营造公平竞争环境。构建举报渠道，让消费者有问题时能够及时反馈。优化消费环境，增强消费者的信心和信任，鼓励民众消费。要关注消费领域数字化升级新动向，大力推动智慧商圈、便民生活圈改造提升，打造数字街区、消费体验中心、创意时尚中心等，满足人们不同层次的消费需求。

B.4
2024年甘肃就业形势发展报告

刘徽翰 *

摘　要： 就业是关乎国计民生的大事要事。中央政治局第十四次集体学习和党的二十届三中全会决议将就业工作提到了历史新高度。2024年9月出台的《中共中央　国务院关于实施就业优先战略促进高质量充分就业的意见》对高质量充分就业作出了全面系统细致的安排部署。2024年上半年，甘肃就业形势总体稳定，态势良好，全省就业工作取得了质的有效提升和量的合理增长，创业带动就业效应明显。但与高质量充分就业的目标相比还存在一些短板弱项，今后需要在认真贯彻中央和国家政策基础上，结合省情实际，在促进产业就业协调发展、着力化解结构性就业矛盾、保障重点群体就业创业、健全公共就业服务体系、切实维护劳动者合法权益等五个方面持续用力，扎实推进。

关键词： 高质量充分就业　创业就业　公共服务就业

就业是最基本和最重要的民生事业，尤其对中国这个人口和劳动力大国而言，就业问题无疑具有更加特殊的位置和意义。从宏观层面而言，高质量充分就业有利于国家的政治稳定、经济发展与社会和谐；从微观层面而言，就业关乎个体的收入、消费和生活水平，是劳动者获得感、安全感、幸福感最重要的来源。连续多年，就业问题始终是党和政府以及全社会高度关心的大事要事。中国经济进入新周期之后，经济增速放缓，产业结构调整和迭代

---

* 刘徽翰，甘肃省社会科学院社会学研究所助理研究员，主要研究方向为社会问题与社会治理。

升级正处在爬坡过坎的关键阶段，高校毕业生数量每年都创新高，部分行业和领域出现较大幅度的调整变化等因素综合作用对就业工作构成了很大冲击和严峻挑战。特别是国际政治经济形势不确定性进一步增加，全球范围内的地区动荡和紧张有所加剧，国际经贸日益受到不同极端思潮和政治极化行为的深刻影响。当前，国内经济正处在疫情冲击后的恢复回升阶段，高质量发展与产业结构调整深度交织，部分行业还处在转型调整期，一些领域的进展不尽如人意，整个经济体的有效需求不足，民众的信心和预期不佳，这些反映在就业方面就是结构性失业特征明显。从整体看，劳动力供需矛盾总体较为突出，总供给大于总需求；但部分行业和岗位用工缺口大，供需匹配跟不上，"有人没活干，有活没人干"现象并存。

2024年5月，中央政治局第十四次集体学习专题研究了高质量充分就业议题，就业问题上升到最高决策层面。7月召开的中国共产党二十届三中全会审议通过的《中共中央关于进一步全面深化改革　推进中国式现代化的决定》（以下简称《决定》）中第11部分第2条，专门安排了就业方面的重大改革举措。9月，《中共中央　国务院关于实施就业优先战略促进高质量充分就业的意见》（以下简称《意见》）发布，对新时期高质量充分就业工作做出全面系统的安排部署，为当前和今后的就业工作提供了总指导和总规划。

一　2024年上半年甘肃省就业情况

2024年以来，甘肃省全面贯彻国家和地方党委、政府"稳就业"工作的一系列安排部署，千方百计拓展就业空间、增加就业容量，积极促进高校毕业生、农民工、就业困难人员、长时间未就业人员等重点群体就业创业工作。全省就业形势保持总体稳定，城镇新增就业、城镇调查失业率、城乡富余劳动力转移就业等主要指标稳中有进。通过实施更加积极的就业政策，围绕"稳存量、扩增量、提质量、兜底线"目标，全省就业工作实现质的有效提升和量的合理增长。前三季度，全省城镇新增就业27.3万人，顺利完成全年新增城镇就业 30 万人目标的 91%。全省共输转城乡富余劳动力 519.1 万人（前三季度）①，其中脱贫劳动力 198.6 万人（截至上半年），这两项指标均已提前完成全年目标任务②。

（一）全省高质量充分就业取得新进展

1.聚焦各类经济主体，加力推进稳就业政策落实

各类经营主体是容纳就业的主力军，稳经营主体就是稳就业。2024 年以来，全省各地深入开展"援企稳岗·服务千企"行动，紧盯各类经营主体的发展需求，继续实施稳岗返还、一次性扩岗补助、阶段性降低失业和工伤保险费率等政策，大力推行"一网通办""免审即享"等经办模式，帮助各类经营主体强信心、降成本、稳预期。持续推进"陇原惠岗贷"融资业务，支持中小微企业稳岗扩岗。2024 年上半年，全省累计走访服务各类企业 2287 家，共为企业降低成本 9.04 亿元，新增发放"陇原惠岗贷"贷款 968 户 19.07 亿元。③

2.聚焦重点群体，加力拓宽就业创业渠道

一是针对高校毕业生等青年群体，创新开展"公共就业服务进校园"系列活动，接续实施第三季"百名人社局长直播带岗暖心行动"，从岗位推荐、求职指导、政策咨询等环节优化服务。上半年，累计举办 883 场直播带岗活动，组织 1.58 万家用人单位，提供 49 万余个就业岗位。同时，举办"职引未来"大中城市联合招聘、"巾帼护航·职待你来"女大学生专场、"黄河之滨也很美"大型人才交流会等大型线下招聘活动。通过线上线下联

---

① 《前三季度　我省城镇新增就业 27.3 万人》，每日甘肃网，https://gansu.gansudaily.com.cn/system/2024/10/22/031081369.shtml，2024 年 10 月 22 日。

② 《"2024 年上半年经济高质量发展"主题系列新闻发布会——省人社厅专场实录（文+图）》，每日甘肃网，https://gansu.gansudaily.com.cn/system/2024/08/14/031047190.shtml，2024 年 8 月 14 日。

③ 《"2024 年上半年经济高质量发展"主题系列新闻发布会——省人社厅专场实录（文+图）》，每日甘肃网，https://gansu.gansudaily.com.cn/system/2024/08/14/031047190.shtml，2024 年 8 月 14 日。

动，为以高校毕业生为主体的青年群体提供更多就业机会。继续实施"特岗计划""西部计划""三支一扶"等国家层面项目以及省委、省政府"支持1万名未就业普通高校毕业生到基层就业"为民实事项目。二是针对农民工群体，延续实施脱贫劳动力交通补助政策，引导支持农民工积极外出就业。抢抓春节后求职用工的高峰期，在全国范围内较早开展"春暖农民工"和"春风行动"等就业服务行动，加强与传统劳务输入大省对接协作，扩大有组织输转规模。2024年初，对省外仅通过包客车、专列（专厢）、包飞机等方式"点对点"输转务工人员11万人。同时，积极促进省内东西部劳务协作，上半年省内输转就业占全部输转人数的56.3%，创造了历史最好成绩。持续推进"乡村就业工厂"转型升级，累计建成2571个，吸纳带动9.4万人就近就地就业。统筹开发管好用好乡村公益性岗位，在"爱心理发员""乡村创稳网格员""暑期防溺水员"基础上，创新开发了"长城（田野文物）巡护员"乡村公益性岗位，促进就业帮扶与和美乡村建设、长城保护事业有效融合。上半年，全省有14.1万脱贫人口通过公益性岗位得以安置。三是针对就业困难群体，坚持常态帮扶和集中帮扶相结合，不断提高帮扶举措精准性、有效性，举办"就业援助月"专项活动，凝聚社会各方力量，帮助就业困难人员、城镇零就业家庭成员、残疾登记失业人员等困难群体就业创业。上半年，全省共有2.21万就业困难人员实现就业，零就业家庭全部"动态清零"。[1]

3. 聚焦就业技能，加力提升培训工作质效

技能培训是提升就业能力的重要途径，全省各地紧紧围绕"四强"行动和"技能甘肃"建设，结合本地产业发展实际和群众培训意愿，大力实施"订单式""嵌入式""项目制"培训。上半年，全省共开展政府补贴性职业技能培训20.06万人次，其中脱贫劳动力培训4.28万人次，完成年度培训任务31万人次的64.71%。深入实施家政培训质量提升行动，开展

---

[1] 《"2024年上半年经济高质量发展"主题系列新闻发布会——省人社厅专场实录（文+图）》，每日甘肃网，https://gansu.gansudaily.com.cn/system/2024/08/14/031047190.shtml，2024年8月14日。

家政服务员、养老护理员、育婴员等康养类培训 2.81 万人次，持续打造"陇原妹""天水白娃娃""镇原护工"等 8 个省级家政劳务品牌，积极扩大品牌效应。① 截至 9 月底，全省开展政府补贴性职业技能培训 28.56 万人次，完成年度培训任务 31 万人次的 92.13%，支出培训补贴资金 2.45 亿元。②

4. 聚焦创业带动，加力释放创业创新动能

举办第六届"中国创翼"创业创新大赛甘肃选拔赛和第四届马兰花全国创业培训讲师大赛甘肃省选拔赛，高效集聚各类创业支持资源，发挥示范引领作用。省人社厅联合有关部门和金融机构推出"陇原贷"融资业务，为有创业意愿的个人提供不超过 100 万元的低息贷款，优化创业担保贷款政策，拓宽申请渠道、推行"一站式"服务。上半年，累计为 2940 名创业者发放"陇原创业贷"5.87 亿元，新增发放创业担保贷款 24.51 亿元，吸纳带动就业 1.76 万人。③

5. 聚焦数字赋能，加力优化公共就业服务供给

充分发挥全省人社一体化信息平台优势，建立涵盖省、市、县、街道、社区的五级就业服务网络，推广"大数据+铁脚板"服务模式，实现各类公共就业服务事项一网通办，让每一位劳动者都能便捷享受公共就业服务。积极建设"如意就业"甘肃公共就业服务网，推动实现招聘求职、职业规划、用工指导、政策咨询等一体化服务。持续推动公共就业服务下沉基层，在兰州市试点举办"皋兰路人才夜市"，将夜间经济与求职招聘服务相融合，让就业服务更"接地气"，"家门口就业"可感可及。积极申报 2024 年全国公共就业服务能力提升示范项目，继张掖市、兰州市后，庆阳市成功入围，争

① 《"2024 年上半年经济高质量发展"主题系列新闻发布会——省人社厅专场实录（文+图）》，每日甘肃网，https://gansu.gansudaily.com.cn/system/2024/08/14/031047190.shtml，2024 年 8 月 14 日。

② 李永萍：《民生保障有力有效——前三季度全省经济运行亮点回眸之五》，《甘肃日报》2024 年 10 月 28 日。

③ 《"2024 年上半年经济高质量发展"主题系列新闻发布会——省人社厅专场实录（文+图）》，每日甘肃网，https://gansu.gansudaily.com.cn/system/2024/08/14/031047190.shtml，2024 年 8 月 14 日。

取到1亿元中央财政专项资金支持，甘肃也成为国家实施该项目以来连续三次申报成功的10个省份之一。

（二）创业带动就业取得新突破

2024年上半年，全省各相关部门积极把握全省经济运行持续回升向好、劳动力市场活跃度上升的有利时机，深入实施稳岗扩就业政策措施，保持了全省就业局势稳定。有关部门坚持创新举措，优化服务，不断激发全社会创业活力和创新热情，充分释放了创业带动就业的倍增效应。

1. 创新金融支持，强化"输血"助力就业创业

为支持企业稳岗扩岗，创新实施了"陇原惠岗贷"融资业务，对吸纳就业多、稳岗效果好且用工规范的中小微企业发放低息贷款，该业务自2022年启动实施以来，已累计为2811户中小微企业发放贷款53.84亿元。2024年初，为有效解决创业者融资难、融资贵的问题，创新推出了"陇原创业贷"融资业务，面向有融资需求的创业者个人提供低息信用贷款支持。上半年，已累计为2940名创业者发放贷款5.87亿元。同时，通过进一步优化贷款政策，拓宽申请渠道，推行"一站式"服务，持续释放财政贴息政策红利，充分发挥创业担保贷款支持高校毕业生、返乡农民工、退役军人等重点群体创业的作用。上半年，全省新增发放创业担保贷款24.51亿元，吸纳带动就业1.76万人。[①]

2. 凝聚部门合力，营造就业创业良好氛围

为持续巩固"大就业"工作格局，充分发挥各行业主管部门职能优势，共同促进就业创业。2021年以来，省创业就业中心联合省农业农村厅、文旅厅、团省委等10个省直部门，纵深推进"百千万"创业引领工程，通过组织开展"十项比赛、六大活动"，三年来，省、市、县三级共举办各行业领域创业创新大赛189场，创业训练营67场，创业论坛53场，投融资对接

---

① 《"2024年上半年经济高质量发展"主题系列新闻发布会——省人社厅专场实录（文＋图）》，每日甘肃网，https：//gansu.gansudaily.com.cn/system/2024/08/14/031047190.shtml，2024年8月14日。

会 13 场，累计评选出省级"创业达人"306 名、市级"创业新秀"1011 名、县级"新锐创客"10020 名，在全社会形成了政府部门引领、社会广泛参与、全省上下联动的促进创业创新工作机制。① 2024 年上半年，省创业就业中心再次联合 16 个省直相关部门，邀请省内外 40 余位知名专家和创业导师、20 多家投融资机构，共同举办"中国创翼"创业创新大赛甘肃省选拔赛，经过层层选拔，最终从全省 471 个报名项目中评选出 55 个优秀获奖项目。赛事期间，同步组织开展创业大讲堂、创业项目诊断指导会和投融资对接会等一系列创业创新配套活动，进一步营造了尊重、爱护、支持创业创新的良好氛围。

3. 强化平台建设，提升就业创业服务能力

会同省财政厅组织开展 2024 年省级公共就业创业服务能力提升示范项目评审，择优评选清水县、崆峒区、瓜州县、天祝县、景泰县、金川区等 6 个示范项目县区，分别给予 300 万元一次性补助，专门用于就业创业服务能力提升建设。通过实施景泰县就业创业集成服务中心、金川区"1+10+N"线下公共就业服务平台等示范项目，以点带面，进一步提升县（市、区）公共就业创业服务能力。同时，不断加强省级创业就业孵化示范基地（以下简称基地）建设，通过对全省 147 家基地进行评估分级，实现基地建设动态管理，有进有出，促进各级基地提质增效，为创业者群体提供创业指导、事务代办、费用减免、场地支持等服务。目前，全省省级创业就业孵化示范基地共有在孵创业主体 1.06 万户，吸纳带动 9.28 万人就业。

二　甘肃就业形势分析（2010～2020年）

本部分结合甘肃 2010 年以来的劳动力和就业统计数据，从产业、城乡分布、单位类型及不同行业等指标简单总结分析近年来甘肃的劳动力特征和就业形势发展变化。

---

① 《"2024 年上半年经济高质量发展"主题系列新闻发布会——省人社厅专场实录（文+图）》，每日甘肃网，https://gansu.gansudaily.com.cn/system/2024/08/14/031047190.shtml，2024 年 8 月 14 日。

（一）第一产业从业人数逐步下降，第三产业从业人数稳步增加

从统计数据看，2010~2020年，甘肃省经济活动总人口由1407.72万人下降为1343.20万人，其中就业人员数量从2010年的1397.00万人下降至2020年的1331.00万人，十年来就业人员总量减少66.00万人，平均每年减少6.6万人。从三大产业的就业人员分布来看，第一产业就业人员从2010年的861.00万人下降至2020年的597.00万人，比例由61.61%下降为44.85%；第二产业从业人员从2010年的215.00万人上升至2020年的237.00万人，比例由15.36%增至17.81%；第三产业就业人员从2010年的322.00万人增加到2020年的497.00万人，比例由23.03%上升至37.34%（见表1）。从就业人口在三大产业门类的分布变化看，第一产业对劳动力的吸纳能力逐步下降，第二、第三产业特别是第三产业逐渐成为吸纳省内就业人口的主力。第二产业从业人员虽有小幅增加，但总体速度和幅度不高。这说明，伴随着甘肃城市化、工业化进程加快，广大农民进城务工经商成为主要推动力，大量人口从分散的乡村向城镇集聚，为大规模的制造业和服务业发展提供了必要条件。但从统计情况看，甘肃第二产业从业人员总量小、增幅慢，也说明省内工业发展还有较大提升空间，"强工业"行动需加力推进。相比于发达经济体和发达地区的发展经验，省内第三产业的发展进度和就业吸纳能力也有待进一步推进和提升。

表1　2010年、2015年及2018~2020年甘肃就业基本情况

单位：万人，%

项　目	2010年	2015年	2018年	2019年	2020年
经济活动人口	1407.72	1355.48	1346.95	1343.83	1343.20
就业人员	1397.00	1346.00	1337.00	1333.00	1331.00
第一产业	861.00	768.00	721.00	706.00	597.00
第二产业	215.00	217.00	207.00	201.00	237.00
第三产业	322.00	361.00	409.00	425.00	497.00
就业人员构成					

续表

项　目	2010年	2015年	2018年	2019年	2020年
第一产业	61.61	57.06	53.90	53.00	44.85
第二产业	15.36	16.11	15.50	15.10	17.81
第三产业	23.03	26.83	30.60	31.90	37.34
按城乡分就业人员					
城镇就业人员	403.98	497.37	548.01	564.93	618.00
非私营单位就业人员	194.29	261.76	246.68	253.00	262.22
国有单位	147.36	153.88	141.85	136.10	137.83
城镇集体单位	6.88	10.17	6.23	5.60	5.69
股份合作单位	1.03	0.70	0.52	0.40	0.90
联营单位	0.46	0.10	0.09	0.10	0.12
有限责任公司	23.84	70.65	73.31	77.10	79.40
股份有限公司	10.36	22.05	21.08	27.30	31.14
港澳台商投资单位	0.47	0.85	0.61	3.90	0.84
外商投资单位	0.77	1.56	1.74	0.70	1.84
其他	3.12	1.82	1.25	1.70	4.47
私营企业	—	100.19	136.90	150.60	—
个体工商户	—	110.13	114.87	124.10	—
乡村就业人员	993.02	848.63	788.99	768.04	713.00
在岗职工人数	187.96	228.97	212.72	213.60	222.01
国有单位	142.46	137.97	125.70	118.50	122.84
城镇集体单位	6.76	9.14	5.47	5.00	4.95
其他单位	38.74	81.87	81.55	90.10	94.22
城镇单位女性就业人员	63.56	86.29	84.92	92.90	100.57
城镇新增就业人员	29.30	43.70	43.13	39.22	35.68
城镇登记失业人数	10.72	9.48	9.95	10.83	12.20
城镇登记失业率	3.21	2.14	2.78	3.00	3.27

资料来源：2011~2021年甘肃统计年鉴。

（二）乡村就业人口逐年减少，城镇就业人员稳步增加

从统计数据来看，十余年来，甘肃城乡就业人员的分布发生了较大变化。城镇就业人员数量从2010年的403.98万人增加到2020年的618.00万

人，平均每年增加 21 万人左右。2020 年城镇就业人员增幅超过 53 万人，是十年里增加人数最多的一年。而乡村就业人员从 2010 年的 993.02 万人下降到 2020 年的 713.00 万人，年均减少 28 万人左右，与城镇新增就业人数相近。2010~2015 年这个区间内，乡村就业人员年均减少近 30 万；2015~2018 年这三年，乡村就业人员年均减少 20 万人左右；2019~2020 年，乡村就业人员减少约 55 万人。可见，2010 年以来，甘肃的城镇化进程进入一个高速发展期，每年都有大量的农村人口进入城市；2019 年是近年来就业形势最好的一年，在这一年无论是城镇新增就业人数还是乡村就业人员减少数都达到了历史新高。

（三）国有单位是非私营单位中容纳就业的头号主力，私营企业和个体工商户的就业容纳规模逐年扩大

总体而言，2010~2020 年十年间，非私营单位就业人员从 194.29 万人增加到 262.22 万人，年均增加 6.8 万人左右。其中，国有单位仍是省内就业人员最多的单位类型，但是人数也从 2015 年的 153.88 万人降至 2020 年的 137.83 万人。有限责任公司和股份有限公司也是非私营单位中容纳就业人数较多的单位类型，2020 年两者相加之后接近于国有单位。私营企业和个体工商户也是甘肃容纳就业人数较多的两个领域，2019 年私营企业在吸纳就业人数方面首次超过国有单位，个体工商户就业人员也接近国有单位。这充分说明，民营经济在吸纳就业方面占据了省内各类单位的半壁江山，自 2015 年起，做出的贡献就已经超过国有单位。从其他类型单位容纳就业人数来看，城镇集体单位和其他类十年间基本维持在 10 万人左右的规模。联营单位、港澳台商投资单位、外商投资单位的数量少、规模小，其中港澳台商单位就业人数 2020 年出现了大幅度下降，而同期外商投资单位就业人数大幅上升。可见，甘肃外向型经济和对外开放还有很大的发展潜力和提升空间。总体上看，省内就业主要依托国有单位和民营单位，国有单位就业人数每年呈下降趋势，民营单位就业人数呈上升趋势，其他类型单位基本上就业人数较为稳定，变动不大。

（四）在岗职工人数有一定起伏变化，女性就业人数稳步增加

在岗职工人数简单理解就是单位或企业内正式在岗的人员，从统计数据看，甘肃省在岗职工人数在 2015 年达到 228.97 万人，为十年间最高；2020年这一数字降至 222.01 万人，降幅微小。其中，国有单位在岗人数在绝对数量上仍然最多，但所占比例却在下降；其他单位在岗职工人数增加。值得关注的是，城镇单位女性就业人员的数量在十年间也呈现增长态势，2010~2015 年五年间，数量从 63.56 万人增加至 86.29 万人，此后维持在这一规模上下略有变动。2019 年，城镇单位女性就业人员数量突破 90 万人（92.90 万人），2020 年再创新高，超过 100 万人（100.57 万人）。这说明随着甘肃就业政策体系不断完善，就业支持体系持续健全，省内女性就业渠道不断拓宽，就业数量稳步增长。

（五）城镇新增就业人员基本保持在年均30万人以上，城镇登记失业率控制在3.3%以下

城镇新增就业人员和城镇登记失业率是统计就业和劳动力变动状况的核心指标，也是评价衡量就业工作成效的重要指标。2010~2020 年十年间，甘肃城镇新增就业人员基本都超过 30 万人，2015~2018 年这几年每年新增人数超过 40 万人，从 2019 年开始，又减少至 40 万人以下。城镇登记失业人数 2010~2020 年，经历了"下降—维持—上升"的变动过程，但是整体幅度极为有限，新增或减少基本都在 1 万~1.5 万人的规模。城镇登记失业率2015~2018 年都维持在 3%以下，其余年份都超过 3%但低于 3.3%。总体而言，甘肃每年城镇新增就业人员在过去的十年间基本都保持在 30 万人以上的规模，失业人数也基本控制在 9 万~13 万人的区间之内，失业率更是长期控制在 2%~3.3%。全省就业形势总体上与经济发展同步，在经济进入扩张期或上升期的时候，整个市场活跃、各行业需求量大、就业机会多、就业门槛相对较低；在经济进入调整期或收缩期的时候，市场需求不足、就业机会少、就业难度大。

（六）甘肃分行业城镇单位就业人员变化情况（2010~2022年）

结合城镇分行业就业人员分布情况来进一步分析过去十多年来的就业情况和劳动力变动趋势。从统计数据看，甘肃城镇单位就业人员主要是指城镇非私营单位就业人员，因此可与表1有关数据进行联系对比。相比于2020年的262.2万人，2022年甘肃城镇单位就业人员减少近5万人，为257.5万人，这可能与"60后"人口逐步进入退休年龄有关。从行业就业人员看，"公共管理、社会保障和社会组织""教育业""制造业""建筑业""卫生和社会工作""交通运输、仓储和邮政业""金融业"就业人员占据了省内城镇单位就业人员数量的前列。其中，公共管理、社会保障和社会组织，教育业，卫生和社会工作三个行业的就业人员增加幅度较为明显，这与社会发展对教育、卫生、社会保障等基本公共服务需求大幅增加紧密相关。其他行业普遍存在就业人员数量下降或微调的现象，制造业就业人员从2010年的35.3万人下降至2020年的28.3万人，而后续保持此规模不变。建筑业就业人员从2010年的15.4万人激增到2020年的33.1万人，又在2022年降至27.9万人，这或许反映了十多年来房地产业由高速扩张进入震荡调整的发展历程，或许还意味着大规模基建已基本完成。农林牧渔业和采矿业就业人员由高到低，过去两年间又有小幅增加，也许说明城市现代农业能够提供一定的就业空间，采矿业这样的传统行业在市场形势变化频繁之际也有机会扩大产能并吸纳就业。交通运输、仓储和邮政业以及房地产业等行业都是吸纳灵活就业人员和新就业形态从业人员的主力行业，这几个行业从业人数近年基本保持平稳，只有金融业有所减少。科学研究和技术服务业以及水利、环境和公共设施管理就业人员近年基本保持平稳并略有增长，这说明在高质量发展背景下，培育和发展新质生产力需要进一步加强科技创新，对科研从业人员有一定需求。而生态环境保护建设是近年来的重点领域，就业人员小幅增加也在情理之中。与生活服务紧密相关的几个行业，就业人员也基本保持在大致稳定的范围之内，个别较为明显的变化可能与受疫情冲击有关（见表2）。

表2　2010年、2020年和2022年甘肃分行业城镇单位就业人员情况

单位：万人

指标	2022年	2020年	2010年
城镇单位就业人员	257.5	262.2	194.3
农林牧渔业城镇单位就业人员	2.0	1.9	5.3
采矿业城镇单位就业人员	7.6	7.2	9.1
制造业城镇单位就业人员	28.3	28.3	35.3
电力、热力、燃气及水生产和供应业城镇单位就业人员	10.8	10.7	6.8
建筑业城镇单位就业人员	27.9	33.1	15.4
交通运输、仓储和邮政业城镇单位就业人员	13.1	13.2	10.1
信息传输、软件和信息技术服务业城镇单位就业人员	3.3	3.6	1.8
批发和零售业城镇单位就业人员	9.7	8.5	5.7
住宿和餐饮业城镇单位就业人员	2.8	3.0	1.9
金融业城镇单位就业人员	11.6	14.3	6.8
房地产业城镇单位就业人员	6.7	6.7	1.7
租赁和商务服务业城镇单位就业人员	4.4	4.2	1.9
科学研究和技术服务业城镇单位就业人员	7.9	7.3	5.2
水利、环境和公共设施管理业城镇单位就业人员	5.0	4.5	3.4
居民服务、修理和其他服务业城镇单位就业人员	0.7	0.9	0.2
教育业城镇单位就业人员	41.2	40.8	34.2
卫生和社会工作城镇单位就业人员	21.1	19.3	10.0
文化、体育和娱乐业城镇单位就业人员	2.8	2.9	2.8
公共管理、社会保障和社会组织城镇单位就业人员	50.6	51.7	36.8

资料来源：2011~2023年甘肃统计年鉴。

三　高质量充分就业背景下的甘肃就业形势分析

中央政治局第十四次集体学习、党的二十届三中全会决议以及《意见》将就业问题提升到前所未有的高度，而高质量充分就业也对就业工作提出了更高要求。在高质量发展格局日趋成形和培育发展新质生产力的进程中，劳动力的结构、素质、就业市场、就业服务、各类人力资源（资本）的培养等同样面临着深度调整的时代任务。甘肃，作为内陆欠发达省份，在提高劳

动力素质、扩大就业空间、拓宽就业渠道、丰富就业形态、提升就业服务水平和能力方面与国内发达地区相比还存在短板弱项，与高质量充分就业的目标要求还有一定差距。

（一）劳动力减少影响企业竞争力和经济增长，劳动密集型产业受冲击

截至 2023 年末，全国人口数量已连续两年出现负增长，甘肃 2023 年末的统计数据显示全省常住人口首次出现负增长。[①] 尽管人口红利还将持续一段时间，但人口发展总体趋势已经发生深刻变化，老龄化、少子化问题日益突出。人口发展是社会发展的基础，人口结构的变化会导致一系列社会变化。人口负增长意味着劳动力数量逐渐减少，从而导致劳动力成本上升，各类经营主体面临招工难、用工贵问题。近年来，国内很多行业劳动力成本逐年上升，特别是部分劳动密集型产业受到更为直接的冲击。由于招工困难，不得不提高工资待遇，导致生产成本大幅增加，企业竞争力和利润空间下降。与此同时，劳动力还是经济增长的重要驱动力之一，劳动力数量减少将给经济增长带来巨大压力，经济增长不能保持在合理区间又会进一步影响充分就业。

（二）发展不平衡不充分影响就业机会和就业空间

发展不平衡不充分是当前社会的主要矛盾，不平衡不充分不仅体现在地区之间，也体现在同一地域之内。全国范围内东、中、西部发展差距明显，发达地区与欠发达地区之间的差距日益扩大，已经形成了事实上的"代差"。省内各市州、市域之内各个县区之间的发展差距显而易见。欠发达地区（相对落后地区）人口持续流出，导致本地税收减少、财政困难，维持包括公共就业服务在内的公共服务水平难度较大。数字社会来临，以信息技

[①] 甘肃省统计局、国家统计局甘肃调查总队：《2023 年甘肃省国民经济和社会发展统计公报》，甘肃省统计局网站，https://tjj.gansu.gov.cn/tjj/c109457/202403/173878128.shtml，2024 年 3 月 20 日。

术、人工智能、量子科技等为代表的新兴产业包括未来产业方兴未艾，日益压缩传统行业和劳动力的生存空间。就业结构性矛盾短期内难以改善，部分行业（智能设备、新能源、信息技术、机械设备等）对高技能、高素质劳动力的需求与日俱增，但市场供应尚不能充分满足需求；大龄劳动力受教育程度低、技能水平单一，集中在劳动密集型行业，随着房地产行业深度调整、大规模基建基本完成，这个群体的就业空间不断紧缩。以高校毕业生为主体的青年群体就业能力和择业偏好同质化严重，青睐于党政机关、国有企事业单位等特定领域，对薪资待遇、工作场所、职业发展还有较高期待，市场竞争激烈残酷。

（三）特定群体的就业难度持续增大

女性、大龄、受教育程度低、技能水平单一、学习能力差、培训机会少的劳动力是传统意义上的就业困难群体。根据《中国人口和就业统计年鉴2022》的数据，甘肃约60%的就业人口受教育程度为小学和初中（其中小学为25.2%，初中为34.5%），大学及以上（包括大学专科、大学本科和研究生）文化程度的就业人口比例不到20%（19.7%）。在2021年末的统计数据中，全省1319万就业人口中，城镇就业人口为626万人，乡村就业人口为693万人，其中第一产业就业人口为580万人，第二产业为238万人，第三产业为501万人。[1] 可见，当前甘肃就业人口仍有很大一部分集中在农村从事第一产业；城镇就业人口中也有相当一部分分布在建筑业、批发和零售业，以及交通运输、仓储和邮政业等劳动密集型行业。这些群体的就业质量、就业稳定性、职业能力提升、劳动权益保障等问题需重点关注。

（四）劳动力就业预期不断增高，对就业工作形成长期压力

经济社会发展的根本目的在于不断满足人民群众对幸福美好生活的期待。"建设幸福美好新甘肃"是新时代甘肃发展的目标，劳动力人口是人民

---

① 国家统计局人口和就业统计司编《中国人口和就业统计年鉴2022》，中国统计出版社，2022。

群众的主体。随着经济社会持续发展，国家综合实力稳居世界第二以及消费主义的广泛影响，包括劳动力人口在内的社会各个群体对生活质量的要求越来越高。绝大多数劳动者的就业意愿和就业期待已经从"有没有"转变为"好不好"，相比于量的增长，人们更关心质的提升。劳动者更倾向于追求有尊严的体面劳动，对工作的满意度、匹配度、舒适度、成长度等新指标愈加关注；对工作场所、职业发展、企业文化、社会认可、权益保障和公共就业服务等方面的要求与期待不断提高。这就对政府的就业工作特别是公共就业服务能力提出了更高的要求。

四 深入推进高质量充分就业工作的对策建议

高质量充分就业的目标和劳动力结构性变化对就业形势产生了深远影响，对就业工作提出了新的更高要求。今后，甘肃将深入学习贯彻党的二十届三中全会精神和习近平总书记在中央政治局第十四次集体学习时的重要讲话精神，扎实推进《意见》落实，不断完善促进创业带动就业的保障制度，通过政策支持、载体引领、服务保障、资金扶持等多种途径，为创业者提供更坚实的政策支撑、更优质的服务保障和更广阔的发展空间。

（一）促进产业就业协调发展

经济增长、产业兴旺是扩大就业的源头活水。从宏观上讲，甘肃要加快构建"一核三带"区域发展格局和深入推进"四强"行动，通过产业扩容创造更多高质量就业岗位，形成产业带动就业、就业促进产业的良性循环。同时，要充分发挥地方特色和优势，继续支持以兰州牛肉拉面产业和家政服务业为代表的服务业提质扩容，在创业扶持、劳务品牌建设、人力资源供需对接、技能培训和竞赛等方面提供充分的政策支持，做大做强做优特色产业，更好吸纳带动就业。在农村要持续推进"乡村就业工厂"转型升级，使其成为一二三产业融合发展和承接东中部地区产业转移的重要载体，容纳更多农村劳动力实现就地就近就业。

（二）着力化解结构性就业矛盾

加快探索建立职业工种和职业技能需求调查机制，向教育主管部门和省内高校及时反馈市场供求信息。加快区域性、行业性技工教育联盟建设，整合一批"弱、小、散"技工院校，推行工学一体化技能人才培养模式，不断提升技工教育发展规模和综合实力，更好地服务实体经济发展。聚焦省内重点产业、新兴产业和民生需求，大力开展先进制造、新能源、数字经济、康养等领域职业技能培训，推广使用"技能甘肃"就业培训实名制监管平台，建立劳动者终身职业技能培训电子档案，提升技能培训针对性、实效性，让更多人端上"技能碗"、吃上"手艺饭"。此外，积极引导未就业高校毕业生、新业态从业人员参加职业技能培训，提升就业竞争力，持续深化省内东西部劳务协作，缓解区域间劳动力供需矛盾。

（三）保障重点群体就业创业

坚持把高校毕业生等青年群体就业作为重中之重，推动公共就业服务进校园，确保每名高校毕业生享受到一次政策宣传推介、一次职业指导、三次岗位推荐、一次技能培训或就业见习机会的"1131"就业服务。继续办好"支持1万名未就业普通高校毕业生到基层就业"为民实事项目，稳定政策性岗位招录规模，持续拓宽市场化社会化就业渠道。稳定农民工特别是脱贫劳动力务工规模，坚持省内拓岗与省外输转双向发力，防止因失业导致规模性返贫。完善就业困难人员认定、服务、退出机制，不断提升帮扶精准性、有效性，确保零就业家庭动态清零。

（四）健全公共就业服务体系

进一步优化省内东、中、西部公共就业服务体系区域布局，全力推进张掖、兰州、庆阳三市全国公共就业服务能力提升示范项目建设，以点带面推动全省公共就业服务能力整体提升。加快建设"如意就业"甘肃公共就业服务网，积极推广"就业驿站""社区就业服务站""15分钟就业服务圈"等基层就业服务中心站点建设，打造一批"家门口就业服务站"，线上线下协同发力，开展招聘求职、职业规划、用工指导、政策咨询等一体化服务，促进供需高效对接。

（五）切实维护劳动者合法权益

持续加强劳动关系协商协调机制建设，积极开展新时代和谐劳动关系创建活动。督促平台企业进一步提升规范化用工水平，强化新业态劳动者权益保障。优化升级"陇明公"农民工工资支付管理平台，完善信息化监管手段，着力构建源头预防、动态监管、失信惩戒相结合的欠薪治理体系。健全人力资源市场"双随机、一公开"监管机制，严厉打击就业歧视、招聘陷阱、"黑中介"等违法行为，营造公平有序的就业环境。

B.5
2024年甘肃人口发展报告

冯乐安*

摘　要：　促进人口长期均衡发展对于甘肃经济社会平稳运行意义重大。本报告在对全国人口发展态势进行初步分析的基础上，以人口高质量发展支撑中国式现代化甘肃实践为着力点，深入分析21世纪以来甘肃人口的变化特征，发现全省人口自然增长率由正转负、城镇化水平稳步提升、人口净流出数量增加、区域人口增减分化、老龄化快速发展。本报告对未来甘肃人口发展趋势进行了预测，提出聚焦提振生育水平、扩大总量规模、均衡合理分布、推动结构转变等促进人口长期均衡发展的对策建议。

关键词：　人口结构　人口分布　人口负增长　甘肃

人口问题始终是我国面临的全局性、长期性、战略性问题。党的十八大以来，以习近平同志为核心的党中央从全局和战略高度，统筹人口与经济社会发展，做出逐步调整完善生育政策的重大决策部署，人口发展态势不断向好。甘肃是西部地区较为典型的省份之一，努力促进人口长期均衡发展对于甘肃经济社会平稳运行意义重大。本报告在对全国人口发展态势进行初步分析的基础上，重点以人口高质量发展支撑中国式现代化甘肃实践为着力点，深入分析21世纪以来甘肃人口的变化特征，对未来人口发展趋势做出初步研判，在此基础上提出促进人口长期均衡发展的对策建议。

---

* 冯乐安，甘肃省社会科学院公共政策研究所副所长、副研究员，主要研究方向为人口社会学。

一 全国人口发展态势分析

(一)人口开始负增长

2023 年 2 月,国家统计局发布的《中华人民共和国 2022 年国民经济和社会发展统计公报》显示,2022 年全国人口 141175 万人,出生人口 956 万人,出生率 6.77‰;死亡人口 1041 万人,死亡率 7.37‰;人口总数较 2021 年末减少 85 万人,自然增长率为-0.60‰,表明我国开始步入人口负增长阶段(见图 1)。2023 年全国人口负增长程度进一步加重,人口自然增长率下降为-1.48‰。这是中国人口发展方向转变的分水岭,是时代性和历史性的人口大事件,引起社会各界的广泛关注。[①]

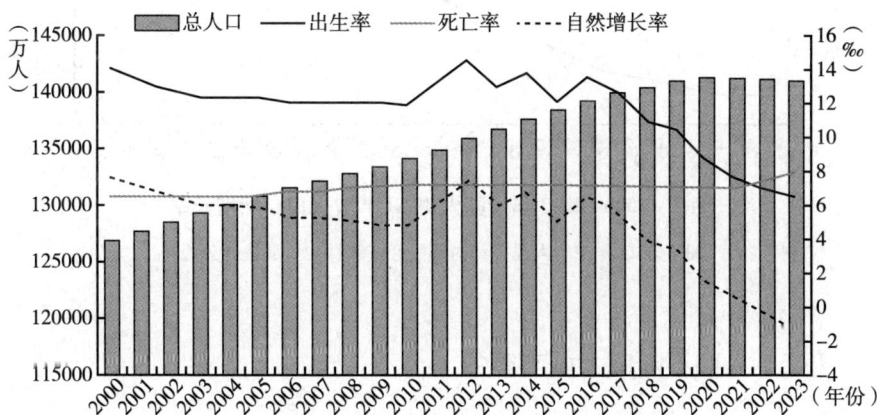

图 1　2000~2023 年全国人口数量与自然增长率

资料来源:2000~2023 年中华人民共和国国民经济和社会发展统计公报。

国际经验表明,一个国家(地区)的总和生育率低于并长期维持在更替水平(TFR=2.1)以下,或早或晚都会进入人口负增长阶段。2000 年以

---

① 翟振武、金光照:《中国人口负增长:特征、挑战与应对》,《人口研究》2023 年第 2 期。

后，我国总和生育率就低于更替水平，2010 年总和生育率为 1.6 左右，2020 年总和生育率为 1.3，已经处于较低水平。根据国家卫健委调查，我国年轻人生育意愿持续走低，平均打算生育子女数从 2017 年的 1.76 个下降到 2021 年的 1.64 个。[①] 由于长期低生育率的累计效应，2022 年我国进入人口负增长阶段。21 世纪以来，我国人口自然增长率在波动中下降，人均 GDP 则持续攀升（见图 2）。根据联合国《2019 年世界人口展望》不同方案预测数据，未来全国的低生育率水平将是稳态、常态。

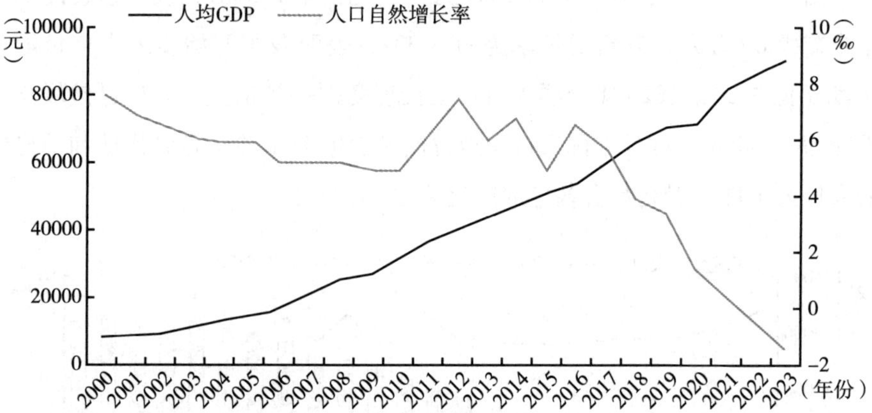

图 2　2000~2023 年全国人均 GDP 与人口自然增长率

资料来源：2000~2023 年中华人民共和国国民经济和社会发展统计公报。

（二）人口不断向大城市集中

从全国范围看，直辖市、省会城市、计划单列市等大城市聚集了大量人口。进入 21 世纪后，特别是 2010 年以来，各省会城市聚集全省人口的比例都有明显上升趋势，尤其在西部地区体现得更为明显（见图 3）。例如，成都人口 2010 年占四川人口的 14.28%，2020 年增长到 25.03%；西安人口 2010 年占陕西人口的 20.96%，2020 年增长到 32.77%；西宁人口 2010 年占

---

① 《国家卫生健康委员会 2022 年 1 月 20 日新闻发布会文字实录》，http：//www.nhc.gov.cn/xcs/s3574/202201/2f6644a01e3948219ed923ec524a4730.shtml。

青海人口的39.2%，2020年增长到41.67%；兰州人口2010年占到全省人口的12.64%，2020年增长到17.48%。

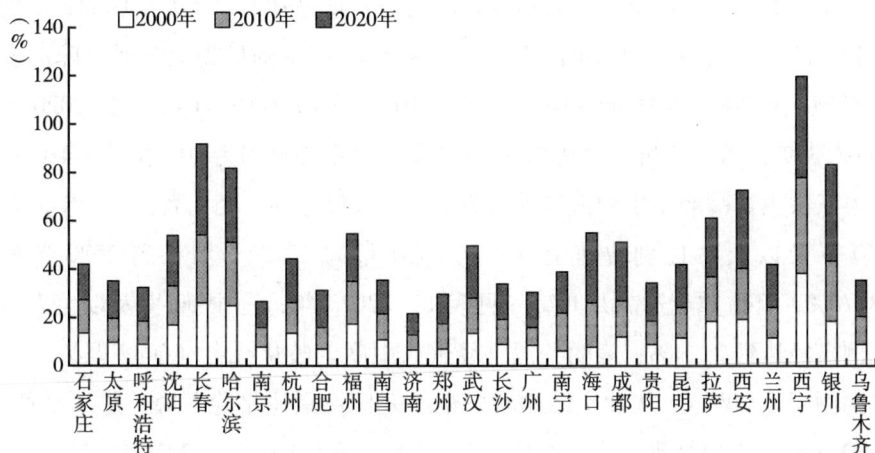

图3　2000~2020年全国省会城市人口占各省人口占比

资料来源：根据2000年全国人口普查数据、2010年全国人口普查数据、2020年全国人口普查数据计算。

2023年全国常住人口城镇化率为66.16%，随着城镇化水平的不断提升，将有更多乡村人口进入城市。尽管面临人口负增长的新局面，但是人口向城市集聚的大趋势不会改变。第七次全国人口普查数据显示，上海、北京、广州、深圳依然是人口数量增加最多的几大城市。2010~2020年的十年间，深圳人口数量增加713.6万人，广州人口增加597.6万人，北京人口增加227.1万人，上海人口增加185.56万人。近年来，中西部一些省份经济增长较快，随着本地就业机会增加，外出务工人员回流对中西部人口增长形成了正向贡献。部分西部城市在"抢人"方面提前谋划，出台了一系列吸引人才的政策，例如成都、西安等地，对人口的吸引能力进一步提升。

（三）人口结构快速转变

由于低生育率、快速老龄化等因素影响，近年来全国人口结构快速转变。从年龄结构看，少儿人口（0～14岁）比例呈先下降后小幅上升的波动趋势，从2000年的22.89%下降到2010年的16.60%，再小幅上升到2020年的17.95%，表明2010年之后生育政策的调整提升了少儿人口比例，产生了积极的政策效应。劳动年龄人口（15～59岁）比例呈先上升后下降的发展趋势，从2000年的66.80%上升到2010年的70.14%，再下降到2020年的63.35%；劳动年龄人口比例在2010年上升主要是因为20世纪80年代我国第三次生育高峰出生的人口进入劳动年龄人口序列。相比而言，老年人口（60岁及以上）比例快速上升，从2000年的10.31%增长到2020年的18.70%，且比重超过少儿人口（见表1）。2023年，全国60岁及以上人口比例已经达到21.1%，表明我国已经进入中度老龄化社会（60岁及以上人口比例超过20%）。从性别结构看，全国人口性别比平稳下降，趋于平衡。2000年全国人口性别比为106.74，2010年下降为105.20，2020年继续下降为105.07。

表1　2000～2020年全国不同年龄段人口比重

单位：%

年份	0～14岁	15～59岁	60岁及以上
2000	22.89	66.80	10.31
2010	16.60	70.14	13.26
2020	17.95	63.35	18.70

资料来源：2000年全国人口普查数据、2010年全国人口普查数据、2020年全国人口普查数据。

我国是在经济发展还处于中等收入水平的时候，人口结构快速转变，面临未富先老的问题。尽管当前全国的总抚养比仍然在50%以下，但"十四五"时期我国出生人口规模、劳动年龄人口规模将加速下降，随着老年人口规模的加速扩张，我国老年抚养比和总抚养比将高速攀升，劳动年龄人口整体老化，人口红利进入持续下行通道。[1]稳定的低生育率、快速的人口老

① 陆杰华、林嘉琪：《中国人口新国情的特征、影响及应对方略——基于"七普"数据分析》，《中国特色社会主义研究》2021年第3期。

龄化、加速的城镇化进程等人口特征预示着家庭结构的不断演变，家庭小型化、老龄化、空巢化趋势不断加剧，人口结构和家庭结构的双重变迁，深刻影响着社会转型。

（四）区域人口增减分化更为突出

从全国人口分布看，"胡焕庸线"一直是重要的人口地理分界线，也是经济社会发展不平衡的分界线。从"胡焕庸线"两侧人口份额看，"94：6"的大数特征基本未变，即"胡焕庸线"以西占全国56.2%的国土面积上分布着全国6%的人口，"胡焕庸线"以东占全国43.8%的国土面积上分布着全国94%的人口。[①] 但是需要指出的是，西北半壁保持常住人口份额微增的发展趋势，从2000年的6.33%增长至2020年的6.50%；东南半壁常住人口份额从2000年的93.67%下降至2020年的93.50%。

二 甘肃人口发展现状分析

（一）人口自然增长率由正转负，平均预期寿命持续提高

21世纪以来，甘肃人口出生率从2000年的14.38‰下降到2022年的8.47‰，虽然2005～2009年、2011～2017年出生率有所上升，但整体呈下降趋势。人口死亡率2000～2016年稳定在6‰～6.71‰，但2017年以后快速上升，2022年达到8.51‰。人口自然增长率从2000年的7.97‰下降到2022年的-0.04‰，特别是2018年以后，在出生率快速下降、死亡率较快上升综合作用下，人口自然增长率持续下降，2022年由正转负（见图4），这是近60年来全省人口自然增长率首次出现负增长。2023年全省常住人口2465.48万人，比上年末减少26.94万人，人口自然增长率进一步下降为-1.33‰。

[①] 胡焕庸：《我国人口地理分布概述》，《人口研究》1982年第4期。

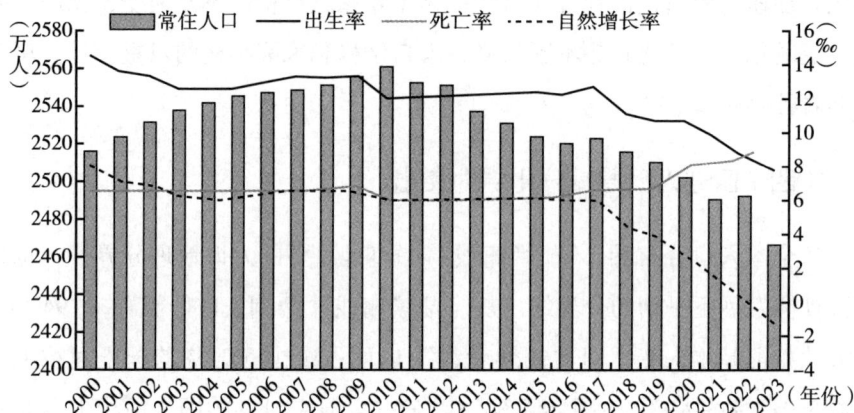

图4　2000~2023年甘肃常住人口数量与自然增长率

资料来源：2000~2023年甘肃省国民经济和社会发展统计公报。

在自然增长率下降的同时，全省人口平均预期寿命逐步提高，从2000年的67.47岁增长到2010年的72.23岁，2020年进一步提高到75.64岁。但与全国相比，全省人口平均预期寿命依然偏低，2020年低于全国2.29岁。

（二）人口总量达峰值后下降，城镇化水平稳步提升

近20多年，全省常住人口呈先增长后下降态势，从2000年的2515.31万人逐年增加到2010年的2559.98万人，达到新世纪以来人口峰值，随后开始快速下降，2017年由于"全面二孩"政策实施人口数量出现短暂增长，2021年跌至2490万人。2022年，受经济增长等因素综合影响，全省净流出人口减少，常住人口小幅增加，达到约2492万人。

从城乡人口分布看，全省农村人口不断减少，城镇人口不断增加，常住人口城镇化从2000年的24.01%提高到2023年的55.49%。2019年，全省城镇人口数量首次超过农村人口，城镇化率超过50%（见图5）。与全国相比，全省城镇化率一直偏低，2023年低于全国平均水平10.67个百分点，城镇化率还有较大提升空间。

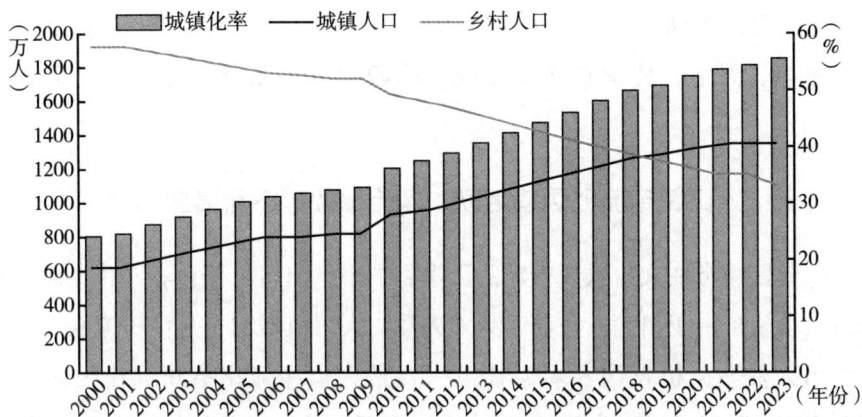

图 5   2000~2023 年甘肃城乡人口数量与城镇化率

资料来源：2000~2023 年甘肃省国民经济和社会发展统计公报。

从各市州城镇化率看，2022 年只有嘉峪关、金昌、兰州、酒泉 4 个市的城镇化率高于全国平均水平（65.22%）；其余 10 个市州的城镇化率低于全国平均水平，其中陇南、临夏、定西、庆阳、甘南 5 个市州的城镇化率低于全国平均水平 20 个百分点以上。各市州城镇化率和人均 GDP 具有明显正相关关系，城镇化率较高的市州，人均 GDP 也较高（见图 6）。根据城镇化率和人均 GDP 可以将全省 14 个市州分为四个梯队，第一梯队为嘉峪关、金

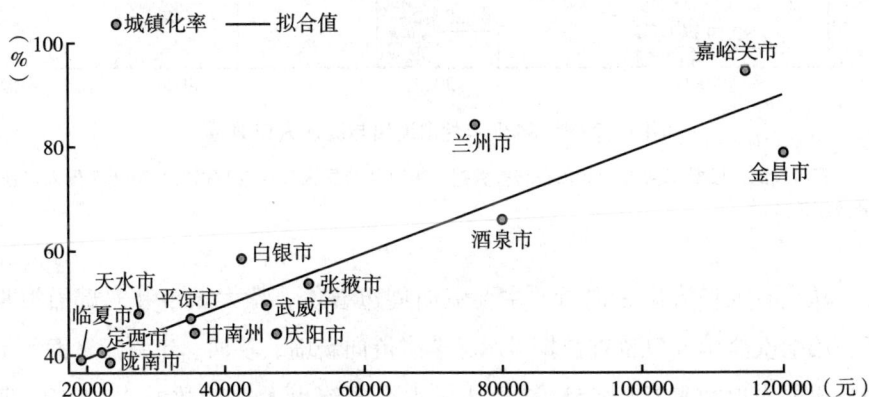

图 6   2022 年甘肃各市州人口城镇化率与人均 GDP

资料来源：2022 年甘肃省国民经济和社会发展统计公报。

昌 2 市，第二梯队为兰州、酒泉 2 市，第三梯队为白银、张掖、武威、庆阳、平凉、天水、甘南等 7 个市州，第四梯队为临夏、定西、陇南 3 个市州。

（三）人口跨省流动更趋活跃，净流出数量不断增加

引起区域常住人口数量变动的因素有三个：出生、死亡和迁移流动，人口自然增长是由于出生人数高于死亡人数，人口机械增长是由于流入人数高于流出人数。从机械增长看，甘肃一直是人口净流出省份，流出人口从 2000 年的 58.59 万人增加到 2020 年的 344.83 万人；流入人口从 2000 年的 22.79 万人增加到 2020 年的 76.56 万人；净流出人口从 2000 年的 35.80 万人增加到 2020 年的 268.27 万人，20 年间增长近 6.5 倍（见图 7）。

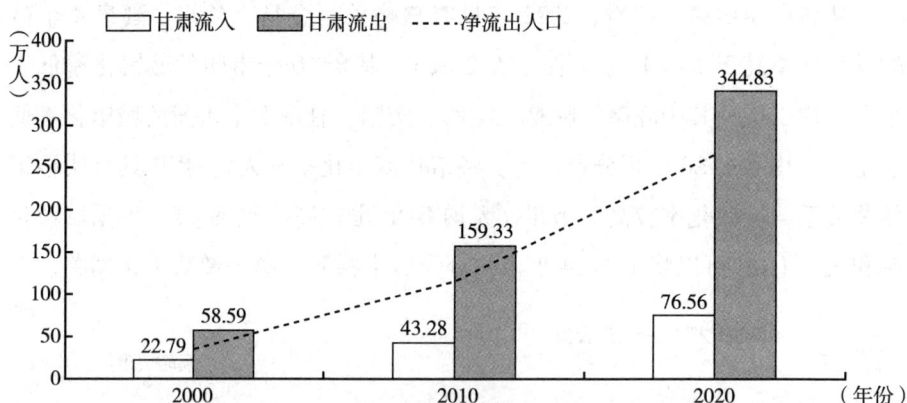

图 7 2000~2020 年甘肃流出与流入人口数量

资料来源：根据 2000 年全国人口普查数据、2010 年全国人口普查数据、2020 年全国人口普查数据计算。

从全省人口流出去向看，主要流向周边省份、特大城市和东部沿海地区。第七次全国人口普查数据显示，全省流向新疆、陕西、宁夏、青海等周边省份的人口数量达到 155.92 万人，占全省流出人口总数的 45.22%。其中，流向新疆的人口最多，2020 年在新疆的甘肃籍人口数量高达 89.93 万人、占全省流出人口的 26.08%。流向北京、上海等特大城市和广东、江

苏、浙江等东部沿海地区的人口 91.59 万人,占全省流出人口总数的
26.56%。从流入人口来源看,主要来自河南、陕西、四川、青海等地,来
自河南的最多,达到 12.24 万人,其次为陕西 9.76 万人,再次为四川 7.94
万人,来自青海的有 6.41 万人。

(四)区域人口分布很不均衡,增减分化日趋显著

从市州看,全省人口主要分布在中南部地区。根据第七次全国人口普查
数据,全省 14 个市州中,常住人口超过 400 万人的只有兰州市,占全省常
住人口的 17.42%;人口数量在 200 万~300 万的有天水、定西、陇南、庆
阳、临夏 5 个市州,合计占全省常住人口的 48.78%;人口数量在 100 万~
200 万的有平凉、白银、武威、张掖、酒泉 5 个市,合计占全省常住人口的
28.03%;人口数量少于 100 万的有甘南、金昌、嘉峪关 3 个市州,合计占
全省常住人口的 5.77%。

市州人口增长主要集中在省会城市和民族地区,2010~2020 年,全省有
4 个市州的人口数量增加,其中,省会兰州市人口数量增加最多,达 74.32
万人,临夏州增加 16.31 万人,嘉峪关市增加 8.08 万人,甘南州增加 0.27
万人(见表 2)。10 个市州的人口数量减少,其中,武威市人口数量减少最
多,达 35.01 万人,天水市减少 27.78 万人,平凉市减少 21.94 万人,白
银、定西、陇南等市人口减少数量都超过 15 万人。兰州新区 2012 年设立时
常住人口不足 10 万人,随着产业快速发展和建成区面积扩大,人口也加速
聚集,2021 年突破 30 万人。

表2　2000~2020 年甘肃各市州人口数量及近十年变化

单位:万人

市州	2000 年	2010 年	2020 年	2010~2020 年变化量
兰州	314.25	361.62	435.94	74.32
嘉峪关	15.96	23.19	31.27	8.08
金昌	45.19	46.41	43.80	-2.61
白银	171.97	170.88	151.21	-19.67

续表

市州	2000 年	2010 年	2020 年	2010~2020 年变化量
天水	321.68	326.25	298.47	-27.78
武威	183.69	181.51	146.50	-35.01
张掖	125.16	119.95	113.10	-6.85
平凉	206.60	206.80	184.86	-21.94
酒泉	98.05	109.59	105.57	-4.02
庆阳	242.06	221.12	217.97	-3.15
定西	281.96	269.86	252.41	-17.45
陇南	258.61	256.77	240.73	-16.04
临夏	182.93	194.67	210.98	16.31
甘南	64.01	68.91	69.18	0.27

资料来源：根据 2000 年全国人口普查数据、2010 年全国人口普查数据、2020 年全国人口普查数据计算。

从县（市、区）来看，人口分化更为明显，2010~2020 年各市州主城区人口大多呈现正增长，而大部分县域人口都是负增长。全省 19 个主城区中，有 16 个常住人口正增长，城关区增加最多，超过 20 万人，七里河区、安宁区、西峰区增长超过 10 万人，临夏市增长 8.15 万人，白银区、金川区、肃州区、合作市等增长超过 2 万人（见图 8）。兰州 5 个区常住人口均有所增加，显示出省会城市较强的人口聚集能力。只有凉州区、武都区、崆峒区出现常住人口负增长，分别减少 12.5 万人、0.8 万人、0.06 万人。全省 67 个县（市、区）中，有 54 个常住人口负增长，其中减少 5 万人以上的有 12 个县（市、区），减少 1 万~5 万人的有 41 个县（市、区），会宁县人口减少最多，达 13.97 万人，其次为古浪县 13.85 万人，再次为秦安县 9.91 万人；13 个县（市、区）常住人口正增长，其中榆中县增长最多，达到 3.67 万人，其次为广河县 3.31 万人，再次为康乐县 2.28 万人，和政县增加 1.94 万人，其余 9 个县（市、区）增长人数都在 6000 人以下。

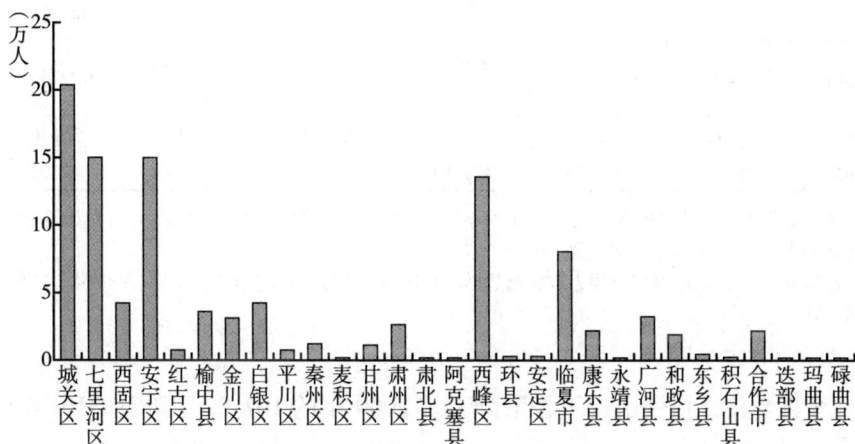

图8　2010~2020 年甘肃人口正增长的县（市、区）

资料来源：根据 2010 年全国人口普查数据、2020 年全国人口普查数据计算。

（五）老龄化快速发展，人口性别比渐趋合理

2000~2020 年，全省少儿人口（0~14 岁）数量先下降再小幅上升，20 年间减少了 191.36 万人，减幅 28.28%；劳动年龄人口（15~59 岁）数量先上升再下降，20 年间减少 26.77 万人，减幅 1.66%；老年人口（60 岁及以上）数量大幅增加，20 年间增加 207.69 万人，增幅 95.09%（见表3）。从人口抚养比看，2000 年以来，全省少儿人口抚养比呈现先迅速下降后小幅上升的趋势；老年人口抚养比呈现持续上升的趋势，特别是 2010 年以来上升幅度较大；人口总抚养比先下降后上升，2020 年全省总抚养比为47.02%，在西北五省处于最高水平。

表3　2000~2020 年甘肃不同年龄段人口数量及抚养比

单位：万人，%

年份	0~14 岁	15~59 岁	60 岁及以上	少儿人口抚养比	老年人口抚养比	总抚养比
2000	676.71	1617.30	218.41	39.71	7.35	47.06

续表

年份	0~14 岁	15~59 岁	60 岁及以上	少儿人口抚养比	老年人口抚养比	总抚养比
2010	464.41	1775.03	318.09	24.67	11.19	35.86
2020	485.35	1590.53	426.10	28.52	18.50	47.02

注：老年人口抚养比是指 65 岁及以上人口与 15~64 岁人口数量比值；少儿人口抚养比是指 0~14 岁人口与 15~64 岁人口数量比值。

资料来源：根据 2000 年全国人口普查数据、2010 年全国人口普查数据、2020 年全国人口普查数据计算。

全省常住人口性别比平稳下降，从 2000 年的 107.59 下降到 2010 年的 104.42，再下降到 2020 年的 103.10。出生人口性别比也渐趋平衡，2000 年全省出生人口（0~4 岁）性别比为 119.26，2010 年下降到 118.06，2020 年下降到 107.67。国际上公认性别比在 103~107 范围内比较合理，表明全省常住人口和出生人口性别比渐趋合理。

（六）少数民族人口稳步上升，形成多元互嵌格局

少数民族人口数量增长较快，从 2000 年的 219.92 万人增长到 2020 年的 265.64 万人，占全省总人口的比重从 8.75% 增长到 10.62%，增幅高于全国平均水平。其中，回族人口最多，占全省少数民族人口的 50.53%，其次为东乡族，占 24.55%，再次为藏族，占 19.57%，这三个民族合计占全省少数民族人口的 94.65%（见表 4）。

表 4 2000~2020 年甘肃少数民族人口数量及占比变动

单位：万人，%

年份	项目	回族	藏族	东乡族	土族	撒拉族	保安族	裕固族	其他少数民族	合计
2000	数量	118.49	44.32	45.16	3.03	1.18	1.52	1.30	4.92	219.92
	占比	53.88	20.15	20.53	1.38	0.54	0.69	0.59	2.24	100.00
2010	数量	125.86	48.84	54.63	3.08	1.35	1.82	1.30	4.17	241.05
	占比	52.21	20.26	22.66	1.28	0.56	0.76	0.54	1.73	100.00

年份	项目	回族	藏族	东乡族	土族	撒拉族	保安族	裕固族	其他少数民族	合计
2020	数量	134.24	51.99	65.21	3.37	1.58	2.08	1.31	5.86	265.64
	占比	50.53	19.57	24.55	1.27	0.59	0.78	0.49	2.21	100.00

资料来源：根据 2000 年全国人口普查数据、2010 年全国人口普查数据、2020 年全国人口普查数据计算。

全省少数民族呈现大杂居、小聚居的格局，民族多元互嵌特点突出。少数民族主要集中在临夏、甘南两州（占全省少数民族人口的 66.07%），以及 5 个民族自治县（占全省少数民族人口的 9.60%）。其他各市州均有少数民族分布，其中省会兰州市少数民族人口数量较多、增长较快，从 2000 年的 12.70 万人增加到 2020 年的 22.77 万人，增长数量仅次于临夏州。

三 甘肃人口未来发展趋势判断

（一）出生人口规模将小幅波动并逐渐下降

无论从全国看，还是从全省看，21 世纪以来出生人口数量都呈波动下降趋势，特别是 2019 年以来，出生人口降幅逐步扩大。同时，据国家卫健委调查，年轻人生育意愿持续走低，平均打算生育子女数从 2017 年的 1.76 个下降到 2021 年的 1.64 个。据民政部公布数据，我国结婚人数逐年下降，从 2013 年的 1346.93 万对下降到 2020 年的 814.3 万对，2022 年又下降到 683.3 万对，9 年下降了 49.3%。尽管随着"三孩"政策的实施，出生人口数量可能会有小幅上升，但低生育率的形成是一个持续累积的过程，由于未来 15 年全省育龄妇女规模逐年下降，叠加生育意愿持续降低、结婚人数不断下降等因素，全省低生育率状况短期内很难改变。预计"十四五"末，全省每年新出生人口数量在 20 万人左右；到 2035 年，全省每年新出生人口数量将下降到 15 万人左右。

（二）常住人口总量将缓慢下降

国际上许多发达国家的人口发展历程表明，随着经济发展水平提高，人口增长将逐步放缓，当总和生育率低于并长期维持在更替水平（TFR＝2.1）以下，或早或晚都会进入人口负增长阶段。2000年以来，我国总和生育率持续低于更替水平，2010年为1.6左右，2020年降到1.3，2022年只有1.07，仅比世界生育率最低的韩国高0.29，正式进入人口负增长阶段。据中国社会科学院研究报告预测，"十四五"时期是我国总人口变化的平台期，随后将加速减少，2023~2025年全国总人口将累计减少225万人左右，"十五五"期间将减少1000万人左右，2035年将比峰值总人口减少3148万人左右。尽管全省人口自然增长率始终高于全国（2010年全国4.79‰、全省6.03‰，2022年全国-0.6‰、全省-0.04‰），但受人口净流出因素影响，再加上人口自然衰减因素，预计2035年全省常住人口数量将比现在减少约300万人，总量将在2100万人左右。

（三）人口老龄化程度将持续加重

世界上几乎所有的发达经济体，都面临日益严重的人口老龄化问题，而我国则是未富先老。2020年全国60岁及以上老年人口占比达到18.70%，即将进入中度老龄化社会，而且随着第二次婴儿潮（1962~1973年）出生人口陆续进入老年队伍，我国老龄化程度将进一步加重。甘肃情况与全国相似，2020年全省60岁及以上老年人口达426.10万人，占比达17.03%，尽管相比全国，老年人口比重相对较低，但从人口年龄结构看，2020年全省人口年龄结构中占比较高的是45~49岁组、50~54岁组、55~59岁组，规模达到650万人，未来15年，这三个年龄组人口将全部进入60岁及以上老年人口序列（见图9）。结合人口年龄结构和平均预期寿命，预计"十四五"末全省60岁及以上老年人口总量将突破500万人，占人口比重超过20%，进入中度老龄化社会；2035年前后，全省老年人口数量大概率将突破750万人，占人口比重超过30%，甚至接近35%，进入深度老龄化社会。随着人口老龄化程度加重，社保、医疗、护理、家政、殡葬等公共服务需求将持续增加，"银发经济"将成为重要的支柱产业。

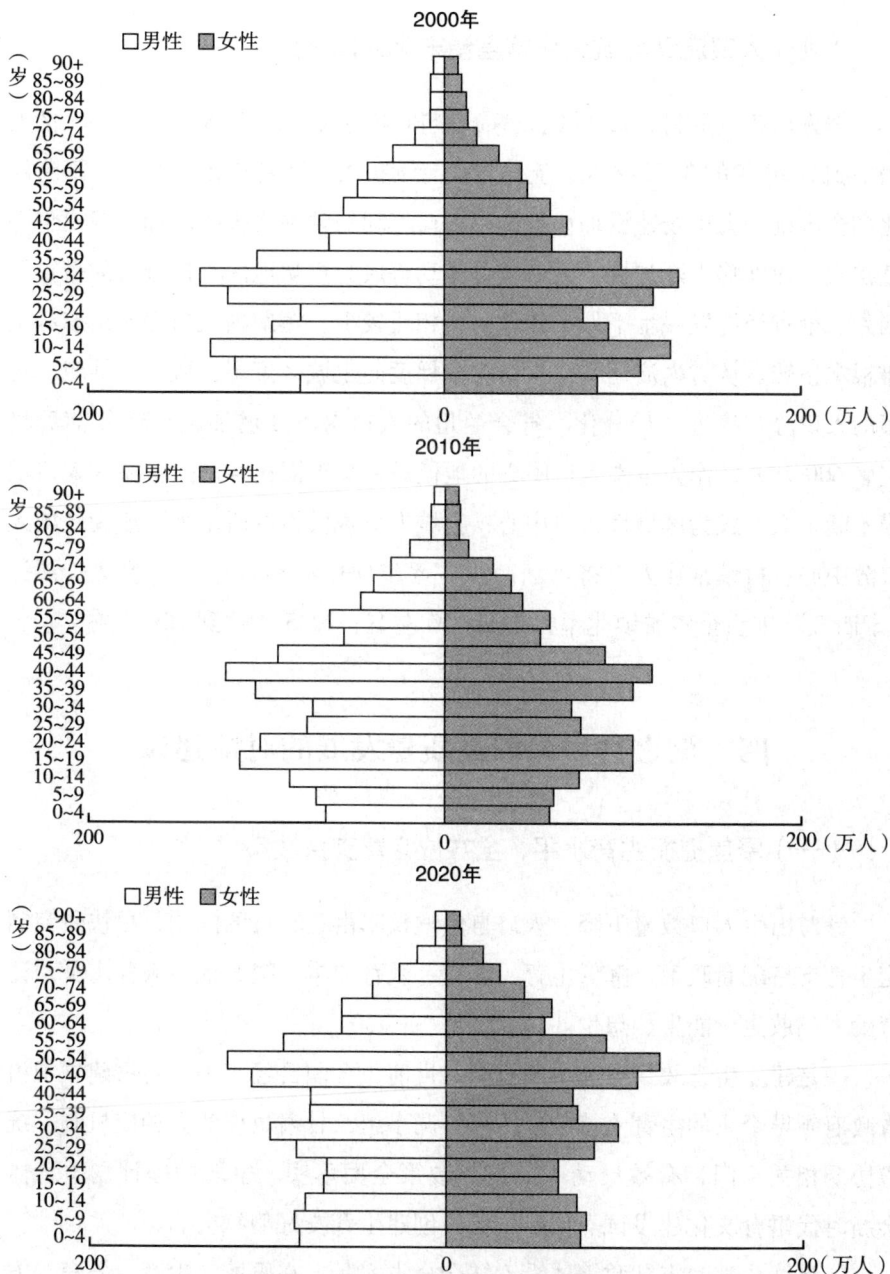

2000年

2010年

2020年

图9 2000~2020年甘肃人口年龄结构

资料来源：根据2000年全国人口普查数据、2010年全国人口普查数据、2020年全国人口普查数据计算。

（四）人口流动与城镇化将重塑未来人口格局

据人口普查资料，21世纪以来，全国流动人口由2000年的1.21亿人增加到2020年的3.76亿人，流动规模持续扩大。随着户籍制度改革不断深化和全国统一大市场建设加快推进，人口流动的频率将大幅增加、规模将持续扩大、速度将不断加快，人口迁移流动将成为重塑地区人口分布的最重要因素。全省经济发展水平低、就业机会相对较少，短期内人口净流出态势很难根本扭转。从省内流动看，人口将分梯度向主城区聚集，城市、县城、村镇的人口分布将进一步分化。省会兰州的人口将不断增加，2035年前后将突破600万人，作为全省人口中心的地位进一步巩固；各市州主城区人口规模不断扩大，成为区域性人口中心；县城人口规模将有所增加，成为区域人口分中心；村镇常住人口将不断减少，逐步向中心镇和中心村聚集。预计"十四五"末，全省城镇化率将达到60%左右，2035年达到70%左右。

四 促进甘肃人口高质量发展的对策建议

（一）聚焦提振生育水平，全方位完善支持政策

针对出生人口数量下降、人口自然增长率由正转负的问题，尽快研究制定生育支持配套政策，降低生育、养育、教育成本，提升优生服务水平，让育龄夫妇敢生、能生、想生。

一是建立生育政策研究协调机制。目前，全国已经有一半省份建立了由省政府领导牵头的生育支持政策研究协调小组，甘肃也应建立相应机制，统筹协调相关部门，有效推动"三孩"政策全面落实。争取中国计划生育协会新时代婚育文化建设试点项目，积极创建生育友好型社会。

二是优化生育支持政策体系。结合全省实际，在婚嫁、生育、养育等方面制定更加有效的政策，全面降低生育成本，解决育龄夫妇后顾之忧。例如，将生育保险和居民基本医疗保险合并，确保未就业妇女通过基本医保享

受生育医疗待遇；将新生儿医保与城乡居民医保合并，新生儿住院报销期限从3个月延长到一年；适当延长女性产假，全面落实哺乳假、男方护理假、育儿假等制度，保障女职工特别是企业职工生育期间相关待遇、职位岗位不变；借鉴推广深圳、温州等地区，携程、大北农等公司以及金昌、嘉峪关等市实行生育补贴奖励的做法，鼓励有条件的市州、县（市、区）、企业探索建立生育补贴制度；将分娩镇痛和辅助生殖技术项目纳入医保范围。

三是全面提升优生服务水平。推进出生医学证明、儿童预防接种、户口登记、医保参保、社保卡申领等"出生一件事"联办。实行生育登记制度，全面清理与国家优化生育政策有关精神不一致、不衔接的规定。深入推进"健康陇原"母婴安全行动提升计划，加强出生缺陷干预和综合防治。

四是加强人口基础信息挖掘应用。健全人口基础数据库，促进教育、公安、民政、卫生健康、医保、社保、统计等人口服务基础信息融合共享。强化人口分析监测，密切关注生育形势和人口变动趋势，为调整优化生育政策提供分析研判和预测预警。

五是做好生育政策知识宣传。多渠道多形式宣传解读生育支持政策，调动育龄夫妇生育积极性。推进婚俗改革和移风易俗，培育适龄婚育、适度生育的新型生育文化。加强生殖健康宣传教育，面向各类家庭、育龄群众、计划怀孕夫妇，开展孕前、孕期、新生儿养护等方面的宣传教育，帮助群众掌握生殖健康基本知识，促进优生优育。

（二）聚焦扩大总量规模，多渠道吸引人口回流

针对人口外流这一全省常住人口减少的最主要原因，采取更有针对性、突破性的措施，吸引外出人口回流和省外人口来甘，尽快改变人口净流出现状。

一是创造更多就业岗位，促进劳动力就地就近就业。统筹实施"四强"行动、做好"五量"文章，促进经济持续快速发展，增加就业机会。大力发展劳动密集型产业和富民产业，推动县域经济全面提速提质，引导农村劳动力在县域就业。加力推进乡村振兴和农业农村现代化，深化农村"三变"

改革和土地规模化经营，促进一二三产业融合发展，让更多劳动力在农业农村就业。积极发展家政服务、餐饮住宿、交通旅游等产业，提升现代服务业对劳动力的吸纳能力。鼓励高校毕业生到基层和企业就业，支持快递、外卖、带货直播等新就业形态发展，多渠道增加就业岗位。

二是提升公共服务均等化水平，增强人口承载力和聚集力。健全完善基本公共服务供给标准，以常住人口为依据规划建设教育、医疗、文化、体育等公共设施，促进公共服务资源向基层延伸、向农村覆盖、向边远地区和生活困难群众倾斜，实现基本公共服务由户籍人口向常住人口扩展，使流动人口在常住地公平可及、便捷有效享有基本公共服务。

三是出台更具吸引力的政策措施，吸引省外人口来甘就业创业。借鉴西安、成都等地"年轻人口争夺战"的做法经验，出台更具含金量的措施，吸引更多人力资源特别是年轻人口来甘肃落户、就业。加快发展保障性租赁住房，解决新市民、青年群体的住房困难问题。学习借鉴杭州、成都、沈阳、苏州等地经验，出台租房补贴、购房补贴、人才驿站等优惠政策，为来甘就业创业人员提供良好条件。深化户籍制度改革，省内所有城市、城镇全部放开落户限制，在人才市场、企事业单位、乡镇（街道）、村（社区）设立集体户，方便流动转移人口落户。

（三）聚焦均衡合理分布，梯度化培育人口中心

针对全省农村人口居住分散、受地质灾害威胁群众数量多等问题，加快释放城镇化潜力，促进农村转移人口和有搬迁意愿群众向城市、县城、乡镇集中，适度聚集发展。

一是梯次打造人口中心。顺应人口分梯度向各级城市聚集的趋势，打造若干个区域性人口中心，形成大中小人口中心相互联通、协调发展的人口分布格局。兰州以"强省会"为牵引，打造全省人口中心。各市州主城区充分发挥区位、文旅、产业等方面优势，打造区域性人口中心。其他各县城，充分发挥自身资源禀赋，打造宜居宜业的区域性人口分中心。各地在编制规划、制定政策时，以本地常住人口为重要依据，适度超前配置基本公共服

务，使人口发展与生产力布局、公共服务配置、资源环境承载力有效衔接。

二是统筹实施避险搬迁工程。用好生态及地质灾害避险搬迁政策，逐步将受威胁人口集中搬迁到兰州新区、县城、中心乡镇，强化迁入地路、水、电、气等基础设施建设，培育支柱产业，创造就业岗位，保证搬迁群众就地就近就业。

三是适时优化人口与公共资源集约配置。对人口减少的"收缩型城市"，逐步将公共资源配置向中心城区集中，提高公共资源利用效率。对人口流出较多的"空心村"，鼓励留守人口搬迁到中心乡镇、县城等地，以便提供优质高效的教育、医疗、文化、体育等基本公共服务。

（四）聚焦人口结构转变，解决好一老一小难题

针对婴幼儿看护难、幼儿入园贵入园难、老年人口养老难等问题，进一步强化政策支持，加强相应基础设施建设，统筹事业和产业发展，做到幼有所育、老有所养。

一是加强婴幼儿照料机构建设和政策支持。将普惠托育机构建设纳入2025年、2026年省政府为民实事项目，支持市县建立托育机构运营补贴和托位补助等制度，确保"十四五"末每个县（市、区）至少有1家公办托育机构。鼓励有条件的机关、企事业单位建设托育机构，鼓励民间资本参与普惠托育机构建设，多途径扩大托位供给。鼓励有条件的幼儿园招收1~3岁婴幼儿，探索建立婴幼儿照料补贴制度，降低雇佣家政人员照看婴幼儿成本，提高家庭抚幼养育能力。

二是加快学前教育普及普惠发展。深入实施扩大公办学前教育资源计划，依据常住人口规划布局幼儿园，严格落实城镇小区配建幼儿园政策，充分利用城乡公共服务设施、空置厂房等资源建设公办幼儿园。支持普惠性民办幼儿园发展，不断完善收费标准、补助标准及扶持政策。规范营利性民办幼儿园发展，加强保教质量和收费价格监管，坚决抑制过高收费。

三是全面提升养老服务保障水平。深入实施积极应对人口老龄化国家战略，统筹发展养老事业和养老产业，力促每个老年人都能享有基本养老服

务。大力发展居家和社区养老服务，开展家庭适老化改造，拓展街道（乡镇）综合养老服务中心功能，为居家养老人员提供医疗、送餐、家政等服务，为经济困难的高龄老人、计划生育特殊家庭老年人提供普惠性养老服务。加快公办养老机构改革，发展混合所有制养老机构，支持社会力量投资建设养老机构，满足老年人多层次、个性化服务需求。拓展乡镇敬老院的区域养老服务中心功能，建设农村老人互助幸福院，补齐农村养老服务短板。全面推进"互联网+智慧养老"行动，加快全省养老服务信息平台建设，以养老管理信息化促进养老服务精准化、高效化。

参考文献

胡焕庸：《我国人口地理分布概述》，《人口研究》1982 年第 4 期。

陆杰华、林嘉琪：《中国人口新国情的特征、影响及应对方略——基于"七普"数据分析》，《中国特色社会主义研究》2021 年第 3 期。

中共国家卫生健康委党组：《谱写新时代人口工作新篇章》，《人口与健康》2022 年第 8 期。

翟振武、金光照：《中国人口负增长：特征、挑战与应对》，《人口研究》2023 年第 2 期。

B.6
2024年甘肃卫生健康事业发展报告

海　敬[*]

摘　要： 在迎来中华人民共和国成立 75 周年的重要时刻，2024 年也成为"十四五"规划实施过程中的一个关键节点。在此背景下，甘肃省卫生健康体系正坚定不移地沿着习近平新时代中国特色社会主义思想指引的方向前进，紧密围绕新时代党的卫生与健康工作方针政策，全力推进"十大工程30 项行动"，旨在实现卫生健康事业的高质量跃升。通过切实有效的行动、效能的持续提升以及积极的争先创优精神，努力攻克阻碍卫生健康事业进步的难题。同时，全省医疗卫生资源不断扩充，医疗服务质量日益精进，健康保障内容愈加丰富，从而有力推动了民众健康水平的提升，让广大人民群众的健康获得感更加充实。这一切，都为甘肃在中国式现代化道路上稳健前行提供了坚实的健康支撑。展望未来，到 2025 年，全省卫生健康系统将进一步深化对"两个确立"重大意义的理解，并在"两个维护"上展现出更加坚定的政治自觉、思想自觉和行动自觉，把高质量发展作为首要任务，紧密契合新的历史定位与使命，顺势而为，确保各项政策措施的协调一致和持续推进。同时，在新的历史起点上，敏锐捕捉卫生健康事业发展的新趋势新变化，顺应时代发展潮流，紧紧抓住国家"双中心"建设、医防融合、中医药传承创新发展、人口质量提升以及"一带一路"倡议等带来的宝贵机遇，乘势而上，全力推动甘肃省卫生健康事业迈向更高质量的发展新阶段。

关键词： 卫生健康　健康甘肃　健康事业

---

* 海敬，甘肃省社会科学院科研处副研究员，主要研究方向为文化、文化产业。

在迈向全面建设社会主义现代化国家的新征程中，卫生健康事业作为保障民生福祉的重要基石，其发展状况直接关系人民群众的生命健康与幸福感。2024年，甘肃省积极响应国家号召，深入践行健康中国战略，以高质量发展为主线，不断推动卫生健康事业取得新突破。本报告将在全面回顾2024年工作的基础上，提出2025年全省卫生健康工作思路和若干措施。

一 2024年甘肃省卫生健康事业回顾

2024年是全面贯彻落实党的二十大精神的关键之年，全省卫生健康系统坚持以习近平新时代中国特色社会主义思想为指导，坚持新时代党的卫生与健康工作方针，全面落实省委办公厅和省政府办公厅《关于加快推进卫生健康事业高质量发展的意见》，按照"一年一大步、三年上台阶、五年大变样"的要求，聚力实施卫生健康事业高质量发展"十大工程30项行动"，开拓创新、真抓实干、提能增效、创先争优，着力破解制约卫生健康事业发展的瓶颈问题，不断推动全省医疗卫生资源再拓展、医疗服务水平再提升、健康保障内涵再丰富、群众健康水平再提高，为中国式现代化甘肃实践筑牢健康之基。

（一）践行健康中国战略，医疗服务效率和质量持续提升

在践行健康中国战略的宏伟蓝图下，甘肃省2024年卫生事业发展取得了令人瞩目的成就。全省卫生健康系统持续巩固拓展健康扶贫成果同乡村振兴有效衔接，深化重点领域改革，建立以病种分级分工为基础、城市大医院和基层医疗卫生机构紧密联动的分级诊疗模式，在全国最早完成村医"乡聘村用"改革，持续深化基层首诊"三医联动"改革，稳步推进疾控体系改革及公立医院改革，完善医疗卫生服务体系。四种主要慢病签约管理覆盖率达到99.99%；基层医疗卫生人员达7.98万人，村医队伍中执业（助理）医师占比34.79%；创建省级卫生乡镇街道1029个，省级卫生村3859个。1318家乡镇卫生院和社区卫生服务中心达标率85.09%。

（二）围绕经济社会发展，满足人民群众卫生需求

甘肃省2024年卫生事业发展成效显著，实现了全面进步与深化创新。2024年，甘肃紧密围绕经济社会发展和人民群众需求，实施甘肃健康惠民工程、医疗服务质量提升工程、公共卫生安全工程、中医药强省工程、人才兴医工程、基层首诊便民惠民工程、"三医"协同发展工程、医学科技创新引领工程、全周期健康服务提质工程、卫生健康数字工程等卫生健康事业高质量发展"十大工程30项行动"，解决医疗卫生领域的关键问题，提升公民健康水平，推进健康甘肃建设。2024年1月，省长任振鹤在省第十四届人民代表大会上作政府工作报告时提出："加快'一核两翼三中心'医疗高地建设，打造4个国家区域医疗中心。推动县域5大急危重症救治中心全覆盖，建设县域5大临床服务中心。提升基层卫生健康服务水平。"在省政府承诺2024年继续办好10件为民实事中有两件是卫生健康方面的，一件是启动实施万名低保困难老年人白内障复明工程，另一件是对20万名城乡妇女进行"两癌"免费检查。此外，甘肃省还深入开展爱国卫生运动，积极推动国家卫生城镇建设，巩固脱贫底线任务，保持全国防止因病致贫返贫监测系统指标位居前列。在地方病与食品安全工作上，持续巩固防治成果，加强食品安全标准制修订。职业病防控方面，深化专项治理，完成多家机构备案与资质认可，有效保障劳动者健康。

（三）卫生事业稳健前行，全力推进新方案落地

2024年3月，甘肃省卫生健康委等12部门为落实省委办公厅、省政府办公厅《关于加快推进卫生健康事业高质量发展的意见》（甘办发〔2023〕43号）精神，制定出台《甘肃省全民健康工程实施方案（2024—2027年）》（甘卫发〔2024〕24号），贯彻"大健康、大卫生"的发展理念，推动落实预防为主，实现"以治病为中心"向"以人民健康为中心"的转变，建立政府主导、部门合作、全社会参与的促进全民健康长效机制和工作体系，逐步实现"少得病、晚得病、不得病"的目标。实施方案提出，将

"大健康、大卫生"理念贯穿全程，从影响健康的主要行为和环境因素入手营造健康环境、推进健康行动、改善健康行为、推广健康生活方式。到2027年，居民主要健康影响因素得到有效控制，全民健康素养水平达到28%，健康生活方式基本普及，人均健康预期寿命在现在基础上再提高1岁，居民主要健康指标达到全国平均水平，健康公平基本实现。

2024年4月，省疾控局会同省发展改革委、省卫生健康委、省医保局等12部门联合印发《甘肃省全面消除麻风危害可持续发展规划（2024—2030年）》。2024年8月，省卫生健康委按照"一年一大步、三年上台阶、五年大变样"的总体要求，到2025年底农村地区实现每千常住人口配备1名合格乡村医生的总体目标，决定开展乡村医生队伍提质扩容活动，常住人口1500人以下的行政村至少要配备1名合格乡村医生，常住人口1500~2500人的行政村至少要配备2名合格乡村医生，2500~3500人的行政村至少要配备3名合格乡村医生。

（四）卫生事业新成就，中医药国际化进程显著加速

在第二届巴西中医药国际大会暨首届拉丁美洲中医药大会上，甘肃省应邀率团参加，充分展示了甘肃中医药的蓬勃发展态势和全产业链高质量发展的成果。省卫生健康委员会党组成员、副主任刘伯荣在大会上的致辞，详细介绍了甘肃中医药在共建"一带一路"、促进文化交流互鉴、助力构建人类卫生健康共同体方面作出的积极贡献，得到了与会人员的一致认可。甘肃中医药大学附属医院分享的中医药国际化发展实践，也充分展现了甘肃中医药在国际舞台上的实力和影响力。近年来，甘肃中医药大学附属医院在中国—巴西中医药中心的建立和发展中发挥了重要作用，通过开展中医药讲座、选修课程、适宜技术推广等工作，诊疗患者4000余人次，开展义诊60场，进行中医药培训40余次1200余人次，得到了巴西当地人民的广泛认可和高度评价。8月25日召开的第五届中国（甘肃）中医药产业博览会是市场化转型办会的第一年，不仅内容丰富，而且成果丰硕，为甘肃卫生健康事业注入了新的活力，共达成合作项目117个、总金额203.4亿元，采购协议44个、

总金额 45.3 亿元，涉及中药材种质提升、大健康产品研发及高端制造等中医药全产业链。本届药博会以"传承创新、开放共享、推动中医药高质量发展"为主题，共举办了包括开幕式暨产业合作大会在内的 12 项主要活动。通过这些活动，甘肃充分展示了中医药历史文化优势、中药材资源优势以及中医药产业发展潜力。药博会期间，还举办了多场高端论坛，邀请了相关领域专家学者、企业负责人进行深入交流，为甘肃建设国家中医药产业发展综合试验区、国家中医药传承创新发展试验区提供了宝贵建议。

在招商引资方面，本届药博会更是创下了新高。共签约中医药产业链招商引资项目 117 个，签约金额高达 203.4 亿元。与上届相比，项目签约数增长 80%，签约金额增长 98.2%。其中，1 亿元以上的签约项目就有 54 个，签约金额达到 177.9 亿元。这些项目的签约，不仅凸显了"全产业链开发、全价值链提升、全生命周期服务"的特色，还呈现项目门类全、领域拓展新、投资来源广、签约市县多等特点。特别是定西市政府与中国医药物资协会道地药材分会、利君集团、甘肃药业集团签署的战略合作框架协议，以及签订的 44 个中药材采购协议，总采购额达到 45.3 亿元。这些项目和协议的签约，为甘肃打造中医药千亿级产业集群、加快中医药强省建设步伐注入了新的动能。相关数据的背后，是甘肃中医药国际化步伐的不断加速和甘肃卫生事业整体实力的不断提升。未来，甘肃将继续积极争取国家部门支持，与拉美国家共同构建与中医药特点相符合的国际标准研究及相关应用体系，推动中医药海外立法，寻求中医药在海外国家的注册方式，扩大中药产品和器械出口，加速中医药产业"走出去"的步伐。同时，将进一步深化与共建"一带一路"国家的交流合作，充分发挥海外岐黄中医中心的作用，让中医药惠及造福更多国家和人民，为构建人类命运共同体、推动共建"一带一路"高质量发展作出新的贡献。

（五）深入学习党的二十届三中全会精神，全面深化医药卫生体制改革

在 2024 年 7 月召开的省卫生健康委党组扩大会议上，甘肃卫生健康事

业的发展方向和重点得到了明确。会议深入学习党的二十届三中全会精神，并强调要深刻领悟"两个确立"的决定性意义，增强"四个意识"、坚定"四个自信"、做到"两个维护"，以更高的站位、更大的力度、更实的举措进一步深化医药卫生体制改革。会议指出，要聚焦全会确定的改革事项，强化全局意识和系统思维，处理好全面推进健康甘肃和卫生健康事业高质量发展"十大工程30项行动"中的各种关系，体现了甘肃在卫生健康事业上的全面规划和系统推进，旨在通过深化改革，解决群众看病就医的痛点、难点、堵点问题，推动卫生健康事业高质量发展更好惠及民生。在具体措施上，甘肃将深入实施健康优先发展战略，推动建立完善健康优先发展的政策法规体系，并努力让群众少得病、晚得病、不得病。同时，将深化以公益性为导向的公立医院改革，促进医疗、医保、医药协同发展和治理，加强行业综合监管，并发挥绩效考核指挥棒作用。此外，甘肃还将加快医疗高地内涵建设，推动优质医疗资源扩容，并以基层为重点加快建设分级诊疗体系，进一步推动优质资源均衡布局和下沉基层。在公共卫生体系方面，甘肃将持续健全体系，坚持补短板、强弱项，做好新发突发传染病应对准备。同时，坚持中西医并重，完善中医药传承创新发展机制，推动中医药强省建设。依托信息化手段，甘肃还将加快"未来医院""未来医疗"等场景建设，以新质生产力赋能卫生健康事业高质量发展。此外，会议还强调要加强卫生健康领域科技创新，促进医工结合，为维护人民健康提供更多工具和手段。并要加强全面从严治党，加强行业作风效能建设，持续改善患者就医体验。

（六）卫生健康新举措，举办地方病防治技能大赛

2024年8月，由甘肃省疾控局、人社厅、总工会联合主办，省疾控中心承办的甘肃省百万职工劳动和技能竞赛地方病防治技能大赛在兰州成功举办，本次大赛项目内容丰富、参赛选手年轻化，达到了锻炼队伍、选拔人才、以赛促练、以赛促学的目的，吸引了来自全省各地和省级医院的19支队伍共176人参加，规模庞大，覆盖面广。比赛分为笔试和实践技能操作两个部分，全面考察了选手对各病种防治知识的掌握情况以及实验室制片和诊

断能力。经过激烈的角逐，决出了多个个人奖和团体奖，其中平凉市代表队荣获团体一等奖，充分展示了甘肃省在地方病防治方面的专业实力和人才储备。此次大赛的成功举办，不仅为甘肃省地方病防治工作注入了新的活力，也为全省卫生健康事业的发展提供了有力支撑。通过比赛，选拔出一批优秀的人才，进一步提升了全省地方病防治的专业水平和服务能力。

二　甘肃省卫生健康事业形势任务分析

（一）坚持人民健康优先，推动高质量发展

党的二十大报告深刻阐述了人民健康的重要性，明确指出必须把保障人民健康放在优先发展的战略位置，这是新时代推进健康中国建设的根本遵循。报告强调，健康是民族昌盛和国家富强的重要标志，也是广大人民群众的共同追求。因此，必须把人民健康作为民族复兴和国家发展的基石，全面推进健康中国建设，为人民群众提供全方位、全周期的健康服务。

对此，甘肃省应积极响应党的二十大战略部署，将人民健康优先的理念贯穿卫生健康工作的全过程和各方面，制定并实施全面健康促进计划，该计划应涵盖疾病预防、健康教育、医疗服务等多个领域，确保人民群众在健康方面得到全面保障。在疾病预防方面，应聚焦重点疾病，如心脑血管疾病、糖尿病、癌症等，加强预防和控制工作，降低疾病发生率。同时，应加强健康教育，通过多种形式普及健康知识，提高居民健康素养，引导人民群众树立正确的健康观念，形成健康的生活方式。在医疗卫生服务体系建设方面，加快步伐，提升医疗服务质量和效率，包括加强医疗卫生基础设施建设，改善医疗环境，提高医疗设备水平；加强医疗卫生人才队伍建设，提高医务人员的专业素养和服务能力；优化医疗服务流程，提高医疗服务效率，减少患者等待时间；推动医疗卫生信息化建设，利用现代信息技术提高医疗服务的便捷性和可及性，确保人民群众能够享受到优质、高效的医疗卫生服务，真正实现健康中国的目标。

（二）加强党的全面领导，强化组织保障

党的二十大报告强调，只有坚持党的全面领导，才能确保党和国家事业始终沿着正确方向前进，为各项事业发展提供坚强保障。在卫生健康领域，同样需要加强党的全面领导，确保卫生健康事业的健康发展。基于此，甘肃省卫生健康系统应深刻领会党的二十大精神，进一步加强党的建设，为卫生健康事业的发展提供坚强的政治保障。具体而言，应巩固拓展主题教育成果，将党建工作与业务工作紧密结合，形成双融双促的良好局面，在推进卫生健康工作的过程中，始终坚持党的领导，确保各项决策和行动都符合党的路线、方针、政策。同时，建立健全党风廉政建设责任制，加强反腐败斗争，维护医疗行业良好形象、保障人民群众健康权益，并加强对医务人员的职业道德教育和廉政教育，增强其职业素养和廉洁自律意识，严肃查处违法违纪行为，营造风清气正的医疗行业氛围。此外，注重党组织的建设，加强党员队伍的管理和教育。通过定期开展党组织活动、加强党员培训等方式，提高党组织的凝聚力和战斗力，确保党组织在卫生健康工作中发挥应有的作用。

（三）深化医药卫生体制改革，优化资源配置

深化医药卫生体制改革，是新时代卫生健康事业发展的必然要求。通过改革促进医保、医疗、医药的协同发展和治理，构建更加高效、公平、可持续的医药卫生体系。所以，甘肃省应积极加快推进医药卫生体制改革，以优化医疗资源布局、提高医疗资源利用效率为核心目标，注重区域医疗中心建设，提升医疗技术、改善医疗服务，增强区域医疗中心的辐射力和带动力。同时，推动优质医疗资源向基层下沉，立足于医联体、医共体等形式，推动基层医疗机构与上级医院的合作，提升基层医疗服务能力，让人民群众在家门口就能享受到优质的医疗服务。在医保制度改革方面，深化医保支付制度改革，完善医保支付制度，确保医保资金的有效利用，并建立科学的医保支付机制，引导医疗机构合理诊疗、合理用药，减轻群众就医负担。

三　甘肃省卫生健康事业发展存在的问题

（一）医疗资源分布不均

尽管2024年甘肃省卫生健康事业取得了显著进展，但医疗资源在城乡之间的分布仍然不均衡。优质医疗资源主要集中在城市地区，而农村地区医疗资源相对匮乏，导致农村居民享受高质量医疗服务的难度较大，影响了农村居民的健康水平，也制约了全省卫生健康事业的均衡发展。

（二）基层医疗服务能力有待提升

基层医疗机构是卫生健康服务体系的基石，但当前甘肃省部分基层医疗机构的服务能力还存在不足，主要表现在医疗设备落后、医疗技术水平不高、专业人才缺乏等方面，导致基层医疗机构难以满足群众的基本医疗需求，也影响了分级诊疗制度的实施效果。

（三）公共卫生体系建设尚需完善

近年来，甘肃省在公共卫生体系建设方面取得了积极进展，但仍存在一些薄弱环节。例如，疾病预防控制体系、应急医疗救治体系等还需要进一步完善。特别是在应对突发公共卫生事件时，部分地区的应急处置能力还有待提高。

（四）中医药服务国际化面临挑战

虽然甘肃省在中医药国际化方面取得了显著成效，但仍面临诸多挑战。例如，中医药在国际市场的认可度不高、中医药服务贸易体系不完善、中医药国际化人才缺乏等，进而制约了中医药在国际市场的推广和应用，也影响了中医药国际化进程的深入推进。

（五）卫生健康信息化建设滞后

随着信息技术的快速发展，卫生健康信息化建设已经成为提升医疗服务效率和质量的重要手段。但甘肃省在卫生健康信息化建设方面还存在滞后现象，部分医疗机构的信息系统不完善、数据共享和互联互通程度不高、信息安全保障措施不到位等问题，影响了医疗服务的便捷性和高效性。

四　2025年甘肃省卫生健康事业工作展望

（一）深化医药卫生体制改革，提升医疗服务质量

为全面响应国家关于医药卫生体制改革的号召，甘肃省一是要深化医药卫生体制改革，以期在2025年前实现医疗服务质量的显著提升。在此过程中，推进县域医共体建设将成为改革的重头戏。在推进县域医共体建设方面，甘肃省已制定明确目标：到2025年底，县域医共体建设需取得显著成效，力争在全省90%以上的县域内，基本构建起布局合理、人财物统一管理、权责清晰、运行高效、分工协作、服务连续、信息共享的县域医共体体系。该举措旨在打破过去医疗资源分布不均、基层医疗服务能力薄弱的局面，通过优化医疗资源配置，使优质医疗资源能够下沉至基层，进而提升基层医疗机构的服务能力。如此一来，广大群众将在家门口就享受到更加公平可及、系统连续的医疗卫生服务，无须长途跋涉至大城市求医问药。在加强公立医院管理方面，需要继续秉持高质量发展的理念，通过实施精细化管理、绩效考核等科学管理手段，全面提升公立医院的服务质量和效率。二是要建立健全医院管理制度，完善医疗质量评价体系，确保医疗服务的规范化和标准化。同时，加强医德医风建设，培养医务人员的职业素养和人文关怀精神，构建和谐医患关系，提升患者的就医体验，提高群众对医疗服务的信任度和满意度。三是积极探索医疗卫生服务新模式，如推广远程医疗、家庭医生签约服务等，扩大医疗服务的覆盖面和提升便捷性，并加强医疗卫生人

才队伍建设，利用培养、引进和激励等措施，提升医务人员的专业素质和服务能力，为深化医药卫生体制改革提供有力的人才保障。

（二）强化公共卫生体系建设，提升应急处置能力

为了有效应对各类突发公共卫生事件，保障人民群众的生命安全和身体健康，甘肃省应着力强化公共卫生体系建设，全面提升应急处置能力。一是在完善疾病预防控制体系方面，需要重点加强疾病预防控制机构建设，包括提升硬件设施水平、优化人员配置、加强技术培训等，进而提升甘肃在疫情监测预警、流行病学调查以及应急处置等方面的能力。同时，加大对疫苗接种工作的投入，采取广泛宣传、优化接种流程、提高接种便利性等方式，努力提升人群的免疫水平，为预防和控制传染病的发生和传播奠定坚实基础。二是在提升卫生应急能力方面，完善卫生应急预案和响应机制，确保在突发公共卫生事件发生时，能够迅速、有效地启动应急响应，及时控制事态发展，并加强卫生应急队伍建设，通过定期培训、演练等方式，提高应急队伍的专业素养和应急处置能力。三是充分利用现有资源，加强跨部门、跨地区的协作与配合，形成工作合力，积极引入先进的技术手段和管理理念，提升公共卫生体系建设的科学化和规范化水平。

（三）推动中医药传承创新发展，提升中医药服务能力

一是充分发挥中医药在保障人民健康中的独特作用，积极推动中医药的传承创新发展，提升中医药服务能力，让传统医学瑰宝焕发新的生机与活力。具体而言，应继续加大对中医院、中医馆等中医药服务机构的支持力度，通过改善基础设施、引进高端人才、提升技术水平等措施，全面提升中医药服务能力。二是注重推广中医适宜技术，如针灸、推拿、中药熏蒸等，让简便验廉的中医药服务走进社区、走进农村，让群众在家门口就能享受到中医药的独特魅力，并加强中医药健康教育，提高公众对中医药的认知度和信任度，为中医药服务的发展奠定坚实的群众基础。三是充分依托丰富的中药材资源，加强中医药产业链建设，推动中医药产业实现高

质量发展。积极引进和培育一批具有竞争力的中医药企业，通过政策扶持、资金引导等方式，鼓励企业加大研发投入，创新中医药产品和服务。持续性地加强中药材的种植和加工环节，推广科学种植技术，提高中药材的产量和质量，为中医药产业提供优质的原材料保障，形成中医药产业的规模效益，为经济社会发展注入新的动力。四是设立中医药人才培养专项基金、建立中医药名师工作室等方式，培养具有深厚中医药理论知识和丰富临床经验的中医药人才，推动中医药科研创新，为中医药的传承创新发展提供有力的学术支撑。

（四）加强基层医疗服务能力建设，提升基层医疗服务水平

一是强化基层医疗服务能力，提升基层医疗服务水平，确保广大人民群众享受到更加便捷、高效的医疗卫生服务。在提升基层医疗机构服务能力的过程中，甘肃需要把重点放在基础设施建设、设备配置和人员培训上。二是加大对基层医疗机构基础设施建设的投入，改善医疗环境，提升患者的就医体验，更新设备配置，引进先进的医疗设备，提高基层医疗机构的诊疗水平。同时，注重人员培训，通过定期举办培训班、邀请专家授课等方式，提升基层医务人员的专业素养和医疗技能，确保其能够熟练掌握常见病、多发病的诊疗方法，为群众提供高质量的医疗服务。三是大力推广家庭医生签约服务，加强基层医疗卫生服务体系建设，为群众提供更加个性化、连续性的医疗卫生服务，提高群众对基层医疗机构的信任度和满意度。四是加强基层医疗卫生服务体系的整体建设，完善医疗服务网络，提高医疗服务的可及性和便捷性。在推进健康扶贫与乡村振兴有效衔接方面，甘肃将继续关注农村地区和贫困地区的医疗卫生服务需求，采取健康扶贫、医疗援助等方式，为群众提供医疗救助和帮扶，减轻医疗负担，提升健康水平。五是做好乡村医疗卫生人才培养和引进工作，运用定向培养、在职培训、引进高层次人才等方式，提升乡村医务人员的专业素养和医疗技能，为乡村振兴提供有力的人才保障。

（五）加强卫生健康人才队伍建设，提升人才素质和能力

一是通过与高等医学院校、科研机构的紧密合作，实施定向培养、加强在职培训，并大力引进高层次人才，共同培养富有创新精神和实践能力的医疗卫生专业人才。同时，提升在职医务人员的专业素养，定期举办各类专业技能培训班，确保他们的医疗技能得到不断提高。二是积极拓宽渠道，凭借优厚的待遇和良好的工作环境吸引国内外优秀的医疗卫生人才，提供广阔的发展空间和良好的职业前景，鼓励人才为甘肃省医疗卫生事业贡献自己的智慧和力量。为了进一步优化人才发展环境，甘肃还需提高医务人员的薪酬待遇，确保付出与回报相匹配，从而充分激发其工作积极性和创造力。三是完善职称晋升制度，为优秀人才提供顺畅的晋升通道，使之在职业生涯中能够不断取得新的突破和发展，并设立奖励基金、定期评选表彰优秀医务人员等方式，对表现突出的人才给予及时肯定和奖励，以此激励他们为医疗卫生事业做出更大的贡献。四是加大学科建设和科研创新的投入，支持重点学科和科研项目的发展，推动医疗卫生领域的科研创新和技术进步，鼓励医务人员参与科研工作，为医疗卫生事业的发展注入新的活力和动力。

（六）加强卫生健康信息化建设，提升服务效率和质量

随着信息时代的到来，甘肃需要将加强卫生健康信息化建设作为提升医疗服务效率和质量的关键举措，通过一系列实际、有效的措施，推动卫生健康信息化建设的深入发展。一是重点加强电子病历、健康档案等信息系统的建设，实现医疗信息的互联互通和共享，打破医疗机构之间的信息壁垒，让医疗信息在医生、患者和医疗机构之间自由流动，提升医疗服务的效率和质量，减少重复检查和诊疗，为患者提供更加便捷、高效的医疗卫生服务。同时，注重信息安全和隐私保护，确保医疗信息的安全性和保密性。二是加强数据分析和应用。充分利用大数据、人工智能等先进技术手段，对医疗卫生数据进行深度挖掘和分析，发现医疗服务的短板和瓶颈，为政策制定和医疗

服务改进提供有力支持，并利用数据分析结果，优化医疗资源配置，提高医疗服务的针对性和有效性。

参考文献

焦光源：《基于马克思主义卫生健康观的卫生健康事业发展路径》，《中国现代医生》2024年第24期。

兰瑞、韩毅：《新质生产力赋能卫生健康事业高质量发展》，《人口与健康》2024年第8期。

李文：《推进卫生健康事业高质量发展 护佑人民群众生命健康》，《中国卫生人才》2024年第6期。

彭瑾、姚岚：《卫生健康事业高质量发展内涵、特征与路径探索》，《中国卫生经济》2024年第6期。

李晓林：《夯实卫生健康事业高质量发展人才本底》，《健康中国观察》2024年第2期。

饶秀丽：《推动新时代卫生健康事业高质量发展》，《健康中国观察》2024年第1期。

专题篇 ▷

B.7

甘肃发展新质生产力的
人才要素支撑研究报告

摘　要： 新质生产力是符合新发展理念的代表科技前沿和发展方向的先进生产力质态，而人才是形成新质生产力的决定性因素，为新质生产力的发展提供智力支持。本报告分析了甘肃省新质生产力发展的人才支撑现状和甘肃省新质生产力发展的人才支撑面临的困境，有针对性地提出了多措并举聚力打造人才集聚平台、深化改革着力激发人才创新活力、多管齐下加力提升人才培育质量、刚柔并济大力做优人才引进工作、因地制宜用力优化人才发展环境等措施，优化甘肃新质生产力发展的人才支撑。

关键词： 新质生产力　人才支撑　甘肃

---

* 郑苗，甘肃省社会科学院社会学研究所助理研究员，主要研究方向为社会工作。

　　随着以人工智能、新材料技术、分子工程等为技术突破口的第四次工业革命不断取得突破性进展，生产方式朝数字化和智能化转型，传统的生产力和经济增长方式已经难以满足数字化的发展需求，尤其是面临当前错综复杂的国际局势和激烈的科技竞争。在这一趋势下，以科技创新解放生产力成为应对世界百年未有之大变局、构建新发展格局的必然要求。习近平总书记在把握世界发展格局和人类发展方向的基础上，于2023年9月在东北全面振兴座谈会上提出"加快形成新质生产力，增强发展新动能"[①]。2023年12月在中央经济工作会议上习近平总书记进一步提出要"以科技创新推动产业创新，特别是以颠覆性技术和前沿技术催生新产业、新模式、新动能，发展新质生产力"[②]。2024年1月，习近平总书记在中共中央政治局第十一次集体学习时系统阐释了新质生产力的内涵和特征，指出"新质生产力是创新起主导作用，摆脱传统经济增长方式、生产力发展路径，具有高科技、高效能、高质量特征，符合新发展理念的先进生产力质态"，并强调"要按照发展新质生产力要求，畅通教育、科技、人才的良性循环，完善人才培养、引进、使用、合理流动的工作机制"。习近平总书记关于新质生产力的重要论述指明在发展新质生产力的过程中，科技是第一生产力、人才是第一资源、创新是第一动力。2024年9月，习近平总书记在兰州市主持召开全面推动黄河流域生态保护和高质量发展座谈会上强调"着力提高产业科技创新能力，推动重点行业节能降碳改造和设备更新，壮大战略性新兴产业、先进制造业集群，因地制宜发展新质生产力"。甘肃省要因地制宜发展新质生产力，而新质生产力的发展离不开科技创新，更与人才发挥的作用息息相关。人才作为第一资源，是国家科技创新力的根源和创新驱动的本质，决定着生产力的发展和变革，是新质生产力的核心要素。因此，甘肃省要强化创新人才要素的核心作用，坚定不移地实施人才强国战略，营造良好的人才发展环境，打造一支能够使用现代科学技术和高端先进设备，并且具有很强的统筹

[①] 《习近平在黑龙江考察时强调　牢牢把握在国家发展大局中的战略定位　奋力开创黑龙江高质量发展新局面》，《人民日报》2023年9月9日，第1版。

[②] 《中央经济工作会议在北京举行》，《人民日报》2023年12月13日，第1版。

能力、创新能力、人机协同能力的高端技术技能人才队伍，对推动甘肃省新质生产力和经济社会的发展发挥积极作用。

一 甘肃新质生产力发展的人才支撑现状

在数字化时代，知识迭代越来越迅速，产业分工越来越细化，因此需要加快培养一批高素质技术技能人才，将尖端科学技术和高精尖技术设备用于生产实践，转化为新质生产力。高素质技术技能人才的培养需要以新质生产力的人才需求为引导，通过高质量教育体系供给人才资源，助推新质生产力加快形成。

（一）甘肃新质生产力发展的人才需求现状

新质生产力作为先进生产力的具体体现形式，其基本内涵是劳动者、劳动对象、劳动工具及其优化组合的跨越升级。新质生产力以创新的技术、优越的制度、完备的产业和先进的人才为强大基石。在新技术、新业态、新工艺下，新质生产力对劳动者素质技能提出了全方位的要求，需要具备数智技术能力、操作技能和管理能力的创新型复合人才，以及能够引领科技前沿发展并熟练掌握新质生产资料的领军型战略人才。

1. 需要引领科技前沿发展的战略科学家

新质生产力的核心在于创新，而创新驱动的本质是人才驱动。新质生产力人才体系中的关键主体是战略科学家，其研究的某一领域往往比较前沿，研究的方向具有前瞻性，研究成果往往能够在能源安全、信息技术、生物技术等关键领域实现重大突破，从而带动整个行业获得巨大发展，打造更多的产业链。战略科学家能够把自身研究专长与地区实际情况有机结合，正确把握科技发展的趋势，吸引外部资源和资金参与到本地区的科技创新活动中，促进地区新质生产力发展。所以说，战略科学家是推动新质生产力发展不可或缺的力量，甘肃省需要战略科学家在引领科技创新方向、促进国际交流与合作、服务国家战略需求等多个方面贡献力量。

2. 需要推动产业发展的科技领军人才和创新团队

发展新质生产力是推动高质量发展的内在要求和重要着力点，而新质生产力的基本内涵之一就是更高素质的劳动者。科技领军人才和创新团队具有深厚的专业知识、丰富的实践经验和敏锐的市场洞察力，承担着抢占科技竞争和未来科技发展制高点的使命，探索产业和科技前沿"无人区"。同时，科技领军人才和创新团队能够通过技术创新推动传统产业的转型升级，促进新兴产业的发展，为甘肃省构建现代化产业体系提供动力。在区域经济一体化、科技革命和产业变革的背景下，甘肃省面临来自周边地区的激烈竞争，许多领域都面临关键技术问题的挑战。因此，甘肃省需要科技领军人才和创新团队，在关键技术研发、推动产业转型升级等方面发挥重要作用，为甘肃省高质量发展提供强有力的智力支持和技术保障。

3. 需要熟练掌握新质生产资料的应用型人才

新质生产力是科技含量更高、发展可持续性更强、质效更好、符合新发展理念的先进生产力，能够熟练掌握新质生产资料的应用型人才是发展新质生产力的关键要素之一。随着科技进步，自动化设备、人工智能、大数据分析等新的生产工具和技术不断涌现，需要一批具备相应技能的应用型人才来操作和维护这些先进的生产工具，通过将理论知识转化为实际应用，推动科技创新和产业升级。习近平总书记在全面推动黄河流域生态保护和高质量发展座谈会上强调，要推动发展方式全面绿色转型，建设特色优势现代产业体系。应用型人才有助于推动绿色生产和可持续发展策略的实施，减少资源消耗和环境污染，实现经济效益和社会效益的双赢。因此，甘肃省需要熟练掌握新质生产资料的应用型人才，提升甘肃省科技水平，推动甘肃省经济绿色可持续发展。

4. 需要将科技成果转化为实际应用的创新型人才

科技成果转化是连接科技创新与经济发展的桥梁。新质生产力的发展要求将科技发明转化为科技创新成果并及时应用到具体产业和产业链上，这就需要能够为新质生产力发展提供创造性劳动的创新型服务人才，依托科学技术充分对接市场需求转化科技成果，使科技创新真正服务于经济发展和社会进步。创新型人才能够识别市场需求，具备将研究成果带入市场的能力，通过将科技成果转化为新产品和服务，帮助传统行业进行技术改造和升级换代，促进产业结构调整，推动经济从资源依赖型向创新驱动型转变。活跃在学术界、产业界和政府之间的创新型人才，充当促进三方交流合作的桥梁，在加速科研成果的转化应用过程中发挥着重要的作用。因此，对于甘肃省来说，需要能够将科技成果转化为实际应用的创新型人才，促进科研成果转化和产业结构调整。

5. 需要富有创新活力的青年科技人才

2021年9月27日，习近平总书记在中央人才工作会议上强调，"青年人才是国家战略人才力量的源头活水，要把培育国家战略人才力量的政策重心放在青年科技人才上，给予青年人才更多的信任、更好的帮助、更有力的支持，支持青年人才挑大梁、当主角"①。青年科技人才处于取得重大科学发现的生理黄金期，是探索新时代科技前沿的主力军，为新质生产力的持续正向发展提供强大动力和智力保障。相对于经验丰富的资深专家，年轻人才更加容易接受新兴的技术和理念，其创新思维和敢于尝试的精神是推动技术革新和产业升级的重要驱动力。随着社会的发展，老一代科学家逐渐退出历史舞台，富有创新活力的青年科技人才成为保证科技创新持续进行的新生力量，是推动技术进步和经济发展的宝贵财富。因此，甘肃需要青年科技人才推动甘肃乃至全国新质生产力发展。

（二）甘肃新质生产力发展的人才供给现状

甘肃省人才供给主要是通过教育机构和企事业单位为社会培养和输送人才。目前，甘肃省在人才供给上取得了一定成效，例如，人才发展政策更加务实，引育留效果更加明显，人才培养机制更加向好，集聚人才平台更加广阔。

---

① 习近平：《深入实施新时代人才强国战略　加快建设世界重要人才中心和创新高地》，《求是》2021年第24期。

1. 人才发展政策更加务实

甘肃省委、省政府印发《关于加强新时代人才培养引进工作的实施意见》和"十四五"人才发展规划,明确了进一步加强新时代人才引进和培养工作的重点任务;省直有关部门着眼于加强新质生产力的人才支撑,配套制定了23项政策制度,牢牢夯实人才发展的"四梁八柱",确保人才引得进、用得好、留得住,形成了一套上下联动、左右协同的"2+X"创新人才发展政策体系。人才政策的发力点从单纯提高福利待遇,转变为提供创新创业平台、拓展发展空间、改革评价激励政策等一系列激发人才创造创新活力的"组合拳"。采取"人才+项目""人才+项目+股权""产业+项目+人才""人才+金融"等创新模式,用人才链将产业链、创新链、资金链等要素聚集融合起来,构建以人才链为牵引的"四链"发展体系。创新人才引进机制,结合人才引进和项目引进,放宽引才条件解决引才痛点和堵点,简化引才工作程序,为有效引才提供服务保障;推进薪酬制度改革落实落地,构建激励性薪酬体系,下放"四权"加强调节收入分配;优化人才评价机制,深化项目评审、改革人才评价体系,树立正确的评价导向,营造良好的科研生态环境,促进科技事业可持续健康发展。

2. 引育留效果更加明显

在引才方面,甘肃省坚持靶向精准引才,持续巩固"事后备案"制度引进高层次人才;根据工业企业引才需求对相近专业建立"捆绑式"引才机制;搭建新媒体引才平台量身定制特色引才场景;发挥政府部门沟通协调优势打造柔性引才枢纽站,鼓励企业引进高端战略性科技人才。2020年以来,科研院所、省属高校、医疗卫生机构引进高层次和急需紧缺人才4894人,同期流向省外320人,人才引进难、流失多的趋势得到有效遏制。在育才方面,甘肃省面向工业领域实施陇原青年英才计划,鼓励扶持青年英才创新创业;扩大博士后"两站一基地"规模大力培养企业博士后人才,吸引更多博士后来甘肃开展原创性研究;聚焦新能源、新材料、高端装备、电子信息、生物医药等产业人才培养需要,大力支持企业青年骨干人才脱产研修。目前,建成院士专家工作站20个、协同创新基地68个,引进两院院士

47 人、专家 37 人；建成博士后"两站一基地"129 家，吸引集聚博士后 700 余人。在留才方面，为高层次人才提供"陇原人才服务卡"；落实党委联系包抓重点人才制度；落实两院院士、省领军人才和省属高校博导津贴待遇；畅通高技能人才入编通道；落实人才租房购房补贴；从户籍办理、配偶安置、子女入学、安家补贴和社保医保办理等方面给予周到暖心的服务，切实为高层次人才解决后顾之忧。在高层次人才资源上，目前甘肃省领军人才达 900 余名，省科技厅支持省领军人才承担国家、省级计划项目 270 余项。高层次人才对甘肃省经济社会发展的贡献逐年提升，人才贡献率达到 24%，科技进步贡献率达到 58.21%，综合科技创新水平指数 54.92%，每万人口高价值发明专利拥有量 2 件。[①]

3. 人才培养机制更加向好

甘肃省通过初具规模的引育留一体化的人才供应链和"共引共享共养"的人才合作机制，保障了中等层次人才的充足供给。甘肃省有 49 所高等院校，中国一流专业 23 个、中国高水平专业 33 个，通过资源整合与优势互补，搭建平台引才，开展项目育才，优化环境留才，基本形成了校地"共引共享共养"的人才合作机制和"以产聚才、共引共享、校企共赢"的高层次人才供应链。以领军人才、青年人才等人才计划为牵引实施"十百千万"人才培养工程，每年遴选扶持 50 名左右省拔尖领军人才，选拔培养 500 名左右陇原青年英才，持续支持 1500 名左右省领军人才，选育 5 万名左右行业领域骨干人才。甘肃省实施高层次人才引领科技创新高质量发展的人才扶持计划，2022 年甘肃省科学研究与技术服务业事业单位从业人员为 18220 人，其中科技活动人员 14890 人，本科及以上学历 11805 人，分别比 2021 年增加 6.97%、8.47%、11.59%。

4. 集聚人才平台更加广阔

甘肃省以重大科技项目为牵引、以重大创新平台为支撑、以重大机制创新为保障，加快推进兰州白银国家自主创新示范区和兰白科技创新改革试验

---

① 白银区委组织部：《甘肃：夯实高质量发展人才支撑》，《中国组织人事报》2024 年 6 月 4 日。

区建设，打造西部地区创新驱动发展新高地。目前，甘肃省有国家重点实验室 11 个，国家科学数据中心 1 个，国家级工程技术研究中心 5 个，建设运行省级重点实验室 120 个，省应用数学中心 1 个，省科学数据中心 3 个，省临床医学研究中心 47 个，省级野外观测研究站 26 个。这些高端平台对甘肃省优势学科、重点领域开展学术研究和人才培养发挥了支撑引领作用。目前，甘肃省拥有两院院士 24 人（含双聘院士 11 人），国家杰出青年科学基金获得者 57 人、优秀青年基金获得者 53 人，教育部"长江学者"特聘教授 36 人，省级拔尖人才 40 人（科技领域）、领军人才 1038 人，享受国务院政府特殊津贴 1471 人。

二 甘肃新质生产力发展的人才支撑困境

人才是新质生产力的智力资源，对新质生产力的形成起着决定性作用。因此，新质生产力对人才的要求是多重的，以期通过人才过硬的素质、先进的技术推动新质生产力的发展。甘肃省在新质生产力的人才支撑工作上取得了一定成效，但是，人才支撑新质生产力的发展还面临着重重困难。

（一）人才供需错位，限制新质生产力发展动力

目前，甘肃省新质生产力的人才培育方向与新质生产力实际人才需求之间存在"割裂"现象，导致人才供给与新质生产力发展不匹配。一方面，高质量人才的培育和供给缺乏前瞻性，在人才规划方面缺乏立足全局的战略性思考，不能有效准确地对接新质生产力的需求和发展趋势。新能源、人工智能、新材料等新兴产业需要一大批具备专业知识和前沿技术技能的人才，但现有的人才储备在创新能力和综合素质上无法满足新质生产力的发展需求，进而限制了新质生产力的形成。另一方面，对高质量人才的培养和规划缺乏整体性和系统性，对人才的规划只关注单一环节或岗位，而忽视人才的整体平衡和协调，导致人才分布不合理及利用率不高，浪费了大量的人才资源，减缓了新质生产力的形成速度。

（二）人才引进机制僵化，削弱新质生产力的创新活力

人才引进机制是高质量人才支撑新质生产力发展中至关重要的一环。新质生产力的发展通过源源不断地引进高质量高技能的创新型人才，提供智力支持。然而，当前甘肃省新质生产力人才支撑的最大瓶颈之一就是人才引进机制不够完善。一方面，吸纳和引进高质量人才的手段和方式较为单一。高质量人才的吸纳主要通过传统的校园招聘、网站招聘等方式，而这种招聘方式往往招聘面较窄，信息不对称，很难触及高层次人才，难以满足新质生产力在各领域各行业的人才需求。另一方面，高质量人才的流动面临地域和行业的壁垒。地域的隔阂极大地限制了高端人才的柔性流动，同时，在许多新兴产业和未来产业发展的过程中，因传统观念的束缚阻碍了各领域人才的交流互动，从而限制了人才的多元化发展和创新活力。

（三）人才培养体系不够完善，减弱新质生产力的内生力

支撑新质生产力发展的重要途径之一是高尖精人才的培育。根据新质生产力的发展需求有针对性地培养高素质高技能人才，使人才具备先进的科学知识和技能，进而为新质生产力的发展提供智力支撑和技术支撑。然而，当前甘肃省新质生产力人才培养体系还不够完善，一方面，高等院校的知识结构与新质生产力的发展不匹配，科研院所和企事业单位还未建立对接新质生产力发展需要的人才培养和开发体系，导致培养出的人才与新质生产力所需要的掌握高精尖技术的战略性和复合型人才相差甚远，从而制约了新质生产力的发展。另一方面，在人才的培养中，过于注重理论知识的教授而忽视了实践能力的锻炼，注重专业技能的掌握而忽视了产业发展的需求，使人才在实际工作中缺乏创新精神和实操能力，无法为产业结构转型升级提供有力支撑，减弱新质生产力创新和发展的内生动力。

（四）人才激励不足，阻碍新质生产力发展效能

人才激励能够激发人才的潜能，是提高新质生产力发展效能的根本保障。构建完善的人才激励机制和科学的评价机制，有效激发人才的创造力和创新力，为提升新质生产力的发展效能提供源源不断的动力。但在高质量人才支撑新质生产力发展的过程中，人才激励机制不健全，评价机制不科学，导致不能有效激发人才积极主动地发挥创新潜能，从而严重阻碍了新质生产力的发展。一方面，激励机制不健全导致不能充分激发人才潜能。人才的基本生活需求不能得到有效满足会削弱人才创新的积极性，极易导致人才流失。人才不仅需要物质上的满足，更需要精神上的关怀和温暖，应给予充分的尊重和信任，使其获得归属感和成就感。在人才激励方面缺乏创新性，大大降低了人才的工作热情。另一方面，人才评价机制还不够完善，缺乏公平性和科学性，部分人才不能得到与实际能力匹配的价值感和获得感，科研项目评审、职称评定和发展机会的不公平现象，导致人才离职寻求更好的发展平台和机会。

三 甘肃发展新质生产力的人才支撑优化措施

人才是推动高质量发展的决定性力量，也是加速形成新质生产力最关键的生产要素和战略资源。因此，甘肃应结合区域经济发展、产业结构调整和转型需求，以人才平台建设为抓手，不断完善政策措施，优化人才发展环境，切实增强推动新质生产力发展的人才支撑。

（一）多措并举聚力打造人才集聚平台

立足甘肃省科教人才优势、产业资源禀赋和创新基础，充分利用甘肃作为"一带一路"枢纽点和向西开放新前沿的区位优势，将平台建设作为强化新质生产力人才支撑的突破口，加强完善省地部门间横向协同纵向对接，先行先试深化科技体制改革政策和创新驱动发展措施，集中各方面优质资源

打造人才平台体系。聚力搭建创新载体平台。聚集创新人才和科研设施，一体推进建设一批集人才培育、科研创新、高校学科建设等功能于一体的科教研协同平台，围绕核科学、军工科研、能源资源、特色医药、寒旱农业、文化遗产保护等甘肃省优势学科，积极争取国家级重点实验室和工程研究中心在甘肃布局建设，协同打造西北科技创新中心、成果转化基地，通过高能级平台吸引集聚、培育、用好人才，突破解决一批关键核心技术"卡脖子"问题。

（二）深化改革着力激发人才创新活力

完善人才管理制度。坚持以人为本，做到信任人才、善待人才，赋予人才更加充分的科研自主权和更多的知识产权，充分发挥人才的聪明才智和想象力，更加积极主动地投入创造性活动中。收集整理各类人才信息，加强人才信息的管理和维护，建立有效的人才数据库对人才进行分类管理，以便更好地识别人才的需求和发展方向，为人才的个性化需求提供精准、高效的服务和支持。积极推进人才评价改革。立足大局观和全局观，以新质生产力人才队伍建设为目标，以科研成果和实际贡献为依据，在对科技创新人才加强科学精神和学术道德等评价的基础上，深入推进项目评审、人才评价和机构评估"三评"改革。按照国家重大攻关、应用研究和技术开发、基础研究、社会公益研究四类创新活动制定以创新质量、实效、贡献为导向的人才评价体系，在科技计划项目评审、科研机构创新绩效评估、科技人才计划评选中坚决破除唯论文、唯职称、唯学历、唯奖项"四唯"现象，以激发人才内在动力和创新活力为目的，构建科学、规范、高效、诚信的人才评价体系。强化人才政策整体协同。新质生产力的形成要以教育为基础、科技为动力、人才为主体，构建教育、人才、科技的良性循环协调机制，建立政府、企业、院校、社会联动机制，协调政策供给和资源配置，实现科技政策、教育政策和人才政策联动协同。

（三）多管齐下加力提升人才培育质量

依托人才计划育才。持续实施"飞天学者和创新团队计划""新世纪优秀人才扶持计划""十百千万工程""甘肃省科技领军人才""甘肃省青年科技托举人才"等计划，培养选拔拔尖领军人才、陇原青年英才和行业骨干人才。优化人才培养体系。不断加强人才自主培养能力，调整高校教育结构和学科设置，强化科技创新布局设置跨学科课程，培养服务于新兴产业和未来产业发展的复合型人才。以数字化、融合化、智能化的教育趋势为目标，构建以基础教育、职业教育、高等教育和职业培训为主的全方位人才培养模式，培育适应新质生产力发展要求的高端技术技能人才。深化产教研融合。鼓励高等院校、科研机构、重点实验室和科技企业之间紧密合作，围绕新兴产业和未来产业的发展需要，共建联合实验室、技术创新基地和产学研合作基地，以项目聚集和吸引高层次人才，打造集产学研于一体的人才培养基地。推动构建校企人才培养方案共商、标准共研、课程共建、责任共担、发展共享的人才培养模式。[①] 鼓励企业为高校提供更多资源支持和实习就业机会，实现人才供给和产业发展需求的无缝衔接。学校应结合产业发展需求培养人才，在科技攻关、技术研发等创新实践中锻造人才，打造既懂科研又懂产业的复合型高素质人才队伍。打造战略人才力量。完善高层次人才培养引进政策措施，推进人才链、创新链、资金链、产业链深度融合，形成人才、创新、资金、产业的完整链条。

（四）刚柔并济大力做优人才引进工作

突出需求导向精准引才。紧紧围绕甘肃省产业发展的现状和需要建立动态更新的人才需求目录，精准对接人才缺口压实用人单位主体责任，推动人才招引和产业发展同频共振。将甘肃省特色产业、重大科技攻关项目和重点建设项目以及"绿色、高端、新兴"的产业发展方向与人才需求充分结合起来，突破人才的地域、户籍、人事关系等限制"柔性引进"人才，鼓励高层次创新人才来甘肃开展项目合作、难题攻关和技术咨询等服务，以

---

① 龚浩、孙天翊、高珂：《赋能与共享：发展职业教育对推进共同富裕的作用机制研究》，《教育与经济》2023 年第 4 期。

"刚性留才"的方式为人才找准目标定位，打造施展才能的主阵地。坚持和完善东西部协作机制。进一步凝聚合力推深做实医疗、教育、科技人才"组团式"帮扶工作，加强与山东、天津等对口支援省市的沟通衔接，争取以灵活多样的形式为甘肃省引进更多急需紧缺的高层次人才。实施更加积极开放有效的柔性引才政策。继续优化招引人才制度，创新人才招引方式，提高人才服务水平，补齐政策短板，优化发展环境，积极采取"筑巢引凤"的做法打造人才"飞地"。拓宽引进人才的渠道。为解决人才吸纳手段单一的问题，要充分利用社交媒体、行业协会和专业论坛等多元化渠道，持续吸引和集聚战略领军人才、拔尖科技人才、高水平工程师和高端技术技能人才聚焦未来产业和战略性新兴产业，全方位优化人才供给和人才发展环境提升人才效能，为高质量人才提供更广阔的平台。

（五）因地制宜用力优化人才发展环境

健全联系服务机制。为激发高端人才和专家的积极性和创造性，增强人才和专家的归属感和成就感，要进一步全面落实党委联系服务人才专家制度，持续落实党管人才包抓重点人才队伍责任制，保证各层级领导班子成员每人分层分类联系服务 1~2 名专家人才，着力加强尊重信任和情感交流，关心人才生活工作和身心健康等方面的情况，解决人才的实际问题，最大限度地满足人才各方面需求。将"陇原人才服务卡"12 项优惠政策落实落细，全方位提升人才安居乐业的满意度和舒适度。激发人才创新创造活力，使构成新质生产力的自然生产力、社会生产力、情感生产力、智慧生产力等各种生产力发挥最大效能融合发展。常态化深入开展政治引领。开展"弘扬爱国奋斗精神，建功立业新时代"活动，大力弘扬勇于开拓创新的科学家精神和精益求精的工匠精神，引导各类人才和专家优化学术环境，增强协作意识，树立优良学风，弘扬人梯精神，鼓励人才专家潜心研究、自由探索。优化共享环境。打破地域和专业领域之间的壁垒，鼓励各地区之间不同领域人才的交流与合作，建立更加开放包容的平台实现人才和资源的优化共享，为各类创新人才搭建充分展示才华的舞台，促进人才在不同领域多元化发展。

B.8

甘肃和美乡村建设研究报告

金 蓉*

摘　要： 和美乡村建设是巩固拓展脱贫攻坚成果与乡村振兴有效衔接的现实之举。甘肃积极回应国家和美乡村建设相关部署，围绕村庄美、产业兴、治理好、乡风和、百姓富、集体强六大建设标准，根据河西走廊地区、中部沿黄地区、陇东陇中黄土高原地区、南部秦巴山区、甘南高原地区五大区域生产生活实际，实施和美乡村创建行动。2023 年，认定 94 个行政村为省级和美乡村。本报告在系统梳理甘肃和美乡村建设成效的基础上，直面和美乡村建设挑战，提出深化和美乡村建设的对策建议，旨在为相关部门出台支持政策提供参考。

关键词： 宜居宜业　和美乡村　乡村建设　产业发展

一　甘肃和美乡村建设背景

宜居宜业和美乡村建设是党中央现阶段正确处理工农、城乡关系的重大部署，是实现乡村全面振兴的有效抓手，是推进农业强国建设的现实之举，也是推进农业农村现代化的内在要求。2013 年的中央一号文件首次在国家层面对乡村建设做出新部署，2022 年 10 月，习近平总书记在党的二十大报告中首次提出建设"宜居宜业和美乡村"[①]，2023 年中央一号文件对基础设

---

　*　金蓉，甘肃省社会科学院历史研究所研究员，主要研究方向为区域文化与旅游产业规划。
　①　习近平：《高举中国特色社会主义伟大旗帜　为全面建设社会主义现代化国家而团结奋斗——在中国共产党第二十次全国代表大会上的报告》，人民出版社，2022，第 31 页。

施、公共服务、人居环境和乡村治理方面做出部署；2023 年 12 月中央经济工作会议提出，"集中力量抓好办成一批群众可感可及的实事，建设宜居宜业和美乡村"。中央和相关部门出台的系列政策文件，对和美乡村建设的内涵、目标、路径等作出了系统安排（见图 1）。

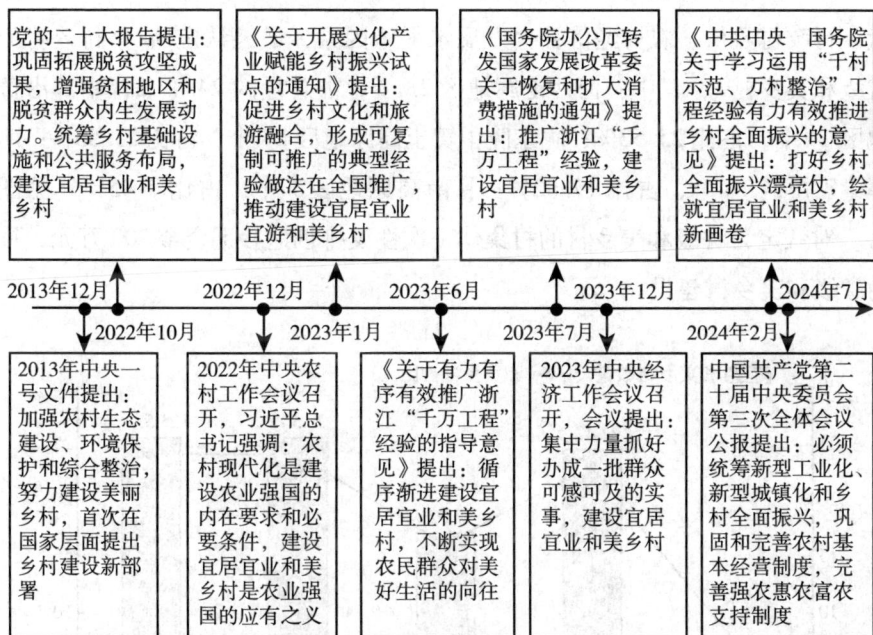

图 1　国家层面关于和美乡村建设的重要部署（部分）

和美乡村建设是历史与现实的双重选择，既体现了党中央和国家制定乡村政策的一脉相承，也反映出新发展阶段乡村建设亟须解决的重要难题。[①]甘肃积极回应国家和美乡村建设相关部署，印发《甘肃省乡村建设行动实施方案》，以"八大行动""七大工程"为全省乡村建设指明方向。[②] 2023

---

① 武前波、薛雯露、章轶菲：《宜居宜业和美乡村的基本内涵、建设重点及其作用机制探讨》，《城乡规划》2023 年第 6 期。
② 《省委办公厅省政府办公厅印发〈甘肃省乡村建设行动实施方案〉》，甘肃省人民政府网站，https://www.gansu.gov.cn/gsszf/gsyw/202302/103409176.shtml，2023 年 2 月 17 日。

年 7 月,《甘肃省"和美乡村"创建行动实施方案》正式印发,按照分区、分类实施原则,对创建行动做出具体部署。2023 年 12 月,甘肃立足自身实际,聚焦"村庄美、产业兴、治理好、乡风和、百姓富、集体强"6 项创建内容,将全省分为河西走廊地区、中部沿黄地区、陇东陇中黄土高原地区、南部秦巴山区、甘南高原地区五大区域,综合考虑各区域县(市、区)数量、行政村数量、农村经济社会发展水平等因素,最终认定 94 个行政村为省级和美乡村①,其中:河西走廊地区 23 个,占总量的 24.47%;中部沿黄地区 24 个,占比 25.53%;陇东陇中黄土高原地区 24 个,占比 25.53%;南部秦巴山区 16 个,占比 17.02%;甘南高原地区 7 个,占比 7.45%(见图 2)。对认定为省级和美乡村的村集体一次性安排创建补助资金 200 万元,推动省级和美乡村建设。

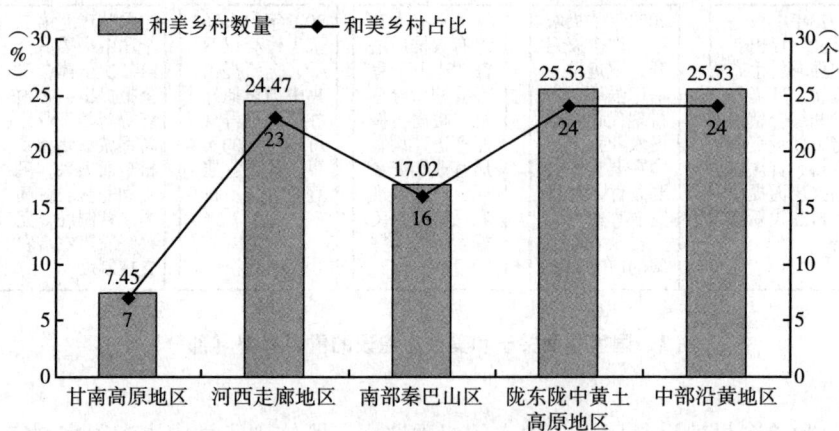

图 2 2023 年甘肃省级和美乡村区域分布及占比情况

《关于有力有序有效推广浙江"千万工程"经验的指导意见》提出:循序渐进建设宜居宜业和美乡村,不断实现农民群众对美好生活的向往。

---

① 《94 个! 2023 年度甘肃省级"和美乡村"名单公示》,https://m.thepaper.cn/baijiahao_25666591,2023 年 12 月 15 日。

二　甘肃和美乡村建设成就

（一）基础设施不断改善，人居环境持续优化

基础设施和公共服务一直是乡村建设的短板弱项，夯实基础设施和完善公共服务贯穿甘肃脱贫攻坚、乡村振兴及美丽乡村建设的始终。截至 2023 年末，全省具备条件的建制村通硬化路和通客车的比例达 100%。农村供水能力大幅提升，全省农村自来水普及率达到 91%，规模化供水人口比例提高到 64%，农村饮用水水质达标率达到 87.6%。[①] 2023 年，全省新建农村地区 5G 基站 4716 个，乡镇以上区域 5G 网络全覆盖，行政村光纤宽带网络和4G 网络覆盖率达到 99% 以上。[②] 生活污水治理率 28.11%，生活垃圾收运处置体系覆盖 99% 的自然村。[③]

甘肃积极学习和推广"千万工程"经验，深入推进以"千村美丽、万村整洁、水路房全覆盖"为主要内容的农村人居环境集中改善行动。先后组织实施全域无垃圾三年专项整治、"八大工程、七大行动"、农村人居环境整治提升、"5155"示范等专项行动。[④] 截至 2023 年末，农村卫生户厕从2018 年底的 51.8 万座增加到 292.54 万座，卫生厕所普及率达到 73.3%[⑤]，甘南州全域无垃圾专项治理和美丽乡村建设的"康县模式"得到广泛推广。陇南市康县、甘南州卓尼县被国务院评为全国农村人居环境整治成效明显激

---

① 王云祥、郑朝华：《甘肃农村供水能力全面提升》，《新甘肃·甘肃经济日报》2024 年 5 月13 日，第 01 版。
② 程健：《2024 年甘肃省数字乡村建设现场推进会在平凉召开》，中国甘肃网，2024 年 7 月3 日。
③ 何成军：《让"和美乡村"可感可及——甘肃省和美乡村建设综述》，《新甘肃·甘肃农民报》2024 年 8 月 22 日，第 01 版。
④ 李文瑞：《甘肃省人民政府关于全省乡村建设情况的报告》，甘肃人大网，http://rdgb.gsrdw.gov.cn/2024/256_ 0613/3956.html，2024 年 6 月 13 日。
⑤ 庄俊康：《甘肃完成今年 28.71 万座改厕计划》，《新甘肃·甘肃经济日报》2023 年 11 月 30日，第 01 版。

励县，清水县、康县等11个县（市、区）先后被评为全国村庄清洁行动先进县。张掖市被国务院评为2021年度促进乡村产业振兴、改善农村人居环境等乡村振兴重点工作成效明显的激励市。全国村庄清洁行动现场会、农村厕所革命西部片区座谈会先后在甘肃召开。

（二）产业振兴初见成效，乡村新业态频现

产业振兴是乡村振兴的关键，甘肃将"产业兴、百姓富"作为乡村建设的关键，围绕"牛羊菜果薯药"六大特色产业，通过强龙头、延链条、拓业态、树品牌等系列举措，推动特色产业提质增效。截至2024年9月底，全省新增农产品加工规上企业84家，授权开设"甘味"运营中心63家，开设和入驻线上平台21家。2024年前三季度，全省农产品出口值达23.8亿元，增长22.7%。① 截至2024年8月，全省累计创建国家现代农业产业园11个，认定省级现代农业产业园50个②，以玉米制种为主导产业的张掖市甘州区国家现代农业产业园联结带动农户6.8万户，武威市凉州区国家现代农业产业园内农民人均可支配收入达2.75万元，定西市安定区国家现代农业产业园实现了马铃薯全产业链增值。2024年上半年，全省第一产业增加值增速位列全国第四，农民人均可支配收入增长率排名全国第三。③

甘肃省将发展乡村旅游作为推动乡村建设的重要引擎，创建乡村旅游示范县21个，文旅振兴乡村样板村200个，培育乡村旅游合作社530个。2023年，全省乡村旅游接待游客1.53亿人次，乡村旅游收入481.93亿元。④ 白银市白银区水川镇大力推进"三产带一产"农旅融合发展，入选

---

① 《2024年前三季度全省经济运行情况新闻发布会实录（文+图）》，甘肃省人民政府网站，2024年10月22日。
② 王朝霞：《创建产业"园区化"引领农业"现代化"——我省全力推动现代农业产业园建设》，《甘肃日报》2024年8月30日，第06版。
③ 《"甘味"飘香，丰收节里话丰年》，新华网客户端，https://app.xinhuanet.com/news/article.html?articleId=b139358398668a0bcedbae5222c8b82e，2024年9月22日。
④ 王兴海：《陇原大地春光美 乡村旅游分外红——甘肃省乡村旅游高质量发展纪实》，《甘肃日报》2024年3月30日，第03版。

"文旅惠农"全国首批专项典型案例。平凉市崆峒区上杨乡以文旅康养赋能乡村振兴，入选文化和旅游赋能乡村振兴优秀案例。天水市探索出四美融合田园乡村建设新路径，陇南市打造出康县花桥、朱家沟等一批农文旅融合示范村。

（三）治理水平显著提升，文明程度不断提高

甘肃持续深化新时代"枫桥经验"，探索乡村治理新模式。大力推广积分制、清单制、接诉即办等务实管用的乡村治理模式，6个乡镇创建为全国乡村治理示范乡镇，60个村创建为全国乡村治理示范村，陇南市民事直说"1234"工作法、甘南州"8+"基层治理模式、凉州区"全链条"化解基层矛盾机制等入选全国乡村治理典型案例。[①] 深入推进农村移风易俗重点领域突出问题专项治理，95%以上的行政村建立了红白理事会、村民议事会等群众组织[②]，高价彩礼、盲目攀比、大操大办、厚葬薄养等陈规陋习有明显改观。

各地积极加强乡风文明建设，选树文明乡风建设典型案例，营造良好社会氛围，治理农村弃养、邻里不睦等不良风气。通过举办"村晚"、农民丰收节、村BA等多种契合乡村实际的文体活动，满足群众新需求，展现群众新面貌，临夏州代表队荣获2024年全国"村BA"球王争霸赛亚军。

（四）加强村庄规划引领，服务能力显著提升

截至2023年底，全省编制村庄规划7526个，647个城郊融合类村庄纳入县乡国土空间规划，8173个发展类村庄基本做到了应编尽编。[③] 平凉市坚持规划先行，有序推进村庄规划编制，2022年编制完成"一村一策"工作计划1351个，2023年编制完成1098个，有效解决了乡村盲目建设问题。

---

① 《坚定不移向农业强省迈进——甘肃省"三农"领域持续深化改革综述》，《甘肃日报》2024年7月29日，第01版。

② 王朝霞、王煜宇：《沃野升腾希望 乡村绽放新姿——2022年甘肃省"三农"工作综述》，《甘肃日报》2023年1月10日，第01版。

③ 李文瑞：《甘肃省人民政府关于全省乡村建设情况的报告》，甘肃人大网，http://rdgb.gsrdw.gov.cn/2024/256_0613/3956.html，2024年6月13日。

甘肃将提升农村公共服务水平作为和美乡村建设的重要一环，大力推动城乡公共服务一体化建设，取得显著成效。2021年以来，改造建设村级互助幸福院600个，为村级互助幸福院配备公益性岗位人员393人①，为农村养老设施建设和运营提供保障。"建宿舍增学位扩食堂改厕所"一揽子工程的实施，有效弥补了农村义务教育短板弱项。在县域医共体建设引领下，优质医疗资源不断下沉，村级卫生室的服务功能不断拓展，基本可以满足小病不出村的就医需求。

三 持续推进甘肃和美乡村建设面临的挑战

（一）农业生产效率不高，多元价值拓展不够

2024年中央一号文件进一步聚焦农业现代化建设"谁来种地"问题，强调需要构建现代农业经营体系，打造适应现代农业发展的高素质生产经营队伍以促进农业现代化。② 与全国相比（见表1），西部地区规模农业经营户占农业经营户比重偏低，低于全国平均水平0.26个百分点，甘肃这一指标更低，不足全国平均水平的一半，农业规模化经营主体数量不足导致联农带农服务能力不足和农业生产效率不高。

表1 甘肃与各地区农业经营主体数量比较

单位：户，%

地区	农业经营户	规模农业经营户	规模农业经营户占农业经营户比重
东部地区	64793081	1193341	1.84
中部地区	64269569	856121	1.33
西部地区	66471556	1104975	1.66

① 李永萍：《用心用情绘就最美夕阳红——甘肃深化养老服务综合改革满足老年人多元化养老服务需求》，《甘肃日报》2024年8月4日，第01版。
② 孔祥智、李愿：《新型农业经营体系建设：实践成效、现实问题与政策取向》，《华南师范大学学报》（社会科学版）2024年第4期。

续表

地区	农业经营户	规模农业经营户	规模农业经营户占农业经营户比重
东北地区	11897440	825969	6.94
全国平均	207431646	3980406	1.92
甘肃	4445065	35847	0.81

资料来源：第三次全国农业普查数据，国家统计局网站。

以阿克塞骆驼、天祝藜麦、刘家峡草莓等为代表的特质农产品，因缺乏产品宣传和推广，市场认可度不高。部分产品的生产标准化程度低，产业化和机械化程度不够，难以取得规模效应。部分农产品地名标识、品牌标识建设不足，市场感召力不够。以生态旅游、乡村旅游、康养旅游等为代表的乡村生态功能拓展不够，缺乏国内外知名的田园综合体、康养旅游中心和乡村研学旅游品牌。乡村农事节庆、非遗工坊、休闲农业等开发也有很大的提升空间。

（二）产业基础设施薄弱，农业科技支撑不足

部分乡村供水、供电稳定性不足，道路运输、网络通信、产品保鲜等设施未实现全覆盖，农副产品运输难、销售难、储藏难、成本高、市场调节能力弱等问题没有得到根本解决。

甘肃农业科技化、机械化发展水平不高，农业科技贡献率为58%，低于全国4个百分点，农业机械化率仅为66.7%，比全国低8个百分点。全省第一产业以原料供应为主，农产品加工、销售链条不完善，副产品深加工程度低，农产品加工转化率仅为60%，比全国低近10个百分点。农产品加工业产值与农业总产值之比为2∶1，低于全国2.5∶1的水平。[1]

（三）设施建设存在短板，公共服务仍有差距

截至2023年末，全省仍有部分偏远乡村未实现道路硬化，既影响村民

---

[1] 杨金泉：《甘肃省人民政府关于全省乡村产业振兴情况的报告》，甘肃人大网，http://rdgb.gsrdw.gov.cn/2024/254_0611/3867.html，2024年6月11日。

出行，也影响农副产品运输。此外，已通硬化路的自然村组由于后期维护不足，也存在路面破损、部分路段坑洼等诸多影响村民安全出行和产品运输的问题。行政村基本实现村级寄递物流综合服务站全覆盖，但自然村物流服务问题尚未得到有效解决。

基层医疗卫生单位编制不足，偏远村的就医问题依然严峻，截至2023年底，全省村卫生室仅占医疗卫生机构总数的64.20%，乡村医生呈减少趋势，乡村医疗机构人员不足，资源紧张。养老服务设施数量不足和功能不完备问题并存，老年日间照料中心（农村幸福院）提供的服务与农村养老需求还有很大差距，大多数老年日间照料中心经营困难，部分乡村通过设置公益岗位养老助老，没有开展实际服务，农村失能、半失能老人的养老问题面临严峻挑战。

（四）人才短缺形势严峻，发展内驱力不足

由于村集体产业发展缓慢，吸纳劳动力有限，甘肃农村外出务工人员持续增加，人户分离增速明显。与2010年第六次全国人口普查相比，甘肃省第七次全国人口普查数据显示，全省人户分离人口增加4239743人，年均增长8.98%。[1] 乡村"空心化"和人口"老龄化"特征并存。农村劳动力受教育程度普遍偏低也是和美乡村建设人才不足的因素之一，2022年，全省文盲人口占15岁及以上人口的比重为9.05%，比全国平均水平高5.66个百分点；全省有乡村农业劳动力资源1341.25万人，具有高中以上文化程度的不足1/5。

和美乡村建设内容多、体量大，前期的建设大多依靠政府投入，后期的维护和运营需要村集体经济和农户投入，但村集体经济和农户投入意愿不强。再加上一些地方的农民仍然存在"等""靠""要"等被动思想，主动参与改变乡村的意愿并不明显。[2] 同时，由于城乡一体化进程缓慢，较大的

---

① 《甘肃省第七次全国人口普查公报（第六号）》，甘肃省统计局网站，http://tjj.gansu.gov.cn/tjj/c109465/202105/feef3c45ac4945528abf6c5d50dc3c2b.shtml，2021年5月24日。
② 冯晓平：《乡村变革的理论基础、实践困境与振兴乡村的未来之路》，《武汉科技大学学报》（社会科学版）2024年第5期。

城乡差距让大量农村籍大学毕业生和手握一技之长的青壮年劳动力选择在城市就业，以留守老人、妇女和儿童为主体的人力资源结构难以有效引领乡村变革，乡村自我发展的驱动力不足。

四 深入推进甘肃和美乡村建设对策建议

（一）强化顶层设计引领，构建长效建设机制

1.倡导因地制宜，加强示范引领

和美乡村建设是一项系统工程，涉及城乡融合、农业现代化、乡村振兴等诸多国家战略。全省各市州城镇化进程不同、特色产业有别、乡村发展水平各异，和美乡村建设没有统一的经验和模式，要求各地根据实际情况因地制宜推进。2023年推进的94个省级和美乡村建设已经取得一定的成效，其建设经验值得借鉴和推广，后期需要进一步凝练和美乡村建设经验，以示范引领探索适合片区规划、自然禀赋和现实条件的乡村发展之路，做到一村一策，因村施策，既量力而为又尽力而行，既塑形又铸魂，释放示范效应。

2.加强工作联动，健全参与机制

各部门要学深悟透国家层面关于和美乡村建设的指示精神和政策文件，健全和美乡村建设工作联动机制，成立由主要领导牵头的重大事件推进协调小组、暗访督导组和成效评估组，通过检查、评比、考核等方式确保和美乡村建设各项工作落实、见效。省农业农村厅、交通厅、财政厅、发展和改革委员会、文化和旅游厅等和美乡村建设核心部门要加强横向协作，在制度设计和政策推动方面形成合力。加大和美乡村建设政策宣传力度，尊重村民在和美乡村建设中的主体地位，激发乡贤能人、回乡大学生、驻村干部等群体参与和美乡村建设的主观能动性，引导村民积极参与乡村规划、庭院建设和环境整治，共建共享和美乡村建设成果。

3.做好规划编制，形成建设合力

做好省域层面和美乡村建设规划，明确全省和美乡村未来发展目标、空

间布局、重点任务和建设路径。将村庄规划与全省特色产业规划、乡镇国土空间总体规划、文化旅游规划等专项规划有机结合，打造生活空间宜居、生产空间宜业、人文和生态空间相融的和美乡村示范片区。尊重甘肃各片区村庄自然风貌、地域特色和文化底蕴，坚持"因地制宜、因村制宜、一村一貌"建设原则，以挖掘村庄基本村居风貌为重点，坚持"实用性"目标和"接地气"特质，杜绝村庄规划的"高大上"和"模板化"，合理确定村庄生产生活生态空间，不搞大拆大建。

（二）紧盯农民增收目标，服务乡村产业振兴

1.推动产业融合，培育经营主体

推动农村一二三产业有机融合，以大农业思维引领乡村产业发展，以融合发展提升农业现代化水平，推动农民增收。构建乡村农文旅融合、粮经饲统筹的现代乡村产业发展体系，突出集群成链，延长产业链，提升价值链，培育发展新动能，推动"牛羊猪禽菜果菌薯药草""10+N"优势特色产业提档升级。加大主体培育、业态打造、利益联结力度，积极培育农业联合体。完善农村金融服务、人才支撑、设施建设和财政投入机制，优化乡村发展环境。因地制宜发展设施农业和智慧农业，强化农业科技支撑，提升农业现代化水平。

2.完善联农带农机制，盘活集体资产

实施新型职业农民培育行动，加快培育一批具有现代经营理念的新型职业农民。提升数字乡村建设水平，加快农村5G、物联网等信息建设覆盖率，消除农业经营主体生产、加工、销售各环节信息差。引导小农户以资金、资产、土地等要素入股方式加入合作社，提升小农户防风险能力和市场竞争力，实现村集体发展壮大和小农户收入增加同频共振。探索"村集体+农户""村集体+农业合作社+农户"等多种壮大集体经济的发展模式，盘活村集体资产，增强发展内生动力。

3.完善经营制度，加强小农户与现代农业内在衔接

构建小农户参与现代农业发展的政策体系，以政策引领小农户走农业现

代化之路。提升政务服务水平和精准服务能力，打造农业"产前+产中+产后"系统性服务链条，为小农户提供"单项+多项+半托管+全托管"菜单式服务。线上线下齐发力，推动"农超对接""农社对接""农企对接"，拓宽特色农副产品销售渠道。鼓励村级股份经济合作社加强合作，内联农户，外联新型经营主体，引导村级合作社与小农户通过契约、分红、股权等形式加强合作，实现共同发展。

4. 强化农业科技支撑，大力发展绿色农业

以全省已建成的 10 家国家农业科技园区和 68 家省级农业科技园区为引领，大力打造农业科技创新平台，引领农业领域重点龙头企业向高新技术企业和科技型企业转型，以科技赋能区域特色优质农业提质增效。强化新型农技装备应用，健全农业防灾减灾体系。以县为单位编制绿色农业发展规划，制定和完善农业绿色产业发展的财政金融支持、税收优惠、人才培养等政策体系。因地制宜调整产业结构，增加有机、绿色、生态等农业产业的比重。鼓励探索循环农业、立体农业等新型农业地方实践，提高资源利用效率。

（三）完善乡村治理机制，提升乡村治理效能

1. 创新基层治理方式，切实减轻基层负担

理顺县乡政府与村组织的关系和职责，明确村级各项事务的责任主体，提升村组织履职能力，县乡政府做好保障和监督即可。切实重视村级组织行政事务多、检查评比多、监督部门多的问题，通过为基层减负促进基层管理规范化。加强数字乡村建设，以科技赋能基层减负，切实杜绝各部门要求基层重复汇报、无效打卡、照片留痕等形式主义作风，提升基层干部工作实效。

2. 改革治理方式，加强"三治融合"

切实提升乡村执法能力和水平，探索具有执法权限的执法部门开展跨部门协作，杜绝推诿扯皮。通过提升村"两委"成员和驻村工作队法治素养、引入乡村法治人才等多种途径加强乡村执法队伍建设，提升执法人员的职业素养，切实提升乡村法治化水平。遵循乡村"熟人、半熟人"社会的治理

规则，加强德治宣传，通过设立"道德红黑榜"、完善"村规民约"等方式提升村民道德约束感。提升村民参与乡村各项事务建设的能动性，明确村民的主体责任。

3. 加强精神文明建设，抵制陈规陋习

开展社会主义核心价值观宣传教育，拓展新时代文明实践所（站）建设，支持镇村自办群众性文化活动。开展"文明家庭""美丽庭院""最美家庭"等评选活动。深入推进农村移风易俗，引领党员、干部、乡贤、能人做好带头示范，全面整治高额彩礼、厚葬薄养、大操大办、相互攀比等陈规陋习。

（四）完善乡村基础设施，提升公共服务水平

1. 彰显区域特色，因地制宜做好乡村建设

构建"县城引领+乡镇布局+村庄规划"的纵向贯通规划体系，县级规划明确各乡镇的重点产业布局和用地规模结构，乡镇明确村庄分类和风貌特色，通过明确产业布局、发展空间和生态管控，实现城乡联动、区域互通、上下协调的发展新格局。打造"产业发展+人才保护+文化传承+设施建设+村庄治理"的现代乡村规划体系，摒弃只重产业发展和基础建设的传统乡村规划模式。提升村"两委"班子引领水平，确保村"两委"班子对本村的发展有清晰的思路和规划。重视村民在乡村建设中的主体作用，引导村民积极参与本村发展规划，为本村发展建言献策，提升乡村规划的科学性和前瞻性。

2. 紧盯现实需求，强化设施建设

坚持以完成国家自上而下分配的建设指标为基础，统筹考虑地形地貌、生态环境、人口分布等地方因素，推动基础设施建设与本地实际需求契合，稳步推进社会建设向基层延伸。尝试在乡村公共设施布局上引入城市社区生活圈概念，修正村镇公共服务设施配置，改变以往先分摊指标、后确定选址的技术路线，突出公共服务的可达性，确保公共服务体系相对均衡的状态。①

---

① 王巍：《和美乡村视角下乡村建设问题梳理及优化策略——以湖南省新化县为例》，《农村经济与科技》2023年第24期。

3. 聚焦重点环节，提升公共服务能力

紧盯乡村养老、托幼、就学、就医、体育、文化等与民生息息相关的重点环节，聚焦村民现实需求，聚焦"难点"、打通"堵点"、破解"痛点"，优化城乡基本公共服务配置机制，逐步实现县乡村制度并轨、标准统一，稳步推进城乡基本公共服务均等化。多渠道改善乡村寄宿制学校条件，提升乡村学校教学水平。持续深化县域医共体建设，推动优质医疗资源下沉乡村。完善城乡居民基本养老待遇确定和调整机制，稳步提高特困人员供养水平。加强对农村"三留守"人员和困境儿童的关爱服务。优化乡村日间照料中心运营模式，探索发展农村互助养老和普惠养老。

（五）传统优秀文化赋能，激发乡村文化活力

1. 加强传统村落保护，杜绝标准化

传统村落人居环境应采取"低干预、微更新、轻介入"的有机更新方式[①]，真正实现农耕文明优秀文化遗产和现代文明要素有机结合。县级政府可加强农业农村、住建、自然资源、文旅、生态环境等各部门资金和项目整合，形成集中连片传统村落保护合力。整理传统村落的历史文化资源，抢救各类非遗技能和民风民俗，挖掘乡村多元价值，打造传统村落品牌。杜绝新建、仿建、景观设计标准化、设施配备流程化。

2. 倡导分类推进，突出风貌提升

遵循全省五大区域乡村生态底蕴，全面展现各区域乡村田园风貌，深挖乡土文化内涵，提升乡村建设风貌。按照达标村、示范村和精品村分类推进，达标村注重风貌干净、整洁，示范村体现乡村风韵，精品村强调产业、生态、文化全面融合。强化"院子—巷道—村庄—镇村"系统谋划，不搞大拆大建，存量房以微改造为主，新建房以风貌融合为主，杜绝"见村见物，却不见人、不见生活"。

---

① 李华生、徐瑞祥、高中贵等：《城市尺度人居环境质量评价研究：以南京市为例》，《人文地理》2005 年第 1 期。

3. 完善文化设施，激发乡土文化活力

持续推进城乡公共文化服务均等化、标准化发展，推进村级文化服务中心建设，更新补充相关设施设备。加强文体产品供给，丰富文体活动形式，坚持免费开放，切实提高设施利用率。继续推进各类国家文化惠民工程提质增效。根据各地实际举办村 BA、丰收节、文化旅游节等节庆活动，激发乡土文化活力。

参考文献

于水、陈永强：《从共识到行动：和美乡村参与式建设的经验透视与实现路径》，《江苏行政学院学报》2023 年第 5 期。

张熙、杨冬江：《从"乡村美化"到"和美乡村"——新时代"美丽乡村"的内涵变化、建设路径及价值探析》，《艺术设计研究》2023 年第 3 期。

刘建生、郝柯锦：《共同富裕目标下和美乡村建设机制与路径研究》，《南昌大学学报》（人文社会科学版）2023 年第 4 期。

李小云、郑添禄：《关于和美乡村建设的若干实践问题》，《贵州社会科学》2024 年第 1 期。

蒋辉、丁美华：《和美乡村建设的三重逻辑、战略路径与施策重点》，《中南民族大学学报》（人文社会科学版）2023 年第 12 期。

刘传俊、康佳、姚科艳：《宜居宜业和美乡村建设：理论逻辑、实践重点与保障路径》，《江苏农业科学》2023 年第 24 期。

豆书龙、朱晴和、丁大增：《宜居宜业和美乡村：谁在谈？谈什么？》，《南京农业大学学报》（社会科学版）2024 年第 2 期。

B.9
甘肃建设酒泉区域中心城市研究报告

宋文姬*

摘 要: 新发展阶段，酒泉在全国、全省战略布局中作为生态屏障、能源基地、文化高地、战略通道、开放枢纽的地位越发凸显，被赋予了建设区域中心城市这一全新使命。站在新的历史起点上，酒泉以建设区域中心城市为统揽，着力提升在河西走廊经济带上的经济首位度，优化重大生产力布局，区域内城市群的引领者、城市圈的辐射源、城市带的集散地作用进一步凸显。下一步，酒泉必须准确把握外部环境变化蕴含的新机遇新挑战，充分发挥区位和资源优势，全方位融入"一带一路"建设和"双循环"新发展格局，在服务保障国家大战略、引领推动区域新发展中展现酒泉作为。

关键词: 区域中心城市 城市发展 酒泉市

一 研究背景

区域中心城市，是指在一定区域内具有较强的要素积聚能力、辐射带动能力以及多种综合经济社会功能的城市。2022 年 5 月，甘肃省第十四次代表大会提出构建"一核三带"区域发展格局，牵引带动全省协同联动发展。2024 年 3 月，国务院批复实施的《甘肃省国土空间规划（2021—2035年）》提出，构建"一核两个区域中心"①的城镇发展格局。其中，作为

---

* 宋文姬，甘肃省社会科学院社会学研究所助理研究员，主要研究方向为城市社会学、政治社会学。

① "一核两个区域中心"："一核"即建设以兰州和兰州新区为中心、以兰白一体化为重点，辐射带动定西、临夏的一小时核心经济圈；"两个区域中心"即建设酒泉、天水两个区域中心城市，增强辐射带动作用，推动大中小城市和小城镇协调发展。

河西走廊经济带的核心城市，酒泉被赋予了建设区域中心城市的全新使命。

酒泉位于甘新青蒙四省份交会处，承东启西、连南拓北，是河西走廊的西端门户，也是亚欧大通道上的重要节点城市。酒泉区域面积占河西走廊的70%，经济总量占近30%，综合实力居于首位，被省委、省政府确定为省域副中心城市。进入新发展阶段，在多重机遇叠加下，酒泉在全国以及全省战略布局中作为生态屏障、能源基地、文化高地、战略通道、开放枢纽的地位越发重要，必须准确把握外部环境变化蕴含的新机遇和新挑战，充分发挥区位优势和资源优势，全方位融入"一带一路"建设和"双循环"新发展格局，在服务保障国家大战略、引领推动区域新发展中展现酒泉作为。

二 酒泉市区域中心城市建设主要做法及阶段性成效

（一）形成了完善的工作推进、协调、落实体系

2022年9月，酒泉市为深入贯彻落实甘肃省第十四次党代会精神，推动市第五次党代会"1246"战略部署全面落实，全力构建甘肃"一核三带"区域发展格局，加快推进"建设酒泉区域中心城市"进程，结合地方实际，提出《中共酒泉市委关于建设酒泉区域中心城市的意见》（以下简称《意见》）。《意见》立足酒泉建设区域中心城市的基础条件和历史机遇，坚持以国家战略为引领，以高质量发展为导向，完整、准确、全面贯彻新发展理念，突出提升城市综合承载能力、增强辐射带动功能、持续壮大城市经济、构建开放发展格局、筑牢安全稳定基石等五大方向，厘清了酒泉建设区域中心城市的功能定位、思路目标、支撑体系和重点任务，建立健全组织领导、协同推进、实施保障、监测评估等各项机制，并结合酒泉实际分三个阶段渐进式推进实施区域中心城市的建设，提出了既体现方向性和指导性，又突出针对性和可操作性的区域中心城市建设规划，形成了完善的工作推进、协调、落实体系，确保各项工作稳步有序推进。

（二）突出核心承载区建设，城市综合承载力不断提升

1. 肃州区核心承载能力不断增强①

2023 年，肃州区系统把握建设区域中心城市核心承载区的着力重点，加快推进基础配套、城市更新、功能完善、品质提升、产城融合、规划管理六大工程，全面提升城市品质。一是打造口袋公园。不断拓展城市休闲绿色空间，利用城区拆迁腾退空地及原有游园绿地，在酒泉城区高标准改造建设 4 个口袋公园。二是大力实施基础配套、城市更新、功能完善等六大工程，雄关路等 12 条道路建成通车，7.6 万户居民燃气设施完成改造，新增新能源汽车充电桩 273 个、城市停车位 10058 个。三是实施百万鲜花上街工程。新增城区公共绿地 8.8 万平方米，完成人工造林 5000 亩，宜居宜游、绿亮净美的城市"会客厅"初步形成。四是提升城市功能品质。科学规划"15分钟生活圈"，合理建设广场、公园等活动空间；大力实施易停车、智慧立体停车空间建设项目，着力提升城市园林管护和环卫保洁精细化管理水平，全力推进城区造景美化、公园绿地提升改造、新增和改建老旧公厕等工程，城市精细化管理水平不断提高。

2. 敦煌市城市建设水平不断提升

一是激活城市"动能"。按照"四纵七横"路网体系要求，进一步优化城市路网结构，为城市发展夯实基础；精细化推进城区老旧供水管网改造工程，着力解决城区内涝以及供水管网运行年久老化等安全隐患问题。二是筑造城市文化"灵魂"。邀请敦煌文化专家学者参与城市建设，将敦煌文化元素以及敦煌艺术元素等融入城市建设，推动敦煌文化赋能城市建设，激发了城市"文化+"活力。三是提升城市"门面"。通过开展非机动车乱停乱放整治活动，沿街市容卫生和绿化美化改善活动，引导流动摊贩入驻便民市场和潮汐式便民服务点，全面落实生活垃圾收集、转运、清运、处理工作等，

① 醉美肃州：《建设现代化区域中心城市 肃州这样大步"项"前》，凤凰网，2024 年 3 月1 日。

助推城市形象和品位再提升。四是扮亮城市"颜值"。通过对城市绿地空间布局的优化、对城区闲置微小空间的"见缝插绿",形成了"推窗见绿、出门入园,三季有花、四季常绿"的城市绿化格局。

3. 城乡融合发展持续推进

近年来,酒泉市按照"一心两极四轴多点"市域空间发展格局思路,描绘出一幅城乡融合发展"新图景"。

一是落户"零门槛"助力农业转移人口市民化。截至2023年底,酒泉市常住人口城镇化率达67.07%,较2022年提高1.17个百分点,分别高于全国、全省平均水平0.91个百分点和11.58个百分点,仅次于嘉峪关、兰州、金昌,位居全省第四,提前实现常住人口城镇化率66%的"十四五"规划目标。①

二是加速推进城乡基本公共服务均等化。着力推动公共服务向农村延伸,农村教育、医疗、公共文化以及社会保障等公共服务短板得到有效补齐。通过随迁子女入学"两为主"政策的落实,使得16000名外来务工人员子女同等享受义务教育阶段免试就近入学的政策;扩大农业转移人口社会保障覆盖面,户籍人口参保覆盖率达98.2%。

三是有效补齐乡村基础设施建设短板。聚焦农村基础设施短板,持续加大基础设施建设资金投入,推进改建农房、垃圾处理、污水排放、厕所革命等基础设施配套建设,乡村基础设施条件明显改善。

四是大力推动农村经济多元化发展。集中精力主攻优势特色产业全产业链、集群式发展,着力打造连片成带、集群成链的特色优势产业新高地。首先,聚焦重点打造产业集群。坚持"规模化、机械化、专业化"发展方向,集中精力主攻现代种业、优质蔬菜、绿色畜牧等优势特色产业全产业链、集群式发展。其次,稳步发展戈壁生态设施农业。发展戈壁生态农业做法入选《中国农业绿色发展报告2022》十大发展典型模式;成功举办中国农科院

---

① 《2023年酒泉市国民经济和社会发展统计公报》,酒泉市人民政府网站,https://www.jiuquan.gov.cn/jiuquan/c103376/202404/f2434f415eb049e199b8fdebfc62bdd4.shtml,2024年6月10日。

"戈壁生态绿色农业高效生产技术集成与示范"现场观摩会；中国农科院酒泉戈壁生态农业研究中心成功挂牌；新增戈壁生态设施农业2.6万亩，以日光温室、钢架大棚为主的戈壁生态设施农业面积累计达到20.2万亩，占全省的45%，带动全市优质蔬菜面积达到62.7万亩。再次，乘势而上壮大绿色畜牧。培育规模养殖场户，持续提升畜牧业规模化、标准化、产业化发展水平，绿色畜牧"集群成链"呈现高质高效发展态势。最后，加力拓展农业产业链条。增补冷链仓储、精深加工、物流运输以及销售网络等链条，通过"链条式"发展推动当地农业现代化发展。

五是全力助推县域经济高质量发展。县城"是推动形成新型工农城乡关系的重要纽带，也是全面实施乡村振兴战略承上启下的重要环节"。酒泉全力助推"强县域"行动深入实施，形成了特色鲜明、优势互补、繁荣兴旺的县域经济发展新局面。2023年，在全省年度县域经济发展评价中，肃州区、玉门市被评为"县域经济发展十强县"，肃北县、敦煌市、阿克塞县被评为"县域经济发展先进县"，瓜州县、金塔县综合排名居全省前18名，全市县域经济高质量发展迈出坚实步伐。①

（三）"六个中心"建设稳步推进，城市辐射带动功能增强②

1.区域商贸消费中心建设持续发力

支持商贸企业打造新业态新模式，引领"新消费"。开展"油车联动"惠民促销、家电家具以旧换新等活动90余场次，带动热点消费10.6亿元；连续举办十四届金塔胡杨文化旅游节、九届瓜州张芝文化艺术节、十八届玄奘之路戈壁挑战赛等品牌节会赛事活动，不断打造节会消费新场景。

2.区域科技创新中心建设提速升级

与黄山市、兰州理工大学、甘肃科技投资集团等开展合作，推动成立兰

① 贺晓婧、程明强：《酒泉市突出"四个重点"全力助推县域经济高质量发展》，酒泉市发展和改革委员会网站，2024年6月6日。
② 周戬邦：《聚力"六个中心"建设 引领带动高质量发展——酒泉区域中心城市建设步伐不断加快》，酒泉市发展和改革委员会网站，2024年9月6日。

州理工大学成果转化中心酒泉分中心、甘肃省科技成果转化赋能平台酒泉分中心等科技合作平台；围绕全市重点产业梳理产业技术需求，着力打造成果转化、企业孵化、人才培养、协同创新、科普宣传、创新创业深度融合的科技创新平台。截至2024年9月，共建成国家级工程技术研究中心2个，省级技术创新中心8个、重点实验室4个、新型研发机构4个，省级以上科技企业孵化器4个。

3.区域优质教育中心建设提速提效

开展人、财、物相统一的紧密型集团组建工作，不断缩小教育差距，组建45个教育集团；推动中等职业学校与高等职业学校联合开展"3+2""五年一贯制"贯通培养，探索与职业本科学校、应用型本科学校开展"3+4"衔接贯通培养。

4.区域医疗服务中心建设成效显著

印发《2024年临床重点专科建设实施方案》以及普外、骨科、神经外科、内分泌、消化相关专科建设评分标准；推动医疗设备配置优化，不断提升诊疗技术水平，累计投入建设资金300余万元，更新医疗设备20余台件；建成国家级重点专科3个，省级重点专科23个，市级重点专科37个，"名医工作室"39个，开展新业务新技术52项，其中甘肃首创1项，26项技术填补了河西地区医疗技术空白，诊疗水平显著提升。

5.区域金融服务中心建设稳步向前

引导各银行机构积极抢抓信贷投放黄金期，主动搜集重点企业、广大农户和新型农业经营主体贷款需求，靠前发力做好各项金融服务，积极落实各项金融扶持政策，推出十余个针对科技型企业的信贷产品，积极发挥酒泉新能源产业资源禀赋和绿色信贷规模占比优势，强化金融供给质效，为全市经济社会发展注入金融"活水"。2024年上半年，全市本外币各项贷款余额1277.17亿元，增长17.29%，增速位居全省第二；全市绿色贷款余额超430亿元，贷款规模居全省第二；绿色贷款占各项贷款的比重超35%，居全省第一。

6. 区域文化旅游中心建设质效兼优

积极争取全国智慧图书馆体系建设和公共文化云建设项目 6 个；设计精品研学线路，常态化开展研学旅行；对敦煌玉门关阳关景区、金塔沙漠胡杨林景区基础设施进行升级改造；建成敦煌市"中国研学旅游目的地"和中国酒泉卫星发射中心"全国研学旅游示范基地"两大国家级研学旅行品牌，创建"莫高学堂""摘星星的少年"等国际研学品牌。

（四）工业强市战略引领，城市支撑带动能力不断提升

1. 经济总量稳居全省第一方阵

"十四五"以来，酒泉市地区生产总值年均增长 7.9%，经济总量占全省的比重由 7.1% 提高至 7.7%。2023 年，全市地区生产总值达到 908.7 亿元，经济发展稳居全省第一方阵。2024 年前三季度，酒泉地区生产总值达到 705.60 亿元，较 2023 年前三季度多出 47.90 亿元，稳居全省第三位，在大工业项目助力下，2024 年全年地区生产总值有望突破千亿元，坐稳全省第三城。从经济增速看，按不变价格计算，酒泉增速达到 8.5%，位居全省第二（见表 1）。值得一提的是，截至 2024 年上半年，酒泉已连续 16 个季度获得全省高质量发展贡献奖或进步奖。

表 1　2023 年前三季度和 2024 年前三季度甘肃 14 个市州经济发展情况

单位：亿元，%

城市	2024 年前三季度	2023 年前三季度	增量	名义增长率	实际增长率
兰州市	2584.20	2484.80	99.40	4.00	—
庆阳市	873.60	823.76	49.84	6.05	4.5
酒泉市	705.60	657.70	47.90	7.28	8.5
天水市	646.76	619.80	26.96	4.36	5.3
白银市	538.85	503.95	34.90	6.93	7.0
武威市	522.02	503.40	18.62	3.70	5.5
金昌市	504.79	414.03	90.76	21.92	19.3

城市	2024年 前三季度	2023年 前三季度	增量	名义增长率	实际增长率
平凉市	497.16	480.08	17.08	3.57	3.8
张掖市	479.76	465.53	14.23	3.06	5.4
陇南市	474.90	452.70	22.20	4.90	6.1
定西市	468.90	447.16	21.74	4.86	6.7
临夏州	324.60	306.30	18.30	5.97	6.9
嘉峪关市	309.92	284.83	25.09	8.81	8.3
甘南州	195.34	191.25	4.09	2.14	3.5

资料来源：本表是作者根据甘肃省14个市州公开统计数据制作。

2.工业产业结构更趋优化

近年来，酒泉市深入实施"工业强市"战略，扎实推进"强工业"行动，工业产业结构更趋优化，工业对全市经济社会高质量发展的支撑作用持续增强。

一是强化工业主体地位。出台《酒泉市强工业行动实施方案（2022—2025年）》和《酒泉市贯彻落实全省强工业行动推进大会精神实施方案》，明确提出打造以新能源及装备制造产业、现代化工产业、矿产品精深加工产业、核及核关联产业四大支柱产业引擎作用持续发力，农用及其他装备制造、农产品加工、建材三个传统产业升级提档，生物医药、数据信息和新材料三个新兴产业持续壮大的"433"现代产业体系，构建新能源及其装备制造千亿级产业链，现代化工产业、矿产品精深加工产业、核及核关联产业三个百亿元级产业链的工业经济高质量发展格局。

二是力促工业稳定增长。全市工业增加值总量由2018年的123.2亿元增长到2022年的334亿元，增长1.7倍，占GDP比重由2018年的20.6%上升到2022年的39.7%。石油工业占规上工业比重由2018年的56%下降到2022年的32%，现代化工产业占规上工业比重由2018年的零基础增加到2022年的12%，新能源及装备制造产业占规上工业比重持续增长到

2022 年的 25.4%①，全市工业结构总体上呈现"减油增化"、新能源产业蓬勃发展的态势，从"一油独大"向新能源及装备制造、现代化工、矿产品精深加工和核及核关联产业四点支撑的形态加速迈进。

三是推动产业集群发展。牢牢把握"四大主导产业"方向不动摇，聚力延链补链强链，促进产业集群发展。第一，依托沙漠、戈壁、荒漠地区，加快推进风电光电大基地建设，建成全国首个千万千瓦级风电基地，全市新能源装机 2202 万千瓦（占全市电力总装机的 84.7%）、风电装机 1494 万千瓦（占全省的 67%）、光伏装机 687 万千瓦（占全省的 38%，位居全国地级市前列）。② 第二，持续引大引强引头部，招引落地各类新能源装备制造规上企业，风电、光伏、光热、储能、氢能、智慧电网等六大产业链补齐缺失环节，新能源及装备制造业全产业链典型经验做法被国务院通报表扬。第三，紧盯化工产业关键节点加大招引力度，累计引进各类化工项目 160 个，总投资 600 亿元，涵盖石油化工、煤化工、精细化工等多个领域，全市化工产业规模逐步扩大，产业竞争力不断提升。第四，抢抓新一轮找矿突破战略行动政策机遇，全力加大矿产资源开发利用力度，依托马鬃山经济开发区、柳园循环经济产业园、敦煌循环经济产业园等园区，初步构建了以黑色金属、有色金属及非金属矿产品加工为主的三类矿产品加工产业链。第五，加快培育核及核关联产业，甘肃核技术产业园一期工程基本完工，二期按计划有序推进，北山地下实验室工程全面开工，龙和处置场、东方瑞龙、中核清原等项目相继建成，核及核关联产业链实现突破。

四是夯实产业发展基础。首先，着力提升园区承载力。酒泉经济开发区被认定为全省新能源装备制造代表性园区、省级高新区，瓜州工业集中区升级为省级开发区；玉门建化园区列入"十四五"全国农药产业发展规划，4

---

① 黄瑞德：《坚定不移实施"工业强市"战略　持续夯实建设区域中心城市基础》，酒泉市人民政府网站，https://www.jiuquan.gov.cn/jiuquan/c100035/202310/d3996bb305bf4bdab9507a82c3ed18cc.shtml，2023 年 10 月 19 日。

② 张明：《酒泉市扎实推进"强工业"行动取得新成效》，酒泉市人民政府网站，https://www.jiuquan.gov.cn/jiuquan/c110915/202308/f4bc8140b594497ca221db9a06f645cd.shtml，2023 年 11 月 10 日。

个化工园区全部通过甘肃省化工园区复核认定，全部被评为一级化工园区，全市化工园区整体安全风险显著降低。其次，加快信息基础设施建设。全市城镇和行政村宽带网络、4G网络覆盖率达到100%，城市家庭千兆光纤网络覆盖率超过100%，建成甘肃首个千兆城市；酒泉云计算（大数据）中心一期项目1100个机架已建成投运；加快5G+工业互联网应用并取得甘肃首张国家工业互联网标识注册服务牌照，与国家（重庆）顶级节点实现对接；建成全国首个"千万千瓦级风电基地5G+智能电网+智慧能源综合应用"新能源大数据中心。

3. 全力构建现代产业体系

2023年，酒泉市深入实施"强工业"行动，全力推进高端化智能化绿色化"三化"改造，推动传统产业提质增效、新兴产业发展壮大，提升产业基础能力和产业链发展水平，助推全市工业经济转型跨越式发展。

一是抓高端化提升促结构升级。充分发挥企业作为创新主体的作用，加快推进制造业创新中心、企业技术中心、产业创新中心等平台建设，为产业改造升级提供强力技术支撑。

二是抓智能化改造促数实融合。以数字变革引领全面转型，统筹推动数字产业化、产业数字化，拓展传统产业发展新空间。充分利用新一代信息技术加速发展有利时机，实施"互联网制造"行动计划，加快推进传统产业数字化、网络化、智能化改造。

三是抓绿色化转型促节能降碳。深入实施工业领域碳达峰行动，加强能效对标引领，切实提高传统产业资源综合利用效率和清洁生产水平。聚焦新材料、有色冶金、传统建材等行业，推动生产过程与资源利用绿色化改造，支持企业开展绿色产品研发，引导企业积极深入推进绿色制造体系建设。

4. 夯实县域发展产业基础

2024年上半年，酒泉市7个县（市、区）的地区生产总值为431.8亿元，同比增长8.6%。其中，肃州区、玉门市实现地区生产总值超过百亿元。同时，全市第一产业增加值为27.77亿元，增长7.2%，已连续7个季度稳居全省第一，7个县（市、区）第一产业增加值增速均高于全省平均增速。工业经济量质齐升，有 4 个县（市、区）规上工业增加值增速高于全省平均增速。其中，金塔县、瓜州县增长 30%以上。市场消费持续增长，全市实现社会消费品零售总额 200.7 亿元，同比增长 7.7%，高于全省平均增速 3.7 个百分点，7 个县（市、区）全部增长 7%以上，位居全省第一。①

（五）构建内外联动开放格局，打造甘肃向西开放门户

1. 多管齐下全力实施开放型平台打造行动

一是不断深化对外交流合作。积极发挥展会平台优势，组织企业参加广交会等活动，参加各类国际展会，抢订单拓市场。

二是积极开拓多方向贸易通道。举办酒泉（敦煌）铁海联运国际货运班列发车仪式，2024 年上半年酒泉市通过铁海联运、公海联运等方式，累计从敦煌发运石棉 6 列 293 标箱 6938 吨，出口至泰国、印度尼西亚、印度等 7 个国家。酒泉市首次被列为全省发运常规性国际货运班列及多式联运国际货运班列五个运营平台之一。

三是创新发展外贸新业态。在现有美国、印度、哈萨克斯坦等 9 个海外仓的基础上，新增印尼海外仓，全市海外仓增加到 10 个，全市海外仓进出口额实现 4700 万元；肃北县组织举办了两次中蒙（肃北）贸易交流展示展销会。

2. 大力推动综合交通物流枢纽建设

近年来，酒泉充分发挥国家重要交通、能源及物流战略通道和陆港型国家物流枢纽承载城市等区位优势，坚持对内合作与对外开放并重，大力发展枢纽经济、通道经济，在全国、全省战略布局中战略通道、开放枢纽的地位越发凸显。

一是全面推进陆港型国家物流枢纽建设。2018 年底，酒泉市被确定为国家物流枢纽承载城市；2022 年 11 月，酒泉市被列入国家物流枢纽建设名单。酒泉形成了肃州、敦煌两个省级物流节点和金塔、玉门、瓜州三个区域

---

① 贺晓婧：《酒泉市县域经济保持良好发展势头》，酒泉市发展和改革委员会网站，https://fgw.jiuquan.gov.cn/fgj/c107243/202407/5c5f2bfc090b48c0bb16716ad58b51a7.shtml，2024 年 7 月 26 日。

性物流节点网络，并通过加快酒泉陆港和敦煌空港以及其他县（市、区）的物流枢纽重点项目建设，逐步完善酒泉物流基础设施网络。

二是不断加大交通基础设施建设力度。兰新铁路、兰新高铁、京新高速、连霍高速、国道 312 线、酒额铁路横贯全境，敦格铁路、肃航一级公路和国道 215 线连通南北；敦当高速、S12 肃沙一级公路、G215 马桥一级公路等高等级公路相继通车；S06 酒嘉绕城高速、S302 线玉门东至肃北公路等省级通道建成。

三是打通国际贸易大通道。铁海联运成熟运行是深化与丝路沿线国家经贸合作，促进建立通道物流走廊，推进酒泉经济对外开放的具体举措，也是融入"双循环"新发展格局的生动实践。2023 年 5 月 26 日，首列甘肃酒泉（敦煌）铁海国际联运班列从敦煌西铁路货场鸣笛出发，经宁波海港发往泰国首都曼谷，这是继中老铁路、西部陆海新通道运输石棉常态化运行之后开辟的一条新的石棉出口国际联运新通道。目前，酒泉市已打通西进、南向国际货运贸易大通道，重点畅通酒泉—钦州港—鹿特丹、酒泉—连云港—鹿特丹、酒泉—天津港—鹿特丹和中欧班列四大国际贸易通道，区域集聚和扩散功能不断完善，打造了驱动经济高质量发展的新引擎。

（六）构筑安全稳定基石，织牢西北繁荣稳定纽带

1. 促进民族团结进步

酒泉地处甘新青蒙四省交会处，有 2 个少数民族自治县、7 个民族乡及全省唯一的边境口岸，促进区域民族团结进步的作用特殊而重要。酒泉以铸牢中华民族共同体意识为主线，扎实推进民族团结进步事业高质量发展。一是强化铸牢中华民族共同体意识教育。深入实施铸牢中华民族共同体意识"石榴籽"工程，通过开展党的民族宗教理论政策"百场万人"大宣讲活动和"互联网+民族团结"行动等形式，推动中华民族共同体意识深入基层、深入群众、深入人心。二是打造民族团结进步品牌。植根酒泉深厚的文化底蕴，深入挖掘莫高精神、铁人精神、载人航天精神等各民族共有共享的文化符号和形象，培树打造以"古今两飞天"为内涵的"飞天红石榴"民族团

结进步及铸牢中华民族共同体意识的宣传教育形象品牌。2023年，酒泉市税务局被命名为全国民族团结进步示范单位；肃北县马鬃山镇、瓜州县柳园公安检查站被确定授予党中央、国务院表彰的全国民族团结进步模范集体。三是构建各民族共有精神家园。积极培育打造省级"红石榴"互嵌式发展示范单位25个，编辑出版《交往交流交融中的酒泉各民族》等，创排演出《守边人》《同一片蓝天下》等特色剧目，常态化举办草原那达慕大会、阿肯阿依特斯盛会、裕固文化艺术节等民族民俗文化传统节日活动。四是助推民族地区共同现代化。推进"西四县"各民族共同富裕联创融合先行示范区建设，建立甘青新蒙跨省沿边连线民族团结进步联盟共建机制，被国家民委确定为甘肃省唯一的各民族共同现代化试点。

2. 厚植"绿色"基底

近年来，酒泉全力推进全区域生态建设、全系统生态保护，持续深入推进蓝天、碧水、净土保卫战，生态环境质量持续改善，生态文明建设迈出坚实步伐。一是形成生态环保大格局。形成"市级领导包抓、县（市、区）长抓块、部门领导管线、责任单位抓点、市县各级全员推进"的生态环境保护工作领导责任机制，并制定出台《酒泉市环境保护工作责任规定（试行）》《酒泉市市级有关部门和单位生态环境保护责任清单》等政策性文件，编制完成《酒泉市生态文明建设规划》、酒泉市"十三五""十四五"生态环境保护规划、《酒泉市国家生态文明建设示范市规划（2019—2025年）》和《酒泉市"十四五"土壤、地下水和农村生态环境保护规划》等中长期规划方案，大生态环保格局进一步巩固。二是加强重点区域生态修复治理。积极谋划实施三北六期工程，对生态极其脆弱的重点区域进行重点生态修复，"十四五"期间，全市森林草原荒漠综合治理面积达到600万亩以上。三是持续提升大气污染防治精细化管理水平。2024年上半年，大气污染防治工作成效明显，细颗粒物平均浓度为25微克/米^3，同比持平，全省排名第四。四是全面加强重点园区企业环境监管。开展全市污染源在线监测设备检查考核和交叉执法检查，执法过程中坚持检查与帮扶指导并重，统筹采取"送法上门"、警示提醒、宣传告知等多种措施，严密防范和化解生态环境风险。通过一系列举措，酒泉全域建设国家生态文明建设示范区初见成效，祁连山生态环境保护考核位居全省第一，污染防治攻坚战考核位于全省前列，玉门市被命名为"第一批甘肃省生态文明建设示范区"，肃北县创新建立祁连山国家公园肃北县盐池湾片区生态文明示范区。

三 区域中心城市建设需统筹处理四大关系

（一）区域中心城市建设要处理好发展与保护的关系

经济发展和环境保护是辩证统一的关系，两者目的一致，都是满足人民的美好生活需要；两者内容一致，相辅相成，相互转化。要正确处理经济发展与生态保护的关系，在发展经济的过程中不以牺牲生态为代价、不突破经济安全运行底线，坚持在发展中保护、在保护中发展。从短期看，加强环境保护可能会给地方经济发展带来一定压力，但从长远发展来看，加大环境治理力度、加快生态绿化建设、形成绿色生产方式和生活方式，也能为区域中心城市建设的经济发展提供更大空间。

（二）区域中心城市建设要处理好更新与延续的关系

传承文化根脉是城市更新的底线要求。区域中心城市建设需要通过一系列举措对城市现有建筑和基础设施等进行更新升级，以全面提升城市品质。但城市更新的目的不是简单的建筑拆与建、空间调与换，而是要处理好城市更新与城市文化根脉保护之间的关系，坚持传承文化根脉这一底线要求，"留改拆"并举、以保留利用提升为主，加强历史文化保护传承，既精雕物质"面子"，也要夯实生活"里子"，更要厚植文化"底子"，传承好文化根脉，让文化遗存绽放时代新韵，让城市容貌焕发时代光彩。

（三）区域中心城市建设要处理好城市与乡村的关系

城市和乡村作为人类生产生活的两大场域，二者互促共进、协同发展，是顺应城市发展大势、激发乡村发展活力的必然选择，也是建设区域中心城市的重要方面。城市的发展立足于城市但根植在乡村，乡村的发展聚焦于乡村但联动着城市。处理好城市和乡村的关系，促进乡村的资源要素与城市、区域，乃至全国的大市场相对接，将有效提高供给质量、拓展需求空间，为区域中心城市建设提供动力。

（四）区域中心城市建设要处理好中心区与外围区的关系

中心区是经济发展水平较高、基础设施完善、人口产业集聚、创新能力较强的地区；外围区主要位于经济发展的边缘地区，通常自然条件相对较差，地理位置偏僻，交通区位优势不明显，资源禀赋尚未转化为经济优势。一般来说，外围区经济发展水平相对滞后，人口产业集聚能力较弱，发展动力和活力不足，生产要素特别是劳动力和资本的流失比较严重。酒泉在区域中心城市建设过程中，要处理好中心区与外围区的关系，根据各县（市、区）资源禀赋和产业基础，形成中心区与外围区优势互补、差异化的发展路径。

四　酒泉区域中心城市建设路径探索

（一）统筹推进产业升级，增强区域中心城市辐射动力

产业转型升级是推动经济发展的必然选择。产业转型升级是指从传统产业向新兴产业、从低端产品向高端产品、从粗放型生产向集约型生产转变的过程，其不仅能够推动经济结构的优化升级，还能提升区域中心城市的辐射带动能力。一是构建数字经济产业新格局。推进新型数字基础设施建设，加快布局5G、工业互联网等新型基础设施建设，推进新一代信息技术与传统产业的融合，打造"数字+"新业态新模式，提升产业数字化水平；积极构建数字经济与实体经济融合发展的新模式，推动数字技术与实体经济深度融合，在制造业、农业、服务业等领域不断培育壮大新动能，推动产业结构优

化升级。二是打造良好的产业发展环境。持续深化"放管服"改革，健全政务服务数据共享协调机制，推行"不来即享""最多跑一次""异地通办"，更好地服务市场主体；建立企业问题和政府服务"两张清单"，通过减税降费、减租降息等纾困惠企政策，将酒泉建成服务优、效率高、环境好的投资兴业高地。三是强化产业人才支撑。明确人才引进的方向和重点，制定具有吸引力的人才政策，拓宽人才引进渠道，有效集结一支强大的产业人才队伍，为产业发展提供坚实的人才支撑；完善产业人才培养体系，加强与教育、培训机构的合作，提供多元化的学习和实践机会；推动企业、高校和研究机构之间的深度合作，通过项目合作、实习实训等方式，促进理论与实践相结合，加速人才的实战培养；激发高层次人才创新活力，通过提供充分的创新空间和资源及提升创新的社会价值感等方式，有效引导和激励产业人才的创新活力。

（二）践行生态环保理念，增强区域中心城市发展可持续性

资源环境承载力是衡量区域可持续发展的重要指标。经济发展必须以保护环境为前提，不能牺牲环境换取短期经济利益，应该采取可持续发展的方式，实现经济、社会和环境的协调发展。一是完善制度体系。健全自然资源资产产权制度，完善自然资源监管体制，划定生态保护红线、环境质量底线、资源利用上线，实现制度护航绿色发展；发挥市场的导向性作用，建立生态补偿制度，把碳排放权、用能权、用水权、排污权等资源环境要素一体纳入要素市场化配置改革总盘，提升经济社会发展的"含绿量"。二是发展戈壁节水生态农业。立足酒泉资源禀赋，合理利用戈壁滩、盐碱地，丰富戈壁生态农业内涵和外延，大力发展优势特色农业，做大戈壁生态农业总量，积极推动打造全国戈壁生态农业示范区。三是聚力发展新能源产业。抢抓国家"双碳"机遇，坚持强龙头、补链条、聚集群，协同推进产业高端化、绿色化、数字化、融合化，规模开发建设清洁能源基地，聚焦"风光热储氢网"六大产业链，让新能源及装备制造业成为全市工业经济的主要支撑和强大引擎。

（三）推动城乡融合发展，开辟区域中心城市发展广阔空间

城乡融合发展是提升城市综合承载力的重要途径，也是畅通城乡经济循环、开辟中心城市发展新空间的重要举措。目前，甘肃正处于加快实施乡村振兴战略，稳步提高新型城镇化质量的历史关口，推动二者深度融合，既是着力解决农村发展不充分、城乡发展不平衡问题的重大战略举措，又是提升区域中心城市综合承载力的客观要求。一是促进人力资源双向流动。推进农业转移人口市民化进程，继续深入推进户籍制度改革，积极推动农业人口在城镇居住落户，并提高农村转移人口市民化质量，均等享有城镇基本公共服务；要畅通人才返乡下乡通道，推动产业升级和人才成就双向奔赴，为城市人口下乡投资建设农业农村提供政策支持，使"新村民"顺利融入乡村。二是持续推进城乡公共服务资源均等化。完善健全已有公共服务体系，进一步推动卫生、医疗、教育、文化等公共服务网络向农村延伸；针对不同村域特色，借助乡村旅游发展、人居环境改善以及乡村资本培育等途径，完善乡村基础设施、提高公共服务水平，实现城乡基本公共服务均等化目标；推动公共服务信息化建设，利用"互联网+"、区块链、人工智能等手段推进卫生、医疗、教育、文化资源实现城乡间的共建共享。三是打造农村产业融合新高地。推动传统产业升级，不断推进粮食生产功能区、重要农产品生产保护区、特色农产品优势区建设，提高农产品供给质量和效益；不断延伸农业产业链条，将生产、加工、仓储、运输等各元素聚集整合，加快农业同第二、第三产业融合发展的速度；引导和鼓励新型经营主体发展"互联网+现代农业""旅游+现代农业"等多种新型业态和商业模式，推进农业与旅游、教育、文化、健康养老等产业深度融合。四是提高县域综合承载力。结合本地实际因地制宜、扬长补短，突出优势特色，按照县域发展"五大类型"，走适合本地区特点的高质量发展之路；进一步提升医疗、卫生、教育等公共服务水平，打造宜居、宜业人居环境，凸显县城生活低成本优势，助推农村人口向县城转移；营造营商环境、生态环境，厚植县域经济发展沃土，激发县域经济发展内生动力，增强县域经济对城乡融合发展的辐射带动作用。

（四）强化区域协同融通，强化区域中心城市发展"同心圆"

区域协调发展需要从治理主体多元化、各子系统协同运行、自组织之间竞争合作以及共同规则制定等方面着手，推动区域协调发展再上新台阶。一是夯实现代化互联互通基础。优化区域立体交通网，包括移动的距离、时间及所涉及的费用，加强横向、纵向的"蛛网"链接及铁路、公路、航空、管道的"无缝"衔接，使地理区位和交通通达性实现完美结合；共建共享标准化、智能化的生产要素流通网，着重投资建设周期长、资金量大的跨区域物流网、能源网、信息网、综合物流枢纽和智慧能源中心等；打造互联互通、集约高效、智慧绿色、安全可靠的现代化基础设施体系，推动区域经济社会发展分工合作。二是促进区域均衡及长远发展。依托河西走廊及周边城市在资源禀赋、基础条件以及产业门类等方面的互补性，加强产业协同和技术合作攻关，建设要素协同、链条完整、竞争力强的产业体系；主动加强与金昌、张掖以及内蒙古、青海等其他地区的特色产业合作，打造功能互补、高效协同的产业集群。三是协同建设一流营商环境。构建市场要素自由流动机制，在土地、劳动力、资本、技术等要素市场化配置上先行先试，促进各种资源要素的流动与配置突破区划限制；建设市场一体化体系，落实统一的市场准入制度，建立共同的市场负面清单，实现跨区域注册登记无差别标准；整合信息交易平台，推进区域产业技术市场、信息资源市场、人力资源市场以及征信平台、大数据平台、公共资源交易平台等建设。

甘肃农村养老服务体系建设研究报告

魏 静*

摘 要: 本报告聚焦甘肃农村养老服务体系建设,通过调查研究,旨在了解甘肃农村养老服务在当前政策叠加机遇下的发展成效、制约因素,并尝试提出对策建议。通过调查了解到,当前甘肃农村养老服务在健全政策体系、提升养老服务设施和能力、发展多种形式的养老服务、鼓励民办力量发展高品质养老服务等方面取得了一定的成效,但是在养老服务体系建设方面仍存在养老服务供给量不足、资金投入不够、人才建设滞后、管理制度不健全、养老服务质量不高、适老化建设程度低等问题。基于此,提出从发展以政府为主导的多元化养老、加大资金投入、创新人才培养方式、完善法律法规、规范养老服务监管等方面,健全甘肃农村养老服务体系,提升养老服务水平。

关键词: 农村养老服务 互助养老服务 甘肃

一 甘肃农村老年人口基本情况

随着人口生育率下降、人均寿命延长等,人口老龄化及其带来的一系列问题不断加剧,最为显著的影响是养老服务需求日益增加。甘肃省人口老龄化现象呈现两个特点,一是老龄化问题较为严重。根据甘肃省统计局数据,

---

* 魏静,甘肃省社会科学院历史研究所副研究员,主要研究方向为地方史。

截至 2023 年底，甘肃省 60 岁及以上老年人总数为 470.02 万人，65 岁及以上人口为 336.48 万人，约占人口总数的 13.7%。[①] 根据公认的老龄化国际标准，65 岁及以上人口在一个国家或地区占比为 7%，则为老龄化社会。甘肃人口老龄化水平已远远超过国际标准线，说明老龄化问题比较严重。二是老龄化程度持续加深。根据 2020~2023 年统计数据，甘肃省人口老龄化水平呈缓慢上升趋势，2020 年 65 岁及以上人口占比为 12.58%[②]，2021 年为 13.05%[③]，2022 年为 13.44%，2023 年为 13.65%。65 岁及以上人口也从 2020 年的 314.78 万人增加到 2023 年的 336.48 万人，[④] 说明老龄化趋势不断加深，已进入深度老龄化阶段（见图 1）。

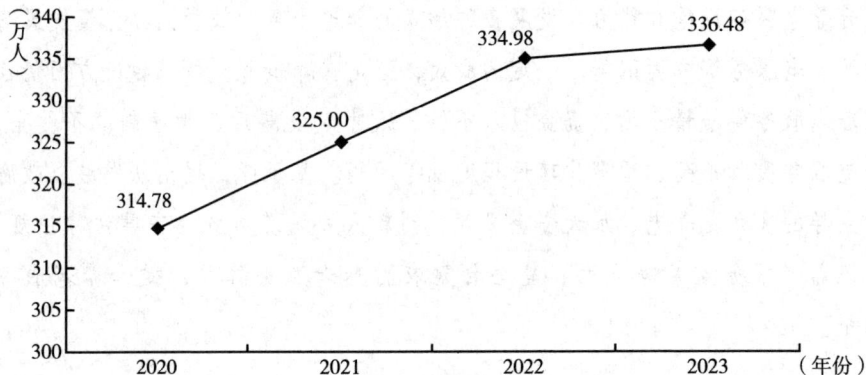

图 1　2020~2023 年甘肃省 65 岁及以上人口增长趋势

资料来源：2020~2023 年甘肃省国民经济和社会发展统计公报，甘肃省统计局网站。

① 《我省持续加强老年健康服务体系建设》，兰州新闻网，2024 年 9 月 19 日。
② 《甘肃省第七次全国人口普查主要数据新闻发布稿》，甘肃省统计局网站，http://tjj.gansu.gov.cn/tjj/c109465/202105/f54afff510e04866984c0eed09f589aa.shtml，2021 年 5 月 24 日。
③ 《2021 年甘肃省国民经济和社会发展统计公报》，甘肃省统计局网站，http://tjj.gansu.gov.cn/tjj/c109457/202203/2000738.shtml，2022 年 3 月 30 日。
④ 《2023 年甘肃省国民经济和社会发展统计公报》，甘肃省统计局网站，http://tjj.gansu.gov.cn/tjj/c109457/202403/173878128.shtml，2024 年 3 月 20 日。

二 甘肃省农村养老服务体系建设取得的成效

（一）基层养老政策体系不断健全

一是对构建和完善基层养老服务网络提出新的要求。2022 年，甘肃省委、省政府联合印发《关于做好 2022 年全面推进乡村振兴重点工作的实施意见》，提出构建县、乡、村三级农村养老服务网络，鼓励开展村级日间照料、老年食堂、为老服务等养老服务建设，着力扩大特困供养对象覆盖面。二是提出建设城乡社区养老服务体系。《甘肃省"十四五"城乡社区服务体系建设规划》（2022 年），强调着力推动城乡社区养老服务，作为"十四五"时期完善城乡公共服务的重要内容，提出乡镇（街道）综合养老服务机构覆盖率到 2025 年底达到 50% 的目标。同时，推广适老化改造以及"互联网+"运营模式，提升基层养老服务水平。三是进一步优化和创新基层养老服务政策环境。2024 年 9 月，甘肃省人民政府办公厅印发《关于促进养老服务消费扩容升级的若干措施》，提出拓展养老服务消费新模式、新业态，要求统筹盘活基层闲置资源，构建"一刻钟社区养老服务消费圈"。支持基层设立社区老年用品展示和配置租赁服务。实施县域养老服务体系"银龄家园行动"，统筹优化资源配置，组建县域养老服务联合体。四是加大城乡养老服务供给。鼓励民办力量发展高品质养老机构，满足不同老年消费群体服务需求。支持民办养老机构自主建设改造护理型床位，符合条件的新增床位享受一次性建设补贴。鼓励公立养老机构改制为国有养老服务企业，提供价格合理的养老服务。

（二）基层养老服务设施和服务能力不断提升

一是政府对公办养老服务建设资金投入逐步加大。"十三五"以来，全省城乡养老服务体系建设总计投入约 32.82 亿元，支持省、市、县、乡镇养老服务体系建设。"十四五"以来，省、市、县三级财政累计投入城乡养老服务建设资金约 12.6 亿元，连续四年把城乡养老服务设施建设纳入政府为民实事项目。二是城乡养老服务建设力度逐步加大。2023 年，甘肃省民政厅投入资金 3.1 亿元，建设 300 个村级互助养老院和 100 个乡镇综合养老服务中心，[①] 养老服务覆盖面不断扩大、质量不断提升。三是不断提升基层养老服务质量。开展提升养老服务设施专项行动，重点支持基层养老机构设施提升改造。四是社区养老提质升级。支持兰州、武威、张掖、庆阳、陇南等地区申报国家级基层养老服务提升行动试点地区，上述地区目前已建设1.15 万张家庭养老床位，居家上门服务超过 60 万人次。五是加强基层养老机构适老化建设。以适老化改造标准为主要建设目标，拨付省级补助资金2500 万元，首先对农村分散特困供养的高龄、残疾、失能等困难老年群体实施适老化改造。截至 2023 年底，累计完成 4.2 万户适老化改造，超过"十四五"计划的 90%。[②] 六是基层养老机构和床位数显著增加。截至 2023年底，甘肃省建成乡镇卫生院 1352 个、村卫生室 16240 个、乡镇敬老院 161个、农村互助养老服务设施 7044 个。[③] 通过对比 2019~2023 年第四季度全省公办养老机构数、床位数可以发现，2019~2023 年，甘肃省城乡养老服务设施数量和服务能力逐渐提升。2023 年第四季度，甘肃全省提供住宿的公办养老机构总数为 311 个，床位总数为 3.6 万张；[④] 2022 年第四季度，提供住宿的公办养老机构总数为 308 个，床位总数为 3.3 万张；[⑤] 2021 年第四季度，全省提供住宿的公办养老机构总数为 278 个，床位总数为 3.0 万张；[⑥]

---

① 《2023 年甘肃试点建设 300 个村级互助幸福院》，每日甘肃网，https：//gansu. gansudaily. com. cn/system/2023/04/12/030757897. shtml，2023 年 4 月 12 日。

② 《甘肃省民政厅关于对省十四届人大二次会议第 277 号建议的答复》，甘肃省民政厅网站，http：//mzt. gansu. gov. cn/mzt/c107790/202408/173970792. shtml，2024 年 8 月 20 日。

③ 《向新向质 实干兴陇——党的二十大以来甘肃省经济社会绿色转型高质量发展综述》，每日甘肃网，https：//gansu. gansudaily. com. cn/system/2024/09/28/031070471. shtml，2024 年 9 月 28 日。

④ 《甘肃省 2023 年 4 季度民政事业统计数据》，甘肃省民政厅网站，http：//mzt. gansu. gov. cn/mzt/c107774/202402/173866390/files/66163b719a2d4cfa8aaf23673ef41bcd. pdf，2024 年 1 月 15 日。

⑤ 《甘肃省 2022 年 4 季度民政事业统计数据》，甘肃省民政厅网站，http：//mzt. gansu. gov. cn/mzt/c107774/202303/168333940/files/dca2bbc702ea41bd92419f69a3fd5ee6. pdf，2023 年 1 月 15 日。

⑥ 《甘肃省 2021 年 4 季度民政事业统计数据》，甘肃省民政厅网站，http：//mzt. gansu. gov. cn/mzt/c107774/202206/2058136/files/4d48d768a0934756bfbb59806b0863cb. pdf，2022 年 1 月 15 日。

2020 年第四季度，全省提供住宿的公办养老机构总数为 269 个，床位总数为 2.9 万张；[①] 2019 年第四季度，全省提供住宿的公办养老机构总数为 235 个，床位总数为 2.4 万张。具体见图 2、图 3。

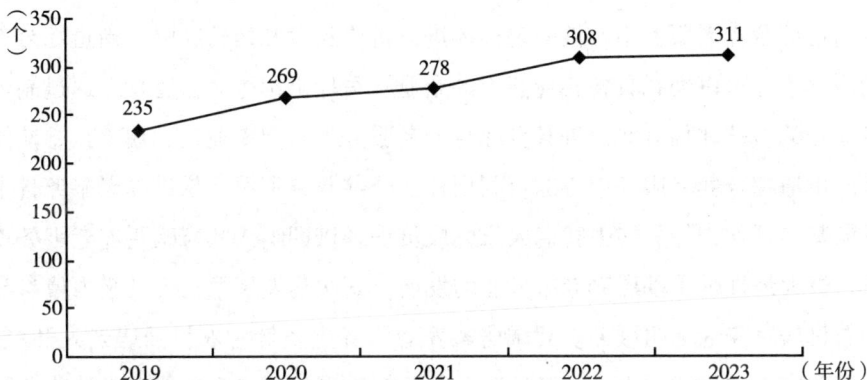

图 2　2019~2023 年第四季度甘肃省城乡公办养老机构数

资料来源：甘肃省民政厅统计季报（2019~2023）。

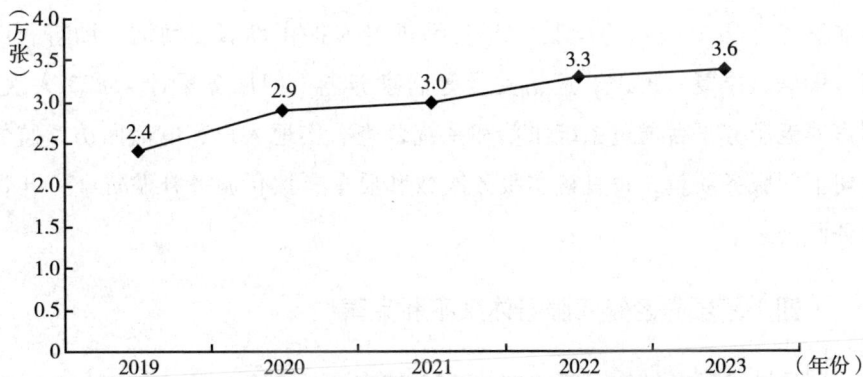

图 3　2019~2023 年第四季度甘肃省城乡公办养老机构床位数

资料来源：甘肃省民政厅统计季报（2019~2023）。

---

① 《甘肃省 2020 年 4 季度民政事业统计数据》，甘肃省民政厅网站，http://mzt.gansu.gov.cn/mzt/c107774/202206/2058114/files/23e8ee49a7c34e46a5c8205098b417bf.pdf，2021 年 1 月 15 日。

（三）大力发展多种农村养老服务形式

首先是大力发展具有公办民营性质的基层综合养老服务中心。2021年，出台《甘肃省街道综合养老服务中心建设运营管理实施细则》，对符合条件的街道综合养老服务中心按一定标准进行机构建设和运营补贴。街道综合养老服务中心可以委托具备相应能力的企业、医疗机构等运营管理，通过制定专业化的考核评估方案促进县乡综合养老服务中心向专业化、规模化方向发展。街道综合养老服务中心综合利用社区公共服务资源，推进养老服务骨干网向基层延伸，将失能失智老人家庭成员护理培训纳入政府购买养老服务项目，极大地推进了基层养老服务业的发展。其次是发展第三方社会力量参与的农村居家养老上门服务。县域居家养老服务主要针对农村独居老人开展，采取政府外包方式，由承包商运营，主要解决农村能自理独居老人的养老服务问题。以永登县为例，2022年永登县民政局居家养老服务平台通过第三方外包公司为全县820位特殊困难老人配送护理床、防压疮垫、换鞋凳、适老椅、智能手表等老年用品3609件，并入户验收。2022年，永登县三家居家养老服务公司为全县768名困难老人提供助餐、助洁、助行、助浴、助医、康复、护理、巡访关爱等居家养老上门服务累计45825人次，居家养老服务平台通过系统派单和系统督查、实地入户和电话回访，监督公司上门服务质量，每月核实服务次数和质量，拨付服务补贴资金，并在政务网公示。

（四）基层养老健康服务体系不断完善

一是村级医疗服务不断完善。2023年底，甘肃全省共设16272个村卫生室，有执业（助理）医师8758人，乡村医生和卫生员16039人。与2022年相比，村卫生室和配备的简易医疗设备较上年有所增加。从村卫生室诊疗人次看，2023年为1431.98万人次，占全省总诊疗人次的11.8%，较2022年有所上升。可以看出，甘肃基层医疗卫生服务水平近年来有一定的提升（见表1）。二是县级医疗服务水平不断提升。2023年底，全省县级卫生机构包括医院、妇幼保健机构、疾控中心以及卫生监督所共有卫生人员 81345 人，而 2022 年上述四类县级卫生机构共有卫生人员 68263 人。① 以上数据说明，甘肃基层医疗健康服务系统不断完善，为农村老年人的医疗健康提供了一定的保障。

表 1 2021~2023 年甘肃省农村医疗卫生服务情况

单位：个，人

指标	2023 年	2022 年	2021 年
村卫生室数	16272	16265	16302
村卫生室执业医师数	5662	5403	5321
执业助理医师数	3096	3103	3224
注册护士数	8401	7732	7638

资料来源：根据《2023 年甘肃省卫生健康事业发展统计公报》整理。

（五）民办机构养老服务发展环境得到优化

甘肃省民办养老院分为私立养老院和公建民营养老院两种。民办机构养老作为公办养老服务的重要补充，在构建全省多元化养老服务体系方面发挥着重要作用。近年来，甘肃基层民办养老机构发展迅速，取得了显著成效。各级民政部门通过出台相关政策和资金支持，促进了民办养老机构的发展。针对符合条件的公建民营养老机构所得收入，按规定实行税收优惠，免征企业所得税，养老院房产及土地免征房产税和城镇土地使用税。对于符合条件的养老服务企业，按民营企业标准享受相应的税费优惠。对建成并通过验收的社会办养老机构，按照《甘肃省社会办养老服务机构一次性建设补贴资金管理办法》，通过"床位换补贴"原则，给予一次性建设补贴，支持社会力量举办养老机构。截至 2023 年，全省共有社会办养老机构 46 家，民办养老机构在满足老年人多样化养老需求、加大养老服

---

① 《2023 年甘肃省卫生健康事业发展统计公报》，甘肃省卫健委网站，http：//wsjk. gansu. gov. cn/wsjk/c115323/202403/173883189. shtml，2024 年 3 月 26 日。

务供给等方面发挥了重要作用。例如，兰州安宁孝慈苑作为甘肃首家"公建民营"智慧养老示范基地，提供了全方位、多维度和高品质的养老服务，包括生活照料、老年护理、营养配餐、康复保健等。白银市民办养老机构通过"政府主导、社会参与、市场化运作"的模式，建立了公办民营居家和社区养老服务中心，提供就餐、休闲、居住等多种服务。瑞源康养老年公寓位于榆中县和平镇桑园子，占地19966.10平方米，总建筑面积17000平方米，可提供500张床位，是兰州小阿福养老服务有限责任公司斥资1.1亿元，打造建设的一座集"健康管理+生态康养+生态农业"于一体的新型康养综合养老机构，也是甘肃省建院最早、规模最大、实力最强的民办养老机构之一。公寓配有可供选择的电梯楼宇，下设办公室、财务部、护理部、采供部、后勤部、医务室等部门，现有职工100余人，专业护理人员50余人，高学历人才10余人，主要为各种类型的老人提供多样化的养老服务。房间内有护理型床位及普通床位，衣柜、桌子、沙发、椅子，内设卫生间，可洗漱淋浴等。公寓内网络全覆盖，老人可在房间及院内上网。工作人员每天定时打扫房间，提开水，每周洗衣服、床单、被套等；根据不同护理等级，给失能的老人送饭、喂饭，按时提醒老人服药，定时给卧床老人翻身等。根据专业医护人员评估入住老人身体状况（不同的健康体质）后收取护理费用，床位费、伙食费是基础费用，收费标准相同（见表2）。

表2 瑞源康养老年公寓收费标准

单位：元

	类别	床位费	伙食费	合计
楼层	二号楼	600	750	1350
	三号楼	700	750	1450
	贵宾楼东	月缴1880	750	月缴2630
		月缴1316		年缴2066
	贵宾楼西	月缴1680	750	月缴2430
		月缴1316（优惠价）		年缴2066

类别		床位费
护理级别	自理	600
	半自理	1200
	半失能	1500
	失能乙等	2000
	失能甲等	3000
	一对一	5000

三 甘肃省农村养老服务体系建设存在的问题

（一）农村养老服务供给总量不足

甘肃省相关部门通过改造提升、发展多样化养老作为补充等方式，使全省在乡镇综合养老服务中心、村级互助养老院建设等方面取得了一定进展，农村养老服务能力也得到进一步提升。尽管政府在农村养老服务供给方面取得了一定的进展，但随着人口老龄化及农村空巢化的加剧，传统农村养老模式面临较大的挑战，养老服务需求不断上升。农村传统养老以居家养老为主，随着青壮年的大量外出、老年人健康状况的下降，居家养老已不能满足实际的养老需求，而农村敬老院、幸福院等互助型养老机构数量少、规模小、人力资源短缺，服务范围有限且质量不高，往往只能优先兼顾五保户、高龄、失能等农村老年群体。街道社区养老服务中心起步较晚，网络化建设滞后，辐射面有限，供需矛盾突出，供需错配现象严重，不能满足居住偏远且有养老需求的老年群体，造成目前的农村养老服务供给不能满足现实需要。

（二）农村养老服务资金投入不足

甘肃农村养老服务机构资金来源主要是财政拨款和社会捐赠，资金支持有限且不稳定，缺乏社会力量参与，资金来源渠道单一。尽管政府出台了一系列政策鼓励支持农村盘活闲置资源，为老年人提供短期照料、日间照护等养老服务，但是实施起来并不容易，设施设备建设、人力资源支出等需要大量的资金支持，还需要政府夯实资金基础。目前的农村互助养老院运营成本较高，包括聘用的人员工资、水电费、培训费等，尽管有一定的政府补贴和采购，但支持有限且不稳定，不足以覆盖全部开支，包括设备设施维护与改善，使得多数养老院设施简陋、人员匮乏，只能开展最基本的养老服务，难以形成养老服务效应，影响服务质量和水平的提升。有些乡镇养老服务中心入住率低，主要涉及老人养老观念、经济、服务人员少且专业能力低等因素，政府资金投入有限，运营较为困难，成本难以保证。

（三）农村养老服务人才建设滞后

一是养老服务人才数量较少。甘肃农村互助养老院大多地处偏远、薪酬待遇低、工作辛苦，导致很难吸引专业护理和服务人才。一些福利院、敬老院等互助型养老机构聘用的具备执业资质的财务、厨师等专业技术人员较少，达不到相应的标准，特别是缺乏护理和保健方面的专业人才，制约了养老服务质量的提升。而乡镇社区街道养老综合服务中心也面临同样的问题，服务人员少，每个社区街道只有少数几名公益性岗位人员为老年人提供服务，日均照料人数多，难以保障服务质量。二是养老机构员工培训力度不够。按照星级评估标准，农村互助型养老机构应定期组织员工培训，包括月培训、季度培训以及半年培训三种形式，调查发现，基层福利院对员工的职业培训力度较小，达到月培训频次的并不多，多数是组织员工偶尔参加民政部门开展的培训活动，培训内容较为单一，流于形式，影响了养老院专业服务质量。三是农村养老服务职业发展前景没有得到有效拓展，养老服务人才多是合同制或聘用人员，晋升转岗的长效机制尚未形成，导致农村养老服务行业人才很难聚集，养老服务质量提升面临多重障碍。

（四）农村互助养老服务管理制度不健全

一是法律制度不健全。目前，针对农村互助养老的法律制度不健全，导致互助养老院在地位、性质及各方权利义务等方面缺乏法律规定。二是缺乏统一的管理标准。农村互助养老院在管理上目前缺乏统一的标准与规范，导致各地管理水平参差不齐，影响服务质量和效率，也严重影响其声誉和口碑。三是农村互助养老的运作和监管机制也不健全，目前的养老支持政策多侧重机构养老、社区街道综合养老以及城市居家养老，对农村互助养老的重视度不够高。农村互助养老资金少、条件差，很难达到规定的各项标准，导致监管松散。四是管理制度不完善。农村养老服务管理制度是一整套完整的体系，包括投诉处理、应急演练、满意度回访、台账制度、服务收费等不同层面，大多数农村互助养老院在上述制度建设方面还存在差距，很多地方只是应付检查，并无实际内容，养老服务管理制度建设方面有待改进。

（五）农村互助养老适老化建设有待加强

尽管目前甘肃省投入了大量资金和资源，旨在提升养老院适老化改造力度，如改善行走便利性、如厕和洗澡安全、无障碍设施、智慧用电等。但通过调研发现，农村养老院在适老化建设方面还存在一定的问题，如在设置异色警示条标识、安全指示标志、防火门标注、防跌防滑设施、智慧用电等方面还存在一定差距。一些养老院环境设施不够完善，基础设施设备陈旧，公共区域缺乏紧急呼叫装置，缺乏足够的无障碍设施。造成这一问题的主要原因是政府资金投入有限，不足以支持适老化项目改造和提升工程。农村互助养老院适老化建设滞后，难以满足老年人的生活、照料和安全需求。

（六）农村养老服务质量不高

由于人口老龄化带来的养老服务需求提升，农村养老院面临资源不足、专业人员短缺的局面，导致养老服务质量不高。一是护理康复服务质量不高，医养结合度低。农村养老院应为老人提供按摩、泡脚、量血压、测血糖等服务项目，定期对老年人进行健康、保健、康复教育，并有完整记录。由于农村医疗资源匮乏，很难为老年人提供多样化的医疗康复需求。多数养老院为老人提供的保健康复服务项目少，康复保健器械器材配备少，健康保健教育的次数也偏低。二是心理关怀和支持服务不够，由于人手紧张、培训有限及资源不足等，养老院通常难以为老年人提供足够的社交活动和心理咨询服务。三是文化娱乐服务开展不足，农村养老院应为老年人提供多样化的文娱活动，如健身、文艺表演、手工制作、读书会、游园等活动，丰富老年人的精神生活，调研发现，农村养老院为老人定期开展的文体活动较少，老人生活较为单一。四是农村养老服务信息化程度不高。一方面，甘肃5G网络只覆盖了60%的行政村，还有一些地区没有完成网络信息化建设；另一方面，许多农村老年人使用数字化设备的能力和意愿不高，制约了农村智慧养老的发展。五是农村老年人的养老服务需求与乡镇养老服务中心服务供给难以高效对接。一般情况下，先由乡镇养老服务中心对辖区内困难老年群体进行登记，再由民政部门向第三方合作公司购买服务，最后由乡镇养老服务中心安排定期为居住分散的困难老年人提供上门服务，服务内容大多是打扫卫生、做饭等简单服务。这种服务方式不仅效率低，而且导致农村老年人确有养老服务需求时，无法及时传递和获得响应，部分养老服务因天气或其他因素被迫迟滞、中断。

（七）农村医疗健康服务水平不高

尽管近年来政府不断加大农村医疗服务供给，但是与城市养老服务相比仍存在一定的差距。首先，农村医疗资源总量相对不足、分布不均衡。甘肃农村地区医生、护士、设备等方面的医疗资源总体不足，且分布不均衡，导致农村老年人就医较为困难。其次，农村卫生室医疗设施不够完善。多数卫生机构配备的设施比较简陋，导致多数老年人就医要去县城甚至省城，较难满足他们就地医疗服务需求。再次，县域医疗资源共享机制不完善。主要是县域内医共体分级诊疗制度利益共享机制尚不完善，导致农村老年患者流向较高层级公立综合医院，致使村级卫生室医疗资源闲置与浪费。最后，专业医疗人才短缺。许多医生不愿意到农村工作，加剧了农村医疗资源的紧张，进一步影响了农村老年人就地医疗的服务需求。

四　进一步健全甘肃农村养老服务体系的对策建议

（一）发展多元化养老，加大养老服务供给

在人口老龄化、农村养老服务供给不足的情况下，可以通过构建多元化、差异化的养老方式，弥补养老服务供给的不足。一是发展半公益性质的上门居家养老服务。县级政府可以通过外包服务的方式，由第三方承包商运营，实行政府养老服务价格补贴，对县域内生活困难、独居或半自理老人提供不同种类的上门居家养老服务。政府居家养老服务平台可以通过系统派单和系统督查、实地入户和电话回访，监督公司上门服务质量，定期核实服务次数和质量，拨付服务补贴资金，并在政务网公示。二是建设农村社区养老服务中心。政府应加大投入，通过盘活乡村闲置土地资源、拓展村级互助养老院功能，由政府集中建立一批农村社区养老服务站点。推动5G网络向全省村级全覆盖，发展县、乡、村三级信息化养老服务，推动县域以内养老资源优化整合和养老资源下沉，为农村老年人在家门口提供全日托养、日间照料、餐饮、上门服务等多种形式的普惠性养老服务。三是拓展乡镇互助养老院功能。加大投入，推动乡镇互助养老院向社区综合养老服务中心转型升级，打造一批优质的乡镇级养老服务中心，优化整合医疗养老资源，通过服务外包的方式，实行价格补贴，推动专业养老服务向乡村下沉。四是鼓励企业参与农村养老服务建设。企业可以通过集中采购、人才培训、资源共享等方式参与农村养老服务，有效弥补政府在养老服务供给上的不足。政府还可以通过与企业合作购买服务的方式，分担政府的资金压力，提高农村养老服务能力。企业还可以通过开展养老服务人员培训，通过建立服务标准、服务评估等方式，确保农村养老服务质量。

（二）加大资金投入，强化养老服务保障

一是加大中央和省级养老资金向农村倾斜力度，建立农村养老服务公共

财政投入动态和长效增长机制，用于支持农村互助养老服务、社区养老站点以及县乡综合养老中心功能建设，扩大县乡养老服务覆盖面，提升县、乡、村三级信息化养老服务水平，打通养老资源下沉通道。二是通过设立专项资金，提高政府农村养老服务购买力，用于农村养老服务适老化设施建设和配备。通过公开招标等方式，鼓励社会力量参与农村养老服务，确保资金使用效率。三是鼓励农村集体经济参与养老服务。通过养老服务资源发包、养老业务出租、养老经营性财产参股等多种方式，壮大村集体经营收益，用于发展农村养老服务。四是创新农村养老金融产品。通过构建农村养老服务金融"普惠"体系，引入更多金融机构，在县域内推广创新各类普惠性养老保险、养老理财等业务。围绕新型养老产业领域，银行可加大对农村养老服务设施和项目建设的贷款支持和普惠力度，为农村养老产业提供信贷绿色通道，促进更多金融资源向农村养老产业倾斜。

（三）加快人才建设，夯实养老服务基础

一是鼓励职业院校扩大养老服务专业教育办学和招生规模。大力发展养老护理、中医护理、心理咨询、康复护理、营养保健等相关专业。建立县乡街道养老实训基地，通过跟班实训、技能考核、观摩实操等方式提升职业院校学生养老服务实操技能水平。支持鼓励各类职业院校毕业生与基层养老机构进行双向选择。二是由相关政府部门设立养老服务研修班，开展养老服务人才技能培训和等级评定，充实和提高农村养老服务人才专业能力。三是支持农村低龄健康老年人有养老服务意愿的，在取得相应执业资格或经专业培训合格后，从事农村养老服务工作。四是扩大基层机构养老编制，建立县乡基层养老从业人员转岗制度，提升农村养老职业前景。五是加大投入，提升农村养老从业人员的薪酬待遇，健全从业人员激励机制和社会保险机制，留住和稳定人才。六是加强机构养老服务人员职业培训，通过加大政府职业培训购买力度，提高从业人员专业技能和服务水平。七是创新人才引进模式。鼓励农村养老院与县乡养老服务中心和家政公司等机构合作，通过"家政+养老"等模式，为农村养老服务引入跨行业人才。

（四）完善法律法规，规范养老服务管理

一是加快农村养老服务的立法工作。明确农村互助养老院的法律地位、权益保障，明晰农村互助养老的组织形式以及举办者、参与者的权利和义务，确保举办者和老年人的合法权益得到保护。二是通过立法明确农村互助养老院的运营管理规范和资金来源，保障在互助养老中老年人的权益。三是通过法律制度明确规范政府养老资金的管理和使用，规定资金的筹集、管理和使用流程，确保资金使用的安全和效率。四是以法律法规的形式设立专门的政府基金管理机构，对资金的下拨、分配、筹集、使用进行严格监管，防止资金滥用和挪用。五是明确政府、社会各方的权利、责任及义务。明确规定政府在政策、资金、设施等方面的扶持责任和主导作用，鼓励社会力量参与，形成以政府为主导的多元化资金支持体系和多元共治格局。明确政府各部门和社会各方的具体职责及协同配合机制，确保农村互助养老工作的协同性。六是以法律形式确立农村互助养老的监管与评估制度。通过建立监管和评估机制，对农村互助养老院的运营进行定期检查和评估，确保农村互助养老院规范运作和健康发展，进一步提升服务质量和运营效果。

（五）完善管理，加强农村养老服务监管

完善管理制度是规范农村养老服务的前提，政府部门应加强对农村互助养老院的监管。在强化监管方面：一是开展养老服务满意度调查，由政府委托第三方机构每年对互助养老院运营和服务进行调研评估，调查结果公布在官方网站。二是建立"养老服务+信用"评价机制，健全农村养老服务信息共享平台，构建养老服务机构、互助养老院以及从业人员的信用评价体系，作为评估和整改参照。三是健全各部门协调配合监管机制，定期对农村养老院环境卫生、消防安全、无障碍设施、饮食健康、保健康复、文娱场所等进行检查，为养老院配备安全员，配合监督检查安全管理工作。四是引进第三方专业化评估团队定期对办院条件、运营服务、适老化改造等予以评估，公开评估结果。在完善内部管理方面：一是加强投诉处理、应急演练、满意度

回访、台账制度、服务收费等制度建设，优化养老机构运营环境。二是进一步完善投诉处理制度，建立专门部门或者专人及时处理投诉。三是落实回访与满意度测评制度，定期对养老院环境、管理、人员、服务内容和服务质量进行满意度测评，不断提升农村互助养老院的服务水平。四是关注老人的精神健康。注重养老院家庭氛围建设，注意老人心理安慰和需求，注重对老人的尊重、有效沟通及其身心权益保障。

（六）加大投入，提升农村养老服务质量

一是建立政府资金投入动态增长机制。拓展县域以内农村互助养老集中供养覆盖面。县域养老福利院同时承担重度失能人员的护理职责，对普通型床位和护理型床位实行差异化补贴，对服务项目、标准、质量评价等进行规范。争取县域养老机构设立一个安宁疗护病区，有条件的乡镇卫生院设立安宁疗护病床，做好公立福利院兜底保障工作。二是推进农村互助养老院适老化改造和无障碍环境建设。提升建筑设计标准，优化养老环境，推进创办条件和养老服务提质增优。三是加快县域内信息化建设，建立县、乡、村三级信息化养老服务网络，整合县域内优质养老资源和服务，将专业化服务触角延伸至村级，推进优质医疗、护理、康复等资源下沉，建立农村养老健康服务合作共享机制，提升农村养老服务医养结合水平。四是加大投入，提高政府购买服务力度，鼓励并委托第三方组织开展相关服务，发展具有普惠性质的农村社区养老服务。五是完善农村互助养老服务人才建设机制，通过增加编制、转岗等方式留住人才。创新服务人才引进方式，通过加大政府购买力度，增加对从业人员定期专业化培训，为农村养老护理保健服务夯实人才基础。

参考文献

李静：《农村养老服务设施建设难题新解》，《中国社会工作》2024 年第 5 期。

于勇、杨睿：《区块链赋能农村时间银行互助养老服务研究》，《村委主任》2024 年第 9 期。

马雅欣：《关于发展农村区域养老服务的实践与思考——以江苏省徐州市和淮安市为例》，《中国民政》2024 年第 8 期。

蒋旭、刘国勇：《伊宁市农村居民社区养老服务需求及影响因素研究》，《山西农经》2024 年第 7 期。

B.11
甘肃完善生育支持政策体系研究报告

张 瑛 *

摘 要： 21世纪以来，甘肃人口进入低增长阶段。2016年甘肃省人口政策由计划生育调整为支持生育后，人口发展仍处于持续低迷状态。2022年、2023年连续出现人口负增长。分析甘肃人口发展持续低迷的原因，主要是养育成本过高，高成本导致结婚率下降，生育支持政策力度不够，可操作性不强等。本报告以习近平新时代中国特色社会主义思想为指导，立足甘肃实际，借鉴国内其他省份出台的地方生育支持政策，提出进一步加强女性生育权益保障，优化生育环境，强化社会支持，积极构建生育激励机制，积极构建覆盖人口成长全过程的教育保障体系，积极构建生育友好型社会等对策建议。

关键词： 人口发展 生育支持 甘肃

　　人口是经济社会发展最重要的战略资源，也是实现中国式现代化的重要支撑。以习近平同志为核心的党中央十分重视人口的高质量发展问题。2022年10月16日，习近平总书记在党的二十大报告中指出"建立生育支持政策体系，实施积极应对人口老龄化国家战略"。2024年，党的二十届三中全会通过的《中共中央关于进一步全面深化改革 推进中国式现代化的决定》，提出"以应对老龄化、少子化为重点完善人口发展战略，健全覆盖全人群、全生命周期的人口服务体系，促进人口高质量发展"。完善人口发展战略的

---

　　* 张瑛，甘肃省社会科学院历史研究所副研究员，主要研究方向为文献与西北历史文化。

宏观目标，就是以更高的人口整体素质、适度生育水平和人口规模、素质优良、总量充裕、结构优化、分布合理的现代化人力资源为内涵的人口高质量发展。进入 21 世纪以来，甘肃人口发展进入低增长阶段。人口老龄化和大量人口外流，给经济社会发展带来了严峻的挑战。甘肃省委、省政府积极调整生育政策，出台了一系列支持人口可持续发展的政策。但自 2016 年甘肃省"全面两孩政策"实施以来，除 2017 年出现小幅反弹外，人口出生率持续低迷，到 2022 年，甘肃人口开始负增长。本报告拟就近年来甘肃省生育支持政策的实施、人口发展趋势及原因做一简要分析，对进一步完善生育支持政策做初步探讨。

一 甘肃生育支持政策的实施与成效

2016 年，甘肃省为贯彻落实《中共中央 国务院关于实施全面两孩政策改革完善计划生育服务管理的决定》精神，全面抓好一对夫妇可生育两个孩子政策（以下简称"全面两孩政策"）[1] 的实施，制定印发《甘肃省实施全面两孩政策改革完善计划生育服务管理的实施方案》。2022 年，为全面贯彻落实《中共中央 国务院关于优化生育政策促进人口长期均衡发展的决定》，积极实施三孩生育政策及配套支持措施，促进人口与经济、社会、资源、环境协调可持续发展，甘肃省委、省政府制定印发《关于优化生育政策促进人口长期均衡发展的实施方案》。随后，省卫健委及市州政府相继出台了支持生育的政策。

综观甘肃的生育支持政策[2]，主要有以下几个方面。

一是先后放开二孩、三孩的政策限制。2016 年放开二孩，2022 年放开

---

[1] 《中共中央 国务院关于实施全面两孩政策改革完善计划生育服务管理的决定》，2016 年 1 月 5 日。

[2] 参阅《甘肃省实施全面两孩政策改革完善计划生育服务管理的实施方案》，中共甘肃省委办公厅印发，2016 年 6 月 28 日；《关于优化生育政策促进人口长期均衡发展的实施方案》，省委、省政府印发，2022 年 12 月 30 日。

三孩。

二是实行生育补贴政策。到目前为止，甘肃没有统一的补贴政策，一些市县出台了零星的补贴标准。如兰州市对农民生育三孩补贴 3 万~4 万元。临泽县对生育一孩、二孩、三孩的常住产妇分别给予 2000 元、3000 元、5000 元的生育津贴，另外，每年发放 10000 元的救助金直到三岁。一些单位提供包括产前检查医疗费、生育医疗费用以及计划生育医疗费在内的医疗费用报销政策。

三是党政同抓、部门协作、强化宣传引导，营造良好的生育氛围。各地党委和政府坚决按照中央及省委、省政府决策部署，坚持党政主要负责人亲自抓、负总责，将实施全面两孩政策、改革完善计划生育服务管理作为全面深化改革的重要任务，加强统筹规划、政策协调和工作落实。优化整合卫生和计划生育资源，健全管理科学、服务优质、运行规范的计划生育工作网络，建设结构合理、素质优良、保障有力的计划生育基层工作队伍，完善宣传教育、依法管理、优质服务、政策推动、综合治理的计划生育长效工作机制。各地、各部门充分利用主流媒体和新媒体，准确宣传解读全面两孩政策。大力宣传计划生育取得的伟大成就，大力宣传人口基本国情和坚持计划生育基本国策，不断增强全社会的国情和国策意识。大力宣传倡导按政策、负责任、有计划生育的理念，广泛宣传普及优生优育优教知识。总结推广计划生育服务管理改革的好经验、好做法，表彰先进典型。正确引导社会舆论，对政策衔接、特殊情形再生育条件、生育登记服务、生育奖励休假制度、社会抚养费征收等人民群众关心的问题，要及时做好解疑释惑，主动回应社会关切，为实施全面两孩政策、改革完善计划生育服务管理营造良好的社会舆论环境。

四是发展普惠托育服务。政策主要涵盖服务供给的扩大、质量监管的提升，注重社会参与和金融支持，形成多元化的服务体系；同时，针对托育机构运营成本高、专业人才短缺等问题，提出了具体的解决措施；在创新方面，甘肃省推动医疗卫生机构与托育服务"双向融合"，并鼓励社会力量参与，探索新的服务模式；此外，普惠托育政策还注重长期规划和持续发展，通过加强用地保障、完善政策体系等方式，确保普惠托育服务的长期稳定运行。

五是积极构建生育友好环境。积极落实产假、哺乳假、男方护理假、育儿假等制度，鼓励有条件的市县探索建立育儿补贴、住院分娩补助、托育补助等制度。

生育支持政策的实施，有效激发了各级党委、政府推动人口可持续发展的责任感和使命感，形成了关注人口均衡发展的社会舆论氛围。但由于生育支持政策的针对性、可操作性不强，力度不大，人口发展没有达到预期成效。根据甘肃省统计局公布的人口数据，2016 年甘肃生育支持政策实施后，人口发展只在 2017 年出现小幅反弹，出生人口比 2016 年[①]增长 1.14 万人[②]。2018 年后开始持续下降[③]，2022 年、2023 年连续两年出现负增长。人口自然增长率 2022 年为-0.04‰[④]，2023 年为-1.33‰[⑤]。

二 甘肃人口发展趋势及原因分析

甘肃省人口发展趋势受多种因素影响，包括但不限于经济发展、生育率、移民流入和流出、死亡率、老龄化等。目前，甘肃省人口出生率呈现下降趋势，老龄化率不断上升，人口负增长持续。同时，由于甘肃省经济发展水平较低，无法有效刺激生育，生育率较低。移民流入和流出也会对甘肃省人口发展产生影响。导致人口低迷的原因是多方面的，涉及经济、社会、文化等多个层面，本报告认为最直接的有以下三个方面。

1.养育成本过高

养育成本是影响育龄家庭生育意愿的最重要因素。据《中国统计年鉴

---

① 沈丽莉：《全省常住人口增至 2609.95 万人》，甘肃省人民政府网站，http://gansu.gov.cn/gsszf/c100273/201702/112810.shtml，2017 年 2 月 23 日。

② 杨亚楠：《全面两孩政策效应显现　甘肃省去年出生人口 32.93 万人》，中国甘肃网，https://www.gscn.com.cn/gsnews/system/2018/03/26/011936151.shtml，2018 年 3 月 26 日。

③ 参考甘肃省统计局发布的甘肃省各年人口统计公报。

④ 甘肃省统计局：《2022 年甘肃省国民经济和社会发展统计公报》，2023 年 3 月 21 日。

⑤ 甘肃省统计局：《2023 年甘肃省国民经济和社会发展统计公报》，2024 年 1 月 24 日。

2023》数据推算,我国0~17岁孩子的平均养育成本为538312元,相当于人均GDP的6.3倍。而澳大利亚抚养成本仅相当于人均GDP的2.08倍,美国抚养成本相当于人均GDP的4.1倍。[①]

表1提到的养育成本,实际上只是育龄家庭养育孩子付出的直接财务成本,此外,还需要付出大量的时间成本和机会成本。时间成本包括休产假、看护孩子和接送孩子的时间,辅导孩子做作业的时间,增加的家务时间。根据北京大学中国社会科学调查中心发布的"中国家庭追踪调查"数据计算后发现,2010~2018年近十年时间里,小学生家长每周辅导作业的时长从3.67小时增加到5.88小时;初中生家长每周辅导作业的时长从1.56小时增加到3.03小时。

表1 全国0~17岁孩子的养育成本

单位:元,%

不同阶段的养育成本	支出	合计	占总养育成本比例
怀孕期间的成本	10000	10000	1.86
分娩和坐月子费用	15000	15000	2.79
0~2岁婴儿的养育成本	平均每年24538	73614	13.67
3~5岁幼儿的养育成本	平均每年36538	109614	20.36
6~14岁孩子的养育成本	平均每年27007	243063	45.14
15~17岁孩子的养育成本	平均每年29007	87021	16.17
0~17岁孩子的养育成本		538312	100.00

资料来源:梁建章、黄文政、何亚福,《中国生育成本报告2024版》,2024年2月。

养育孩子也会导致女性做家务的时间增加,闲暇时间和有报酬的工作时间减少。由全国妇联和国家统计局联合组织实施的第四期中国妇女社会地位调查在2021年12月发布调查数据显示,0~17岁孩子的日常生活照料、辅导作业和接送主要由母亲承担的分别占76.1%、67.5%和63.6%。在业女性工作日平均总劳动时间为649分钟,其中有偿劳动时间为495分钟;照料家

---

① 梁建章、黄文政、何亚福:《中国生育成本报告2024版》,2024年2月。

庭成员和做饭、搞清洁、日常采购等家务劳动时间为 154 分钟，约为男性的 2 倍。

在婚育阶段被调岗或降薪、被动失去晋升机会，是职场婚育女性可能遇到的不公平待遇。还有一些职业女性在婚育后为了照顾孩子而放弃工作几年，做家庭主妇几年后再重新回归职场会遇到很多困难，因为她很可能已经与企业文化和工作岗位内容严重脱节，几年后再就业时可能和职场新人的能力水平差不多，而同等条件下企业基于学习能力、社保缴费率等因素更愿意招聘职场新人。已有研究显示，与生育之前相比，生育一个孩子使得妻子的就业概率下降约 6.6 个百分点；继续生育第二个孩子，妻子的就业概率再次下降 9.3 个百分点。而生育行为对丈夫就业概率的影响并不显著。[1]

由于生育成本过高、女性难以兼顾家庭和工作等，中国人的平均生育意愿（理想子女数）也较低。根据经合组织的数据，绝大部分国家的平均理想子女数均超过 2 个，而多次生育意愿调查结果表明，中国人的平均理想子女数均低于 2 个。

国家统计局公布的数据显示，2023 年中国出生人口为 902 万人，人口出生率为 6.39‰。可以看出，2023 年中国出生人口和出生率双双创下 1949 年以来最低水平。中国出生人口从 2017 年开始持续下降，2023 年出生人口已经连续第七年下降。2023 年中国总和生育率仅为 1.0 左右，不仅低于世界上主要经济体，而且比严重少子老龄化的日本还低。

2. 高成本导致结婚率下降

农村天价彩礼、城市高价住房等结婚高成本，是近年来结婚人数和结婚率不断下降的原因之一。根据民政部数据，中国结婚登记对数从 2013 年的 1346.9 万对下降到 2022 年的 683.5 万对，9 年间下降了一半左右。

结婚率和生育率密切相关，结婚登记人数下降必然对生育率有负面影响。需要指出的是，在结婚登记数据中，与出生人口更密切相关的数据是初

---

① 王俊、石人炳：《中国家庭生育二孩的边际机会成本——基于收入分层的视角》，《人口与经济》2021 年第 4 期。

婚人数，因为结婚登记人数中还包括部分再婚的老年人，由于老年人已过了生育期，对出生人口没有什么影响。我国初婚人数在 2013 年达到 2385.96 万人的峰值后持续下降，2022 年下降到 1051.756 万人，连续 9 年下降。

结婚登记人数下降的主要原因是年轻人数量下降。根据七普数据，2020 年"80 后"（出生于 1980~1989 年，依此类推）有 2.15 亿人，"90 后"有 1.78 亿人，"00 后"只有 1.55 亿人。农村天价彩礼、城市高价住房等结婚高成本，是结婚率下降的关键因素。工作压力大、女性的受教育水平和经济独立程度大幅提高等，也导致年轻人结婚意愿下降。

3. 生育支持政策力度不够，可操作性不强

综观各地出台的生育支持政策，宏观层面的多，宣传层面的多，监管层面的多，应对实际问题、解决客观困难的具体措施办法少。在现行行政、财政体制下，基层很难有大的作为。

三 甘肃完善生育支持政策的对策建议

完善生育支持政策，要始终坚持以人民为中心的指导思想，积极应对生育群体的关切，着力解决生育群体的难点、痛点问题，紧密结合甘肃实际，统筹制定有利于人口均衡发展的长效激励机制，分步推进实施。同时，也要学习借鉴其他地区先进经验。

（一）加强女性生育权益保障

加强对女性生育权益的保护，确保女性在职场和家庭中都能得到平等的对待和尊重，促进女性全面发展和社会进步。

完善生育保险制度。政府应加大对生育保险的投入，提高生育保险的覆盖率和保障水平。确保所有女性，无论其就业状态如何，都能享受到生育保险带来的福利，包括生育医疗费用报销、生育津贴等。同时，应根据经济发展和社会进步，适时调整生育保险的待遇标准，确保女性生育后的经济安全。

加强法律保护，防止就业歧视。通过立法明确禁止任何形式的就业性别歧视，特别是在女性怀孕、生育和哺乳期间。对违反规定的企业进行严厉处罚，并公开曝光，以儆效尤。同时，建立便捷的投诉和维权机制，为受歧视的女性提供法律援助和支持。

推广灵活工作制和远程办公。鼓励企业为女性员工提供更加灵活的工作时间和工作环境，如弹性工作制、远程办公等，以便女性更好地平衡工作和家庭。这不仅可以提高女性的工作效率和满意度，也有助于降低女性因生育而离职的风险。

加强母婴健康服务。加大对母婴健康服务的投入，提高医疗机构的服务质量和水平。建立更加完善的母婴保健体系，为女性提供全面的生育健康咨询、产前检查、分娩以及产后康复等服务。同时，加强对女性的健康教育，提高其自我保健意识和能力。

建立生育支持基金。政府可以设立生育支持基金，为家庭经济困难的女性提供生育补贴和救助。这不仅可以减轻女性生育的经济压力，也有助于提高生育率，促进人口长期均衡发展。

加强社会宣传和教育。通过媒体、社交平台等渠道，加强对女性生育权益的宣传和教育。促进社会对女性生育价值的认识和尊重，营造支持女性生育的良好社会氛围。

（二）优化生育环境，强化社会支持

完善母婴设施。在公共场所增设更多的母婴设施，如哺乳室、母婴休息区等，为母婴提供便利和舒适的环境。

提供生育咨询和指导。在社区建立生育咨询和指导中心，为准备生育的家庭提供专业的咨询和指导服务，甚至要定期走访和上门服务，帮助他们更好地规划生育安排。

建立评估机制。地方卫健委等相关部门建立生育支持政策的评估机制，定期对政策实施效果进行评估，了解政策实施中的问题和困难。

及时调整政策。根据评估结果和民众反馈，及时调整和完善生育支持政策。

建立社会支持网络。鼓励社会各界积极参与生育支持工作，建立企业、社区、医院、学校等多方参与的社会支持网络。

提供心理支持。社区成立心理咨询工作室，为准备生育和已经生育的家庭提供心理支持和咨询服务，帮助他们缓解生育带来的心理压力。

（三）积极构建覆盖人口成长全过程的教育保障体系

教育问题，是实现中国式现代化的重大问题，也是影响生育的一大难题，应当立足于新生人口成长的全过程统筹解决。

1. 发展普惠托育服务体系

2019年5月，《国务院办公厅关于促进3岁以下婴幼儿照护服务发展的指导意见》明确提出建设婴幼儿照护体系。2021年3月，《中华人民共和国国民经济和社会发展第十四个五年规划和2035年远景目标纲要》（以下简称"十四五"规划）提出："发展普惠托育服务体系，健全支持婴幼儿照护服务和早期发展的政策体系。"2021年5月，中共中央政治局审议了《关于优化生育政策促进人口长期均衡发展的决定》，文件提出"优化生育政策""实施三孩生育政策及配套支持措施"，包括"发展普惠托育服务体系""降低生育、养育、教育成本"等内容。党的二十大报告提出，优化人口发展战略，建立生育支持政策体系，降低生育、养育、教育成本。在中央政策精神引领下，甘肃省也提出了建立普惠托育服务体系的要求，一些地方取得了初步进展。下一步，应有效整合托育资源、政府分担家庭责任、完善托育服务、减轻女性照顾负担，充分发挥志愿部门和社区的作用等，全面建立普惠托育服务体系。

2. 建立从幼儿园到大学的免费教育保障体系

鉴于目前中国实行九年义务教育，下一步要重点解决幼儿园、高中和大学免费教育问题。首先要解决幼儿园、高中免费教育的问题。建议对2025年以后的新生人口实行幼儿园、高中免费教育制度，学费由国家财政、省级财政、市县财政分比例负担。其次是解决大学教育免学费的问题。对普通生育家庭来讲，大学教育费用是一项不小的开支。据调查，公立大学的学费一般为每学年5000~8000元，个别专业（例如艺术、音乐表演等专业）每学年8000~10000元。民办大学的学费一般为每学年1.2万~2万元。住宿费每学年1000~2000元。公立大学和民办大学平均每学年学费按1万元计算，住宿费按每年1500元计算，生活费按每月2000元计算，则大学本科期间每年的养育成本为35500元，四年共142000元。可考虑制定大学免费教育政策。2025年以后新出生人口的大学（包括民办大学）学费由国家财政统一负担。虽然国家现有财力支付所有大学学费有一定的困难，但2025年以后新出生的人口，十七八年以后才上大学，到那时随着经济社会的发展和积累，国家财力应当负担得起。

（四）积极构建生育友好型社会

生育友好型社会是指社会各方面尊重生育、支持生育的良好状态。生育友好，就是充分尊重个体生育行为，赋权生育主体，回归生育自由决策、自由抉择的状态。同时，尊重生育的社会价值，给予由"生"到"育"的全过程支持，营造生育的个体价值、家庭价值和社会价值和谐发展的社会政策环境。

1.树立人口发展新理念，筑牢生育友好型社会的思想根基

人口是社会发展的重要驱动力。构建生育友好型社会，必须全面贯彻新发展理念。坚持人民至上，统筹推动我国生育事业发展和促进个人全面发展相协调，提振增强人口生育意愿，实现人类生育繁衍和社会永续发展。政府可以通过加强宣传教育，提高公众对人口发展的认识和重视程度，共同推动甘肃省人口健康和可持续发展。

2.培育新时代生育文化观

在人类历史发展的长河中，文化是一个国家、一个民族生存发展的根基和灵魂，也是最具持久性的动力。在中华文明形成时期，祖先崇拜就是其核心特征。千百年来，生儿育女、传宗接代成为中华民族的基本道德规范，不孝有三、无后为大的家风家训代代相传、家喻户晓。《中共中央 国务院关

于优化生育政策促进人口长期均衡发展的决定》提出"要弘扬中华民族传统美德，尊重生育的社会价值，提倡适龄婚育、优生优育、鼓励夫妻共担育儿责任，破除高价彩礼等陈规陋习，构建新型婚育文化"，为培育新时代生育文化观指明了方向。建设生育友好型社会，首先要厚植生育友好型社会的文化土壤，大力汲取中国传统文化和婚育文明当中的有益成分，与新时代主题和社会文明进步相结合，着力塑造文明和谐、尊重婚姻、尊重生育、尊重家庭的新型婚育观。

3. 加强生育友好型社会的制度保障

加强生育友好型社会的制度保障，要统筹规划，建立覆盖人口从出生到成长全过程的制度保障体系。要全面优化生育政策，完善生育支持政策体系，涵盖经济、教育、住房、就业等多方面。通过发放生育津贴、育儿补贴，提供税收减免等措施，切实减轻育儿家庭的经济负担；同时，加强托育服务体系建设，扩大普惠托育服务供给，解决婴幼儿无人照料的难题；此外，还需强化职工权益保障，提供灵活的工作时间和家庭友好型工作环境，帮助家庭平衡工作与育儿的矛盾。完善了生育友好型社会的制度保障，才能提高人们的生育意愿，促进人口长期均衡发展。

（五）借鉴国内其他省份成功经验，积极构建生育激励机制

自 2021 年 5 月底三孩政策实施以来，全国已有多个地区出台了育儿补贴政策。例如，四川省攀枝花市《关于促进人力资源聚集的十六条政策措施》，对按政策生育二孩、三孩的攀枝花户籍家庭，每月每孩发放 500 元育儿补贴金，直至孩子三周岁。《伊春市育儿补贴金发放制度（试行）》提出，育儿补贴金的发放要求是夫妻双方均为伊春市户籍、在伊春市本地工作生活的城乡居民。按政策生育第二个子女的家庭每孩每月发放 500 元育儿补贴金，按政策生育第三个子女的家庭每孩每月发放 1000 元育儿补贴金，直至孩子三周岁。《济南市优化生育政策促进人口长期均衡发展实施方案》提出，本市户籍按照生育政策 2023 年 1 月 1 日以后出生的二孩、三孩家庭，每孩每月发放 600 元育儿补贴，对其中的最低生活保障、特困供养人员及领

取失业保险金期间的生育妇女每月加发 200 元育儿生活补贴，直至孩子三周岁。《杭州市育儿补助实施办法（试行）》采用一次性发放现金形式。

鉴于以上经验，建议由甘肃省政府统一发放生育奖励和养育津贴。一是对生育一孩、二孩、三孩的家庭分别补贴/补助 1 万元、3 万元、5 万元；二是对新生人口发放养育津贴。发放标准可定为上年全省平均职工工资的一半，逐年调整，发放周期为 20 年。

总之，完善甘肃省生育支持政策体系和推动人口高效可持续发展需要采取有效的政策和措施，需要政府、社会和个人共同努力，从政策支持、生育教育、生育环境、政策评估和调整以及社会支持等方面入手，不断提高生育支持政策的覆盖率和实效性，为甘肃省人口长期均衡发展提供有力保障。只有采取提高社会保障水平、改善教育环境、优化产业结构、促进就业等措施来提高人民生活水平，才能进一步促进人口发展与经济社会发展相互适应。

参考文献

国家统计局编《中国统计年鉴 2023》，中国统计出版社，2023。

张琪、初立明：《养育孩子会使女性家务劳动时间增加多少？——家务劳动时间细分的视角》，《人口与经济》2020 年第 5 期。

许琪：《时间都去哪儿了？——从生命历程的角度看中国男女时间利用方式的差异》，《妇女研究论丛》2018 年第 7 期。

杨凡、何雨辰：《中国女性劳动供给中的"母职惩罚"》，《人口研究》2022 年第 5 期。

王俊、石人炳：《中国家庭生育二孩的边际机会成本——基于收入分层的视角》，《人口与经济》2021 年第 4 期。

吴帆、陈玲：《当代中国年轻人低生育意愿背后的文化机制及其政策意涵》，《公共行政评论》2022 年第 5 期。

风笑天：《三孩生育政策与新型生育文化建设》，《新疆师范大学学报》（哲学社会科学版）2022 年第 1 期。

《人口总量平稳增长 人口素质显著提升——新中国成立 70 周年经济社会发展成就系列报告之二十》，https://www.gov.cn/xinwen/2019－08/22/content＿5423308.htm，

2019 年 8 月 22 日。

王金营、戈艳霞:《全面二孩政策实施下的中国人口发展态势》,《人口研究》2016
年第 6 期。

《2022 年居民收入和消费支出情况》,https://www.stats.gov.cn/sj/zxfb/202302/
t20230203_ 1901715.html,2023 年 1 月 17 日。

曾其娴:《"三孩"生育政策下生育支持体系多维构建研究》,《西部财会》2021 年
第 9 期。

徐冉:《"三孩政策"下我国女性就业平等权的保护研究》,《黑龙江人力资源和社
会保障》2021 年第 8 期。

B.12

甘肃强化城乡社区服务功能研究报告

吕思聪*

摘　要： 习近平总书记关于社区服务的重要指示指出，社区工作应以居民幸福生活为根本目标，特别关注"一老一小"等重点群体。回顾甘肃省城乡社区服务功能的发展历程，在党建引领与社区服务深度融合、推进智慧社区建设、完善公共服务设施以及壮大社区治理人才队伍等方面取得显著成效。当前存在的主要短板集中在社区公共服务空间、主体参与性、人才队伍以及智能化水平等方面。对此，提出要强化城乡社区公共服务功能，强化多元主体参与，强化社区数字化服务功能，加强专业人才队伍建设的对策建议，以期推进甘肃省社区治理现代化。

关键词： 城乡社区　社区服务　社区治理

2024 年 9 月 11 日，习近平总书记在甘肃省兰州市安宁区枣林西社区党群服务中心考察时强调，要把为居民群众的服务做深做细做到位，努力越做越好。社区工作根本上是为了社区居民的幸福生活，要紧扣居民实际需要特别是"一老一小"等重点群体，不断提高社区服务水平。习近平总书记指出，要实施好以人为本的新型城镇化战略、促进城乡融合发展、加强社会建设和治理、构建互嵌式社会结构和社区环境，为甘肃做好城市工作提供了根本遵循和行动指南。

社区作为重要的社会结构单元，不断推动城市化建设进程的加快和社会

---

* 吕思聪，甘肃省社会科学院公共政策研究所助理研究员，主要研究方向为城市治理。

经济的稳定发展以及人民群众生活水平的提升。社区治理是国家治理体系和治理能力现代化的基础单元，也是社会治理的末梢。社区服务作为公共服务在基层的延伸，是社区治理的重要环节。随着时代的飞速发展，人们对社区建设日渐重视，对社区服务的需求也日渐增长，专业精准的社区服务对提升居民生活质量起着重要作用，如何完善服务功能，为居民提供更好的服务，是社区发展面临的现实问题。探索满足居民群众日益增长的服务需求的社区服务模式刻不容缓。

2022年，国务院办公厅印发《"十四五"城乡社区服务体系建设规划》，明确了城乡社区服务的布局，一是在服务内容上强调为民服务、便民服务、安民服务一体推进，进一步充实和扩大社区服务供给。二是在服务方式和主体上强调构建多元主体参与格局创新服务模式，充分调动群团组织、社会组织、社会工作者、志愿者、企业等社会力量，引导市场力量更好地发挥作用。这是国务院首次将《"十四五"城乡社区服务体系建设规划》列为"十四五"时期重点专项规划。2024年10月，国家发展改革委、住房城乡建设部、自然资源部联合印发《关于扎实推进城市社区嵌入式服务设施建设工程的通知》，支持苏州、合肥、成都等56个城市率先开展城市社区嵌入式服务设施建设，将兰州市纳入国家城市社区嵌入式服务设施建设城市名单。提高社区服务的供给总量和质量是民生领域必须回应的一个时代发展议题。

一 甘肃城乡社区服务功能发展历程

党的二十届三中全会提出，在发展中保障和改善民生是中国式现代化的重大任务。2020年，甘肃省民政厅将兰州市城关区、酒泉市金塔县等16个县（市、区）确认为全省城乡社区治理创新实验区，进一步加大全省城乡社区治理创新力度，探索城乡社区治理有效形式，促进城乡社区治理体系和治理能力现代化。2022年6月，甘肃省人民政府办公厅印发《甘肃省"十四五"城乡社区服务体系建设规划》，要求以推进基层治理体系和治理能力现代化为导向，以社区公共服务、便民利民服务和志愿服务为主要内容，有效发挥政府、市场、社会协同联动作用，推进城乡社区服务高质量发展（见表1）。近年来，甘肃省以人民为中心，以全面深化改革为动力，推动资源、服务、管理下沉，持续加强社区服务功能和基层治理能力，不断为人民群众的幸福感和获得感提升探索更优路径。

表1 甘肃省"十四五"城乡社区服务体系建设主要指标（部分）

序号	指标	2020年基期值	2025年目标值	指标属性
1	农村社区综合服务设施覆盖率	50%	80%	预期性
2	城市社区综合服务设施覆盖率	100%	100%	预期性
3	社区商业和综合服务设施面积占社区总建筑面积的比例	—	≥10%	预期性
4	每百户居民拥有社区综合服务设施面积	26平方米	≥30平方米	预期性

注：社区综合服务设施，在村（社区）层面建立的，面向村（居）民提供文化、教育科技、体育、卫生、环境、法律、安全等公共服务的综合性、多功能设施。

资料来源：《甘肃省"十四五"城乡社区服务体系建设规划》。

（一）党建引领与社区服务深度融合，突出党在城乡社区服务体系建设中的领导地位

党建队伍壮大。充分发挥党组织和党员在社区服务中的战斗堡垒作用和党员的先锋模范作用，进一步促进党建引领与社区服务深度融合。截至2023年12月31日，全省1596个社区、15912个行政村基层党组织全部实现应建尽建。村（社区）党组织书记和主任"一肩挑"比例逐步提高，分别达到91%和96%；推行村（社区）党组织书记"一肩挑"和村（社区）"两委"成员交叉任职。

阵地建设牢固。依托党群阵地辐射效应，打造集党员教育、便民服务、文化宣传、基层治理等功能于一体的窗口服务功能完善的高标准党群服务阵地。满足群众多样化需求，解决民生热点问题，切实把服务触角延伸到"最后一公里"。截至2024年10月，省级举办各领域基层党组织书记示范

培训 44 期、培训 6000 多人，实施村党组织书记后备力量培育储备行动，下拨 1000 万元基层党建工作经费支持改造村级党群服务中心。

党群共建紧密。依托"大党委"共驻共建机制，积极联系"五联双报到"单位和辖区共驻共建单位，群团组织、社区社会组织、社会工作者、社区志愿者和驻区单位广泛参与。聚合吸纳辖区内各类党员，吸收流动党员、退役军人、离退休干部等，有效加强对居民党员的管理教育，强化了基层党组织的凝聚力，引导形成社区服务的整体合力。

聚焦社区治理。组织开展形式多样、内容丰富的主题党日活动，政策宣传、健康义诊、帮办代办、文艺演出、助老为老等志愿服务活动，积极组织党员群众参加，增进党群友谊。

（二）以"智慧社区"为抓手，以点带面，城乡社区服务体系逐步完善

通过深化物联网、大数据、云计算和人工智能等信息技术应用，依托社区数字化平台和线下社区服务机构，"互联网+社区政务服务""互联网+社区商业服务"蓬勃发展，全省所有村民委员会、居民委员会初步实现信息集中汇聚、统一管理、动态更新，深入实施"信息进村入户"工程，集约建设便民惠民智慧服务圈，提供线上线下相融合的社区生活服务、社区治理及公共服务、智能小区服务等，让居民的获得感、幸福感、安全感更加充实、更有保障、更可持续，智慧社区建设取得较好成效。2022 年 8 月，甘肃省住房和城乡建设厅等 9 部门联合印发《关于深入推进智慧社区建设的实施意见》，根据文件要求，2023 年底已初步建成一批基础设施标准化、政府服务协同化、社区管理智能化、公共服务网络化、居民生活现代化、社区服务集成化的智慧社区示范点，到 2025 年，基本构建起网格化管理、精细化服务、信息化支撑、开放共享的智慧社区服务平台，初步打造智慧共享、和睦共治的新型数字社区，智慧社区实现率达到西部省份平均水平。

（三）统筹规划布局，全面提升城乡社区医疗养老服务设施水平

截至 2023 年底，全省共设立社区卫生服务中心（站）744 个。共有各类社区服务机构和设施 5746 个。其中，社区服务指导中心 7 个，社区服务中心 563 个，社区服务站 4745 个，社区专项服务机构和设施 431 个。共有社区养老服务机构和设施 9492 个。其中，未登记的特困人员救助供养机构 114 个，全托服务社区养老服务机构和设施 467 个，日间照料社区养老服务机构和设施 2955 个，互助型社区养老设施 5854 个，其他社区服务机构和设施 102 个。

示范典型

2023 年，住房城乡建设部办公厅等七部门联合发布《关于印发完整社区建设试点名单的通知》，决定在 106 个社区开展完整社区建设试点，金昌市金川区新华路街道昌安里社区入选甘肃省唯一的试点社区。金川区新华路街道昌安里社区辖区面积 2.84 平方公里，辖居民小区 5 个，现有住户 6100 余户 16700 余人。试点工作开展以来，坚持人民至上理念，从完善社区公共服务设施、完善市政配套基础设施、充足公共活动空间、提升物业服务能力、健全社区管理机制、积极创新党建引领等方面，扎实开展完整社区建设。在公共服务设施配套方面，昌安里社区在香格里拉小区新建一处 1830 平方米的社区综合服务中心，建成青泰佳苑、宜和居小区 2 个党群服务站，形成"一中心两站"的社区阵地服务布局。对香格里拉小区七巧板幼儿园整体布局进行美化提升，增设 3 个托育班。采取"企业+个体"等方式，在金盛华城、香格里拉、宜和居等小区设置了 3 个社区助老餐厅。同时，就近提升改造了 2 处卫生服务站，实现了家门口的"零距离"服务。

为不断丰富日常消费场景，完善便民商业设施配备，辖区在现有 2 家大型超市、1 家中型超市、7 家大中型餐馆、100 多家小型便民超市的基础上，不断补齐社区便民配套设施，在青泰佳苑小区东侧和南侧建

成近5万平方米的特色商业街区，构建了"15分钟便民服务圈"。

在完善市政配套基础设施方面，昌安里社区拟在金盛华城、香格里拉小区配建停车棚、充电桩、饮水机、休闲座椅、健身器材等服务设施，并设置微型消防站、生活垃圾分类点。结合飞线治理，社区着手对架空线路实行规整入地，已实现小区5G 100%覆盖和光纤全面入户。依托老旧小区改造、城市更新等项目配套改造人行、机动、非机动道路及公交站台，实现居民乘坐公共交通便利化。社区还为有需求的家庭加装电梯5部、改造无障碍设施24户，让居民生活出行更加方便快捷。

为不断优化公共活动空间配套，社区在辖区各小区现有25%的绿地率基础上，投资2.09亿元在金盛华城小区东侧建设集地下停车、地上市民公园于一体的天泰苑市民公园，因地制宜规划了地下布局5500平方米的商场和821个停车泊位。在南京路东侧新建了带状公园，同时配套健身器材、健身步道、休憩座椅等设施。

社区党委下设10个网格党支部，共有党员440名。构建"社区党委—网格党支部—党员中心户"三级网格组织体系，推行"1+10+N"工作模式，将理想信念坚定、群众基础较好、热心社区治理的骨干党员选定为"党员中心户"，就近联系10名党员和若干居民群众。依托"萤火虫课堂""小马扎座谈"等群众喜闻乐见的方式，开展"面对面"理论宣讲，推动党的创新理论飞入寻常百姓家。发挥"一社区一法律顾问""一社区一辅警"作用，动员270名在职党员、辖区居民组建"红色微管家"，常态化开展公益事业、公共安全、平安建设等志愿服务。① 小区物业服务已基本实现党的组织和工作全覆盖，同时推进社区网格化管理、精细化服务、信息化支撑，搭建民主协商议事平台，召开民主协商议事会，打造完成单元楼道文化，大力创新亲民、便民、惠民、育民、乐民、安民服务。

---

① 《金昌市城市基层党建工作典型案例之二》，https：//www.sohu.com/a/801059750_121106869，2024年8月15日。

（四）以群众需求为导向，推动城乡社区服务功能全覆盖

网格化管理。网格化社区服务是一种将社区划分为多个小网格单元进行精细化管理的方式，结合居民群众实际需求，通过重新整合空间资源，将以往单一的社区转化为综合服务空间，为社区开展工作创造了良好条件，建设功能齐全的新型社区服务综合体，通过网格化管理，社区服务能够更加及时、高效和精准地满足每个家庭和个人的需求，实现社区管理的科学化和智能化。2024 年 1 月，兰州市委召开十四届八次全会，专题研究推进基层党的建设和党建引领基层治理工作，着力破解"社情民意不明了、指挥调度不顺畅、服务管理不到位"等治理难题。会议作出《中共兰州市委关于坚持和发展新时代"枫桥经验"切实强化党建引领基层治理的决定》，并下发《兰州市坚持党建引领构建"田字型"基层治理体系三年行动计划（2024—2026 年）》。"田字型"基层治理体系是通过全面加强"镇、村、组"三级党的领导和党的建设，使每一个党员"微细胞"活起来、基层党组织"最末梢"强起来，通过"五社联动"形成强大的治理合力，引导社区治理朝着合作共治、法治保障、德治教化、智治支撑的方向发展，打造党建引领基层治理新时代"枫桥经验"兰州样板。

精细化治理。在社区服务功能上聚焦需求，关注热点和难点，以精细化服务提升居民的生活质量。包括社区卫生站的设立、常规健康检查、疾病预防、疫苗接种、母婴保健等公共卫生服务，确保居民的基本健康需求得到满足；为老年人提供的照护服务，打造助餐、助浴、助洁、助急、助医、助购等"十助"功能，实现居家、社区和机构"三位一体"的综合服务功能，促进居家养老与社区养老共融共建的养老助老服务；提高居民安全感的社区安全服务，部分社区还提供消防安全培训和紧急救援服务等；丰富居民的文化生活，促进学习和社交的文化教育服务；垃圾分类指导、公共区域卫生清理、绿化维护、环保宣传等环境保护与卫生管理服务，保持社区的整洁和可持续发展；为弱势群体提供帮助，如低收入家庭的经济援助、残疾人照护服务、社区心理辅导等社会救助与关怀服务，增强社区的包容性和互助精神；

为社区居民提供就业信息、职业培训、创业辅导等就业服务与创业支持服务，帮助解决就业问题，推动社区经济发展以及纠纷调解与法律援助服务等全方位涵盖民生各领域的精细服务。2023年，建成乡镇综合养老服务中心100个、村级互助幸福院300个；新开工改造城镇老旧小区1251个，加装电梯800部，改造燃气老旧管网600多公里。① 建成乡镇卫生院1352个、村卫生室16240个，建设乡镇敬老院161个、农村社区互助养老服务设施7044个。

（五）壮大社区治理人才队伍，社区服务支撑更加坚实

"十三五"期间，全省15935个村、1436个社区圆满完成换届，"两委"班子年龄结构和性别比例更加合理，文化程度明显提高。专职社区工作者队伍建设实现突破，持有社工证的社区工作者人数稳步增加，社区注册志愿者占社区居民比例逐渐提高。省、市、县、乡多级全覆盖培训社区工作者，社区工作者履职能力和服务水平显著提升。截至2024年9月，甘肃省持证社会工作者总数超过14000人。通过实施多项创新举措，与高校、社会工作服务机构深度合作，共同开展专业教育和考前培训，通过政策激励和引导，鼓励社会各界人士积极参与社工职业资格考试，并为其提供丰富的学习资源和培训机会，有效提升了社会工作者的专业素养和实践能力，为社区服务注入新的活力。

二 甘肃城乡社区服务功能短板

（一）城乡社区公共服务空间有待拓展，均等化水平有待提升

部分老旧城区或城市边缘地带的公共服务设施陈旧，未能适应新需求，

---

① 《2024年政府工作报告——2024年1月23日在甘肃省第十四届人民代表大会第二次会议上》，https://www.gansu.gov.cn/gsszf/gsyw/202401/173848735.shtml，2024年1月30日。

老旧小区的网络基础设施不足，光纤、5G 等新型网络技术无法普及，居民难以享受到高速互联网服务。社区公共文化和体育设施仍然存在供不应求的情况，党群服务中心等社区公共服务空间承担了业务办理、文体活动、医疗卫生等多项功能，因此各项服务空间都受到限制。社区公共服务设施还面临设施环境"脏乱差"的问题，也在很大程度上降低了公共服务设施的使用率。随着城乡社区治理的加强，各个社区在追求公共服务设施的实用性上注重创建品牌、打造突出亮点、彰显区域特色、引起社会关注，这种情况降低了公共服务设施的利用率，使得部分公共服务设施闲置。

（二）城乡社区服务主体类型单一，参与度不高

社区服务功能在供给主体方面的单一化问题限制了社区服务的质量和效率。社区服务主要由政府部门承担，社会组织、非政府组织和企业等其他主体参与较少，导致服务供给渠道单一。长期以来，居民习惯于政府主导的治理方式，认为社区事务应由政府或专业人员处理，自己无须参与。许多居民对社区治理的概念、重要性和自身权利义务缺乏充分了解，认为社区事务与自己关系不大，参与意识淡薄。现代社会生活节奏快，居民忙于工作和家庭事务，缺乏时间和精力投入社区服务中。不同基础条件的社区居民参与度差异性大，部分社区居民在服务供给中的角色被弱化，缺乏参与和反馈的渠道，导致服务与实际需求脱节。一些社会组织的角色被边缘化，缺乏明确的机制和平台参与社区服务，参与空间小，与相关部门缺乏畅通的信息交互渠道，使得社会组织难以及时了解社区需求和参与机会。社会公众对社会组织的认知度和支持度不高，缺乏志愿者和资源支持，限制了其参与能力。

（三）城乡社区服务人才队伍建设不足

社区服务人才队伍数量不足，与烦琐庞大的社区服务需求无法匹配，专业化程度低。尤其是具有专业技能的人员数量严重不足，在农村地区，服务岗位难以招募到足够的人手，服务能力有限。部分社区服务人员缺乏系统的专业培训，难以满足居民多样化的需求，特别是在社会工作、心理咨询、社

区健康管理等领域，专业性要求较高，但人员素质和能力不足。由于薪资待遇低、职业发展空间有限，很多社区服务岗位难以吸引和留住人才。城乡社区服务岗位多为合同制或临时工，缺乏长期的保障机制，人员工作稳定性差，很多年轻人不愿意长期留任，导致人员流动性大，难以形成长期的经验积累和社区服务持续性。缺乏系统性培训，社区服务人员的培训制度不健全，许多人员入职后没有接受足够的岗位培训或专业技能提升培训，特别是在养老服务、健康管理等需要特殊技能的岗位，服务质量得不到保证。现有的培训多为基础性的政策解读和常规服务指导，针对实际工作的技能培训少，无法有效应对社区服务中的复杂问题。

（四）城乡社区服务智能化水平不高

数字社区服务是一项复杂的系统工程，需要多方面的协调与支持。社区服务数字化需要依托畅通、高效的数字服务平台。然而，在实际操作中，特别是以社区为单位的实施过程中，建立完善、覆盖面广的智能化平台仍然面临诸多困难。

技术和资金的限制使得许多社区难以建设统一的数字服务平台。社区层面往往缺乏足够的资金投入，无法采购先进的数字化设备和系统。专业人才的匮乏导致数字服务平台的运营和维护难以高效进行，限制了数字服务的推广和应用。同时，数据管理手段落后，社区在采集、存储和处理居民信息时，仍然依赖于传统的手工方式或简单的电子表格，信息的准确性和完整性难以保障。数据的实时更新和共享困难，影响了社区服务的效率和质量。

目前，省级层面对社区治理和强化服务功能数字化的具体实施措施和制度保障体系尚不完善。政策支持不足、标准规范缺失以及资金保障不到位，使得社区服务功能数字化缺乏明确的方向和规范。这种制度层面的不完善，导致各社区在数字化建设中各自为政，难以形成统一的标准和协同效应。

三　甘肃强化城乡社区服务功能的对策建议

（一）强化城乡社区公共服务功能

一是优化空间布局，完善城乡社区公共设施。基础设施建设是服务型社区的基石。应统筹城乡空间布局，合理规划社区的功能区域，确保居民生活便利。一方面，要完善道路交通、绿化环境、照明设施等公共区域的基础设施，提升社区的整体环境质量；另一方面，要满足居民对便捷生活服务的需求，完善社区警务、社区医疗、社区教育等公共服务设施，方便居民就近享受服务。

二是特别关注养老服务需求。进一步完善养老设施网络布局，加快构建区、街道、社区、小区四级养老服务网络，有条件的社区应提供个性化的社区养老服务设施。推动社会力量参与社区养老服务，如为民办养老机构提供一次性建设补助、运营补贴、床位补贴等扶持政策。推动辖区内有条件的食堂面向老年人开放。持续扶持农村养老，利用农村闲置资源建设一批农村老年人日间照料中心，通过运营补贴、光伏发电收益补贴等措施，推动农村养老服务可持续发展。深化医养结合，推动更多医疗康复资源进入社区养老服务领域，以健康预防、医疗、康复护理和生活照料一体化为社区提供服务。加强养老服务人员的培训和职业资格认证，提高护理人员的专业技能和服务意识。加大对社区养老服务机构的监督检查力度，完善养老服务行业标准和监管机制，确保养老服务的质量和安全。

三是完善社区医疗服务供给。不断推进分级诊疗，丰富社区卫生机构的药品配备，鼓励专科专病专家下沉社区卫生机构，支持社区医生到上级医院进修学习。结合社区养老服务需求，重点提升社区"一老一小"和特殊群体的医疗服务资源配备和硬件设施水平。推行慢病配药长处方、延续二三级医院处方等措施，满足居民长期用药需求。建立社区医疗机构的预防、保健、康复、计划生育和健康教育服务机制，健全社区医疗机构功能网络，优化医疗资源配置，提升基层诊疗能力。推进基层中医药服务能力建设，分批定点为社区医疗卫生服务机构配置中医药诊疗资源，鼓励有资质的中医专家下基层、进社区。

（二）强化多元主体参与社区服务

一是聚焦城乡社区主体服务需求。服务型社区不仅要满足居民的物质需求，更要关注精神文化需求。定期组织丰富多彩的文化活动，如文艺演出、读书会、知识讲座、传统节日庆祝等丰富居民的精神生活，提升社区的文化氛围和凝聚力。同时，应积极建设社区文化设施，如社区图书馆、文化活动室、健身中心等，为居民提供学习、交流和健身的平台。通过开展各类兴趣小组和社团活动，促进居民之间的互动，增强社区的凝聚力和归属感。

二是调动辖区内优势资源，激发社区居民的参与热情。积极搭建居民参与平台，如社区议事会、居民代表大会、网络论坛等，鼓励居民参与社区事务管理，为社区发展建言献策。通过透明、民主的决策机制，提高居民的参与感和责任感。建立和完善社区志愿者队伍机制，鼓励居民以志愿服务的形式参与社区建设和服务。社区应充分利用辖区内的优势资源，如企事业单位、社会组织、学校、医院等，建立合作关系，共同参与社区服务。通过资源共享和优势互补，提升社区服务的质量和水平。邀请辖区内的专业机构或个人，为社区居民提供法律咨询、医疗保健、教育培训等专业服务。同时，鼓励企业履行社会责任，参与社区公益活动，支持社区发展。

（三）强化城乡社区数字化服务功能

随着科技的发展，智慧社区成为新时代服务型社区的重要发展方向。通过引入物联网、大数据、云计算等先进技术，实现社区管理的智能化和高效化。一是建设智慧社区管理平台。建立统一的社区数字化管理平台，整合社区各类信息资源，实现社区事务的数字化、智能化管理。通过平台，居民可以在线办理业务、提交意见建议，社区管理者可以高效地处理居民需求，提高服务效率。通过部署智能安防系统，如视频监控、人脸识别、智能门禁等，提高社区的安全性。实现对社区公共区域的实时监控，及时发现和处理安全隐患，保障居民的人身和财产安全。

二是利用大数据提供精准服务。建设社区在线服务平台，为居民提供便捷的家政服务、维修服务、医疗预约、教育培训等线上服务。居民可以通过手机 App 或网站，一键预约所需服务，提升生活便利性。通过对社区居民数据的收集和分析，了解居民的实际需求和偏好，提供更加个性化、精准化的服务。例如，根据居民的兴趣爱好，组织针对性的社区活动；根据居民的年龄结构，提供适合不同群体的服务项目。

三是加强对社区工作人员和居民的数字化技能培训，提高他们对新技术的接受和使用能力。鼓励年轻人参与社区数字化建设，形成一支专业化的智慧社区服务队伍。

（四）强化城乡社区专业人才队伍建设

一是加强社区工作人员的专业培训。定期开展对社区工作人员的培训，提高他们的专业素质和服务能力。培训内容应包括社区管理、社会工作、心理咨询、法律知识、应急处理等方面，确保工作人员能够全面应对居民的各种需求。

二是引进专业人才参与社区服务。制定吸引专业人才的政策措施，如完善薪酬待遇、提供职业发展机会等，吸引社会工作者、心理咨询师、法律顾问、医疗卫生人员等专业人才到社区工作，为居民提供更加专业化的服务。

三是建立健全志愿者服务体系。鼓励高校学生、退休人员、社会热心人士等加入社区志愿者队伍。通过志愿者培训，提升服务能力，发挥志愿者在社区服务中的重要作用，丰富服务内容，扩大服务覆盖面。

四是完善激励机制和职业发展通道。建立社区工作人员和志愿者的激励机制，对表现优秀者给予表彰和奖励，提升他们的工作积极性和荣誉感。同时，明确职业发展路径，提供晋升和继续教育机会，增强岗位吸引力。

　　五是加强与高校和社会组织的合作。与高校合作，设立社区实践基地，培养社区服务人才；与社会群团组织、公益机构、辖区内企业等建立长期合作关系，引入专业服务项目和团队，提升社区服务的专业化水平和创新能力。

新时代"枫桥经验"甘肃实践研究报告

王 屹*

摘 要： 新时代"枫桥经验"甘肃实践是在甘肃社会治理中，凸显党的领导地位与群众地位的统一性，体现与时俱进，坚持群众路线，一切为了群众，一切依靠群众的工作路线。其呈现以群众路线为灵魂、基层治理为根脉、探索创新为活力的构成特征。新时代"枫桥经验"甘肃实践突出了联系和发展变化的辩证关系，突出了实践与理论的相互结合，是具有整体性、系统性与能动性的立体施策，形成了从甘肃实际出发，具有高度自觉性与主体能动性的创造性实践特色。

关键词： 社会治理 群众路线 实践创新 甘肃

一 新时代"枫桥经验"甘肃实践的基本概念与现状

（一）基本概念

"枫桥经验"是指 20 世纪 60 年代初，浙江省诸暨县（现诸暨市）枫桥镇，干部群众创造的"发动和依靠群众，坚持矛盾不上交，就地解决，实现捕人少，治安好"的基层社会治理经验。其诞生于社会主义建设时期，发展于改革开放新时期，创新于中国特色社会主义新时代，展现出持久旺盛的生命力，之后"枫桥经验"得到不断发展，形成了具有鲜明时代特色的

---

* 王屹，甘肃省社会科学院历史研究所助理研究员，主要从事历史文化与哲学方面的研究。

"党政动手，依靠群众，预防纠纷，化解矛盾，维护稳定，促进发展"的枫桥新经验，成为新时期把党的群众路线坚持好、贯彻好的典范，并在实践中不断丰富、持续发展，成为基层社会治理的一面旗帜和"中国之治"的一张名片。"枫桥经验"先后被写入党的十九届六中全会通过的《中共中央关于党的百年奋斗重大成就和历史经验的决议》和党的二十大报告。党的二十大报告提出，在社会基层坚持和发展新时代"枫桥经验"，完善正确处理新形势下人民内部矛盾机制。

中共中央印发的《法治中国建设规划（2020—2025年）》指出："积极引导人民群众依法维权和化解矛盾纠纷，坚持和发展新时代'枫桥经验'。"新时代"枫桥经验"的内涵是，在党的领导下，充分发动群众、组织群众、依靠群众解决群众自己的事情，做到"小事不出村、大事不出镇、矛盾不上交"，同时更加强调党的领导、更加彰显法治思维、更加突出科技支撑，且更加注重社会参与。"枫桥经验"还包含"坚持党的群众路线""正确处理人民内部矛盾""紧紧依靠人民群众"等核心要旨，它遵循"从实践中来，到实践中去"的认识规律，体现了社会治理中党的领导地位与群众主体地位的高度统一。

（二）新时代"枫桥经验"甘肃实践的现状

"2024年9月11日下午，习近平总书记来到兰州市考察。在安宁区安宁西路街道枣林西社区党群服务中心和刘家堡派出所，习近平总书记强调，要紧扣居民实际需要特别是'一老一小'等重点，不断提高社区服务水平。要坚持和发展新时代'枫桥经验'，把基层治理和社会治安做得更扎实。"[①]

"甘肃省坚持和发展新时代'枫桥经验'，积极开展创建和培育'枫桥式'司法所、人民调解组织、人民调解员活动，指导各地组成县区级跨乡

---

① 《「牢记嘱托 奋力谱写中国式现代化甘肃篇章」民生为大 民生为要——习近平总书记在兰州市安宁区枣林西社区考察回访记》，每日甘肃，https：//baijiahao.baidu.com/s? id = 1810128191471022472&wfr = spider&for = pc，2024年9月14日。

镇调解工作团,全省建立乡镇(街道)人民调解委员会 1373 个、村(居)人民调解委员会 17444 个,织密人民调解组织体系网,实施婚姻家庭矛盾纠纷预防化解'百千万'计划,累计调解矛盾纠纷 58 万余件,全省矛盾纠纷调解成功率达到 98.4%,实现乡村'矛盾不上交''小事不出村'。"①

"甘肃省检察院制定印发《关于在检察履职中坚持和发展新时代'枫桥经验'推动矛盾纠纷法治化预防化解的实施意见》,以 27 条具体举措将检察履职融入矛盾纠纷源头预防、排查预警、多元化解工作机制,把预防化解矛盾、修复社会关系、保护公共利益融入履职办案全过程,确保把矛盾纠纷化解在基层、化解在萌芽状态。"②

新时代"枫桥经验"甘肃实践是在甘肃社会治理中,凸显党的领导地位与群众地位的统一性,体现与时俱进,坚持群众路线,一切为了群众,一切依靠群众的工作路线。处理各种社会问题和复杂矛盾时勇于创新,积极发动群众,充分吸收人民群众处理各种社会问题时的经验智慧,群策群力就地化解各种公共问题和社会矛盾,切实提升基层综合治理水平,增强人民的安全感、幸福感和获得感。新时代"枫桥经验"甘肃实践的概念主要包括一个核心四个层面:一是时代进步发展层;二是社会治理科学层;三是治理能力创新层;四是服务社会多样层;总体指向的核心概念就是"为人民服务"。

新时代"枫桥经验"甘肃实践正处于扎实推进、稳步发展、创新服务、人民满意的推进状态。甘肃省按照中央政法委总体要求,大力推进市域社会治理现代化和平安甘肃建设,采取了一批符合甘肃实际、有创新和特色的硬核措施,将"枫桥经验"与各地实际结合,将工作触角扎根群众之中,用坚实脚步丈量民情民意,走出了一条社会治理的创新之路。

---

① 《为乡村振兴提供强大法治保障——我省创新模式持续推动法治乡村建设》,甘肃省人民政府网站,https://www.gansu.gov.cn/gsszf/gsyw/202408/173964667.shtml,2024 年 8 月 8 日。
② 《甘肃:坚持和发展新时代"枫桥经验"以 27 条举措推动矛盾纠纷法治化预防化解》,甘肃政法网,https://www.gszfw.gov.cn/Wap/Show/404491,2024 年 7 月 22 日。

二 新时代"枫桥经验"甘肃实践的理念与动力

（一）新时代"枫桥经验"甘肃实践的理念构成

1. 新时代"枫桥经验"的理念构成

党的领导是新时代"枫桥经验"甘肃实践的核心构成，是"枫桥经验"的根本保障。甘肃省新时代"枫桥经验"的运用效果、基层治理效能，其关键就在于基层党组织领导作用的发挥。新时代"枫桥经验"甘肃实践主要体现为党的领导、依靠群众、法治建设、科技支撑、实践创新等五点内在结构上，体系动能、发展动能与实践动能等三种动能构成，即"五点三能"构成。从新时代"枫桥经验"甘肃实践的核心构成来看，其形成了以群众路线为灵魂、基层治理为根脉、探索创新为活力的构成特征。

2. 新时代"枫桥经验"的社会学结构特征

从社会学结构分析法来看，新时代"枫桥经验"甘肃实践的内在结构与动能作用体现了"五点三能"特征，即组成部分与要素构成了社会系统之间相对稳定联系的系统化结构，体现为内部结构、内部功能与外部功能之间的统合。以"五点三能"为构成的新时代"枫桥经验"甘肃实践体现了核心凝聚、实践创新、科学治理、以人民为中心的社会治理理念，内在结构的高度体系化、凝聚化确保了实践的科学性、有效性、创新性与目标性。

（二）新时代"枫桥经验"甘肃实践的动力

1. 新时代"枫桥经验"甘肃实践的动力来源

新时代"枫桥经验"坚持把党的领导作为根本保证，把以人民为中心作为根本立场，把自治、法治、德治作为根本方式，把预测预警预防作为根本任务，把基层基础建设作为根本支撑。新时代"枫桥经验"甘肃实践的动力结构主要包括五个方面：第一，依靠群众就地解决矛盾，因地制宜符合实际；第二，贯彻党的群众路线，在实践中不断创新；第三，科学治理与法治建设相结合，充分应用科技手段实现法治全覆盖；第四，从实践中来到实践中去的创新发展理念，推动新时代"枫桥经验"甘肃实践的不断发展；第五，凝聚融合，发挥主动性，形成全社会合力共治的强大动力。

新时代"枫桥经验"甘肃实践的动力结构体现了科学性与实践性的高度契合，发展动力聚合，全领域、全周期传导，动力运行的动态与常态稳定，科技与社会治理相结合的动力体现越加明显。例如，"甘肃省公安部门打通了数据交互通道，实现了统一身份认证和数据对接，50多项服务事项入驻甘肃政务服务网'政务超市'，推动企业和群众办事由'多头跑'到'进一门'，'线下跑'到'网上办'。'互联网+平安'已成为甘肃省社会治理和助推社会稳定工作的新载体"。①

2. 新时代"枫桥经验"甘肃实践的动力效能

党的二十大报告指出，"在社会基层坚持和发展新时代'枫桥经验'，完善正确处理新形势下人民内部矛盾机制"。"枫桥经验"具有综合动能特征，是人民群众主体实践、"三治融合"理念与基层首创精神的整体动力体现。其中，人民群众的主体实践是"枫桥经验"的灵魂，"三治融合"理念是"枫桥经验"创新的观念动力，基层首创精神是"枫桥经验"创新的动力起点。

甘肃省在新时代"枫桥经验"实践创新中把党的领导作为根本保证，例如兰州新区充分发挥党组织在基层治理中的领导作用，"坚持和发展新时代'枫桥经验'，全面构建'田字型'基层治理体系，紧紧抓住'党建引领'这个切入点，抓牢'基层治理'这个关键点，聚焦'服务发展'这个落脚点，切实将基层党组织的政治优势、组织优势转化为治理效能、发展效能"。②

---

① 《甘肃践行新时代"枫桥经验" 打造社会治理新品牌》，人民网，http：//legal. people. com. cn/GB/n1/2019/0319/c42510-30983321. html，2019年3月19日。

② 《兰州新区："多元共治"汇聚基层治理新动能》，甘肃组工网，http：//www. gszg. gov. cn/2024-04/02/c_ 1130101925. htm，2024年4月2日。

三 新时代"枫桥经验"甘肃实践的样本研究

（一）市州样本

1."大数据+网格化+群众路线"

甘肃各市州深入领会中央精神，把坚持发展新时代"枫桥经验"作为贯穿平安建设、法治建设的主线。近年来，兰州市一以贯之地将习近平总书记对甘肃、兰州重要讲话和重要批示精神的要求落实在具体的实践与发展中，党建引领基层治理的力度不断加大，新时代"枫桥经验"的实践效果日益凸显，治理体系不断完善，有效推动了兰州市向着打造共治、自治、法治、德治、善治"五治一体"党建引领基层治理新格局不断迈进。

2024年，中国共产党兰州市第十四届委员会第八次全体会议审议通过了《中共兰州市委关于坚持和发展新时代"枫桥经验"切实强化党建引领基层治理的决定》，并下发《兰州市坚持党建引领构建"田字型"基层治理体系三年行动计划（2024—2026年）》。全市上下要深入学习贯彻习近平总书记关于基层治理的重要论述，坚持和发展新时代"枫桥经验"，突出兰州实际，注重实战实效，创新落实"大数据+网格化+群众路线"协同治理机制，着力构建党建引领基层治理的"田字型"基层治理体系，加快打造共治、自治、法治、德治、善治"五治一体"党建引领基层治理新格局。

在以党的领导为根本保证的多元共治格局中，兰州市"通过深入开展城市基层党建示范引领行动，优化调整乡镇（街道）大网格110个、村（社区）中网格1086个、村民小组（小区）小网格7507个，全覆盖建立网格党支部或党小组，推动基层服务治理提质增效、提档升级。实施街道社区党群服务中心达标提升三年行动计划，改造标准化街道党群服务中心43个、社区党群服务中心222个。全域打造'金城红色物业'，实施无物业小区清零行动，物业企业党组织覆盖率达 49.13%"。①

2."五色预警"，"三级分类"

甘肃省天水市统筹推进系统平台和应用终端建设。建立红、橙、黄、蓝、绿"五色预警"系统，搭建动态感知模型，形成预警处置规范，深化县、乡、村"三级分类"联动。从社会治安领域拓展至各类安全风险预警、防控机制和能力建设，从社区治理拓展至网络事件监控处置。新时代"枫桥经验"的社会治理创新为天水市经济社会的稳步发展提供了重要的支撑。甘肃省天水市坚持和发展新时代"枫桥经验"，"以主动创稳统揽平安天水建设、法治天水建设，发动群众、依靠群众，守正创新，推动基层社会治理共建共治共享，为谱写中国式现代化天水实践新篇章创造安全稳定的社会环境"。"突出党的领导这一根本保证，坚持以党建为引领，广泛凝聚社会治理合力，积极推动党建与基层社会治理深度融合。全面推行'党建＋基层治理'模式，逐步构建'党建引领、社会化共建、网格化治理、一键式响应'机制。"②

3.一站受理，"三调"联动

甘肃省嘉峪关市在甘肃省新时代"枫桥经验"的实践中，走出了"一站受理提质效'三调'联动解民忧"矛盾纠纷源头治理全域化解新路子，从起诉到调解，再到司法确认，体现了群众"进一扇门，解万种忧"的"多元解纷""一站式"服务模式。嘉峪关市"一站式"服务机制整合了人民调解、行业调解、司法调解、仲裁等资源，形成了"中心吹哨、部门报到"模式，形成了调解力量凝聚化、矛盾纠纷归一化、调解矛盾专业化与调解方法多元化的"四化解纷"，极大地减轻了群众诉累。嘉峪关市诉调对接服务大厅挂牌运行 8 个多月以来，已成功调解 3000 多起矛盾纠纷。

4.三种机制，多种调解

甘肃省张掖市把坚持和发展新时代"枫桥经验"作为贯彻平安建设、

---

① 《建强红色阵地 强村富民动力足》，兰州新闻网，https：//baijiahao.baidu.com/s？id＝1803333992899630947&wfr＝spider&for＝pc，2024 年 7 月 1 日。

② 《坚持和发展新时代"枫桥经验"》，中工网，https：//baijiahao.baidu.com/s？id＝1787488891322415210&wfr＝spider&for＝pc，2024 年 1 月 8 日。

法治建设、社会治理的主线，坚持以人民为中心，践行党的群众路线，创新市域社会治理模式，积极构建矛盾纠纷多元化解新格局，建立"中心吹哨，部门报到"工作机制，建立"一庭三所+"多元解纷工作机制，建立"五治三团"工作机制，探索"四级七天"调解法，探索"一杯奶茶"调解法、甘州种子法庭、山丹五治三团等多种以"枫桥经验"为指导的社会治理创新模式。其中，高台县骆驼城镇"四级七天"纠纷调解工作法入选全国"枫桥式"工作法典型案例。

5. 数字赋能，一键直达

临夏州临夏市始终坚持突出问题导向，把坚持和发展新时代"枫桥经验"贯穿基层治理全过程，健全完善基层社会治理体系，不断增强主动创稳能力，全力为各项工作创造和谐稳定健康的社会环境，坚持以问题为导向，创新践行新时代"枫桥经验"，走好网上群众路线，数字化赋能诉求一键直达，积极提高主动发现问题、收集问题、处理问题的能力。

6. "三调对接"，"治安+调解"

甘南州在新时代"枫桥经验"甘肃实践中推行"网格化+户联防"的基层治理模式，通过融合乡村原有管理体系，实现基层干部联系服务群众工作渠道的畅通。推出诉调、警调、访调"三调对接"的工作模式，以综治中心为平台，融合聚力，主动创稳。合作市将警调对接作为维护社会稳定、及时化解纠纷的重要举措，"合作市综治中心与市公安局建立信息三推送、联合化解、联席会议等机制，构建起'治安+调解'的'警调对接'工作格局，形成了'多点联动，合力化解，回访关爱，便民利民，助推和谐'的良性循环链条"。①

7. 民事直说"1234"工作法

陇南市在新时代"枫桥经验"甘肃实践中，其两级法院主动融入陇南民事直说"1234"工作法。"1"是设立"民事直说委员会"。"2"是采取

---

① 《甘南州合作市推进"三调对接"解决群众烦心事》，甘肃省司法厅网站，https：//sft.gansu.gov.cn/sft/c113173/202405/173912278.shtml，2024年5月15日。

现场诉说和网上诉说两种方式,打造"群众说事室",线下摸排解纠纷,线上答疑解诉求。"3"是聚焦"家里事""邻里事""村里事"三类事,建立民情研判预警和分级分类办理机制。"4"是采取"现场直办""干部领办""村镇联办""跟踪督办"四种办法,确保群众"话有处说、苦有处诉、理有处讲、事有处办、难有人帮、事有人督"。

从甘肃省市级新时代"枫桥经验"的实践层面来看,其凸显了党建引领、以人民为中心的核心理念,体现了因地制宜、凝聚融合、科学创新的社会治理实践道路。

(二)县级样本

1. "网格员+调解员"模式

甘肃省庆阳市华池县在新时代"枫桥经验"甘肃实践中,整合法治宣传、社区矫正、人民调解、法律咨询、法律援助等资源,依托县、乡(镇)、社区(村)三级网络,持续推动公共法律服务和人民调解资源向基层延伸,不断提升群众的获得感和满意度。"实行'网格员+调解员'模式,切实将化解矛盾纠纷的'探头'向小区院落、楼宇单元延伸;将'百姓名嘴''热心大叔''五老人员'变身'法律明白人',通过开展'浸润式'普法宣传,带动身边人主动尊法、学法、守法、用法。"[1]

2. "一庭三所+"多元解纷机制

张掖市高台县人民法院坚持和发展新时代"枫桥经验",将司法便民利民作为工作焦点,形成多元解纷工作合力,注重诉源治理,形成具有融合性质的基层社会治理方式与方法,通过一站式多元解纷和诉讼服务体系建设,创新实践形成"一庭三所+"多元解纷机制。高台县人民法院 2024 年 2 月申报的案例《打造新时代"枫桥经验",创新"一庭三所"多元解纷》荣获甘肃省坚持和发展"枫桥经验"推动主动创稳创新实践十佳案例。

---

[1] 《庆阳市华池县:践行新时代"枫桥经验"擦亮司法为民底色》,甘肃省司法厅网站,https://sft.gansu.gov.cn/sft/c113173/202407/173955041.shtml,2024 年 7 月 22 日。

3. "网格+分流+联动"矛盾纠纷调处法

肃北县在新时代"枫桥经验"甘肃实践中，形成以服务需求为导向、多元融合为方法的"网格+分流+联动"矛盾纠纷调处法，聚焦社会治理和矛盾纠纷领域的突出问题，解百姓之所忧、所需、所诉与所盼。2024年2月，肃北县马鬃山镇综治中心推送、县综治中心申报的案例《完善多元预防调处机制　推进镇域综合治理创新》荣获甘肃省坚持和发展"枫桥经验"推动主动创稳创新实践优秀案例。

4. "五步七天"调解法

平凉市崇信县司法局在新时代"枫桥经验"甘肃实践过程中，创新推出"五步七天"调解法，其主要内容为"网格摸排、分析研判、多元化解、跟踪回访、督导考评，七天办结"，将社会治理焦点聚力于预防与排查的相互结合，"聚焦影响群众和谐的小纠纷、微矛盾，凝聚综治、司法及村组干部的合力，形成多元共治、齐抓共管的良好态势，在服务基层群众、化解矛盾纠纷中发挥了积极作用，实现了'小事不出村、大事不出镇、矛盾不上交、服务不缺位'"。① 崇信县"五步七天"调解法2024年2月荣获"甘肃省坚持发展'枫桥经验'推动主动创稳新实践十佳案例"。

从甘肃省县级新时代"枫桥经验"的实践层面来看，其体现了基层社会工作方式、方法的多元融合特征，通过多部门协同、融合的乡镇综合治理模式体现了新时代"枫桥经验"甘肃实践的具体路径与方法。

（三）村镇、社区样本

2023年11月，甘肃省司法厅、省农业农村厅联合印发《关于充分发挥"民主法治示范村（社区）"、农村学法用法示范户和"法律明白人"在依法化解矛盾纠纷中作用的通知》，指出"各级司法行政和农业农村部门要进一步提高政治站位，坚持和发展新时代'枫桥经验'，推动更多法治力量向

---

① 《平凉崇信"五步七天"调解法助力基层治理显成效》，甘肃政法网，https://www.gszfw.gov.cn/Show/401198，2024年6月25日。

引导和疏导端用力，激发民主法治示范村（社区）、农村学法用法示范户和'法律明白人'积极性"。

1. "枣林星辰"党群活动载体

枣林西社区在坚持党建引领基层治理的过程中，着重推出基层治理精细化与服务群众精准化的工作模式，建立了"多网合一、一网统管"网格化服务体系，构建线上与线下双服务模式，广泛吸纳社会各方力量，形成多元参与社区治理的"协同善治"，以"小网格"赋能社区"大治理"。

"枣林星辰"是兰州市安宁区安宁西路街道枣林西社区在新时代"枫桥经验"社会治理过程中探索出来的新型工作机制，体现了对新业态就业群体的具体服务实践，突出与强化了新兴领域区域性党群活动服务中心的载体作用。

2. "周四说事"工作法

永登县龙泉寺镇龙泉村根据本村实际情况，将现场办公与主动登门相结合，推出了"周四说事"工作法，即每周四集合村"两委"班子成员、社长、网格员等协同办公，全天候等候群众提意见、反映困难与问题，村"两委"班子成员记录、跟踪、解决问题。并将每月最后一天作为"周四说事"的回访日，听取村民意见，让村民"说事、议事、主事"。"周四说事"工作法确立后，将村内的矛盾纠纷与村务商议等工作融合互动，做到了"村民自己管理自己的事情"。

龙泉村"周四说事"工作法形成了村内矛盾纠纷、村务商议与群众参与社会治理的融合互动，极大地发挥了人民群众参与基层社会治理的主体作用，激发了群众参与社会治理的主动性与积极性，在具体社会治理实践中依法依规，形成具有保障性的章程，体现了民主管理的规范化，凸显了民主法治建设的显著成效。

3. 创新"乡贤+调解"

甘肃省酒泉市瓜州县西湖镇在新时代"枫桥经验"的实践中进一步深化党建引领，在实践中发展基层依法治理新模式，形成"五治融合"与"枫桥经验"的有机结合，在人民调解工作中发挥了城北村红色文化与历史文化的厚重底蕴，发挥地方乡贤"贤而多能、公平正义、群众信赖"的特点，创新"乡贤+调解"新时代"枫桥经验"，成立"三贤说事堂"，创新打造出"围榆说法""三贤说事堂"等"普法+调解"特色品牌。

4."全科网格""1+5+N+10"工作法

张掖市甘浚镇高家庄村在"全市乡村治理示范村"建设过程中整合党建、政法、民政等资源打造"全科网格"，推出"1+5+N+10"工作法，即每个网格配备1名网格员，5名网格辅助人员，"N"个党员联系户，每名党员联系户联系10户群众，建立岗位公示、表彰激励、定期调度等制度，有效地把矛盾纠纷化解在基层与萌芽状态。

甘肃省政府网站2024年8月公布数据显示，甘肃省在新时代"枫桥经验"实践中"累计创建国家级民主法治示范村（社区）126个、省级1441个，培养'法律明白人'11.2万余名，认定农村学法用法示范户1.28万户，打造特色乡村特色品牌77个，评选普法依法治理创新案例20个，形成'巧儿说法''花儿普法''马背普法''民事直说''周四说事''一碗奶茶'调解法等一批基层治理样板经验"。①

从甘肃省村镇、社区新时代"枫桥经验"的实践层面来看，其体现了新时代"枫桥经验"毛细血管通达社会最小单元的畅通有效，体现了与当地实际相结合、创新发展的社会治理模式。

四　新时代"枫桥经验"甘肃实践的特色

（一）立体施策特色

新时代"枫桥经验"甘肃实践体现了党的领导根本保证、人民主体重要特征与多方协同的整体性构成。新时代"枫桥经验"甘肃实践突出了联

---

① 《为乡村振兴提供强大法治保障——我省创新模式持续推动法治乡村建设》，甘肃省人民政府网站，https://www.gansu.gov.cn/gsszf/gsyw/202408/173964667.shtml，2024年8月8日。

系和发展变化的辩证关系，突出了实践与理论的相互结合，体现了具有整体性、系统性与能动性的立体施策，形成了从甘肃实际出发，具有高度自觉性与主体能动性的创造性实践特色。新时代"枫桥经验"甘肃实践的聚焦发力同样体现了全领域、全周期、全要素的整体性与系统性特征，在具体的实践过程中，通过动态创稳、常态创稳、法治化创稳、刚柔并济创稳、群防群治创稳，形成了"多元共治、主动创稳"的整体格局，党的领导是多元共治的根本保证，充分发挥了党的政治优势、组织优势与密切联系群众优势，体现了"体系施控、能动精准、整体发展"的甘肃实践特色。

（二）群众路线特色

"新时代'枫桥经验'+"中的"+"就是指人民群众在劳动实践中所产生的创造性力量与特征，人民群众劳动创造的主动性与创造性是新时代"枫桥经验"甘肃实践的重要特征之一。人民群众的主动性与创造性为新时代"枫桥经验"甘肃实践提供了开拓创新、勇于实践的发展动能。新时代"枫桥经验"的甘肃实践在具有体系化、整体性特征的基础上，体现了显著的结构化传导特征，通过党建重心下沉，推动服务上移，通过体系化构建，形成基层党组织社会治理的末梢强化与有效性。党组织建设强化、党建重心下沉，干部走基层，群众少跑腿，体现了党的群众路线在社会治理过程中的具体建设路径与实践优势。新时代"枫桥经验"甘肃实践，在党的领导下，紧紧围绕新时代"枫桥经验"的实践特色，走好新时代党的群众路线，具有主动性与能动性特征的"+"所体现的就是党为人民服务勇于创新、不断进取的精神与动力。

（三）算法创新特色

"社会治理算法"是新时代"枫桥经验"甘肃实践的一大特色，将数学上的"加减乘除"概念引入社会治理领域，形成为人民服务的加法，排解群众困难的减法，在队伍建设上高标准严要求的乘法与排除困难、解决问题的除法。"社会治理算法"所体现的是基于数学严谨要求的精确性、准确性与有效性，基层治理的体系化、精准化、主动化与创新性，共同构成新时代社会治理的新内容，形成具有新时代特征的社会治理新路径，是枫桥经验在不断的实践过程中走向体系化、整体化与科学化的表现之一。"社会治理算法"中"加减乘除"四个环节并不是彼此孤立的，而是相辅相成、互为依托的，形成社会治理的能量聚合，体现了新时代"枫桥经验"社会治理的精确化与体系化。

（四）科技赋能特色

科技赋能基层治理是新时代"枫桥经验"甘肃实践的技术实践特色。例如大数据与人工智能技术的运用，极大地促进了基层社会治理对于人口流动与治安情况的信息采集与反馈，为精准治理与科学决策提供科技依据。而物联网技术则极大地促进了基础设施的管理与维护，有效提升了基层治理公共服务效能，体现了效率。"科技创新为民情，线上平台为民意"线上移动平台与移动应用程序极大地提升了民众参与度，拓宽了民众参与社会治理，表达诉求、化解纠纷的重要渠道。兰州市"小兰帮办"就是政务服务、生活服务与社区治理等功能集成的综合性服务平台，如在"社区治理"平台，人民群众可以通过"我要报事"与"我有话说"板块反映问题和表达诉求，体现了科技创新的一系列移动程序的推出，在为群众办实事、化解纠纷方面发挥了不可替代的作用。

五　新时代"枫桥经验"甘肃实践研究结果与建议

（一）以法治建设为基石，社会治理多元化

法治建设是新时代"枫桥经验"得以发展的基本依托与重要保障，新时代"枫桥经验"甘肃实践，需要更加牢固地体现法治在社会发展中的基石地位，形成法治遵循共同性与社会治理方法多样性的基本共识。新时代"枫桥经验"的有效开展是法治建设取得进步的具体体现。在社会治理过程

中，需要进一步加大法治宣传教育力度，形成全社会尊法、守法、用法的良好社会氛围。

新时代"枫桥经验"甘肃实践充分体现了群众路线，发挥了群众参与社会治理的自觉性与主动性，体现了创造性，将预防工作放在首位，在基层化解矛盾，形成主动排查与群众反馈相结合的工作方法，防患于未然。在具体的纠纷解决机制中，构建了多元化解纷机制，形成调解资源合力，体现合法公正。新时代"枫桥经验"是现代社会治理法治化的多样性体现，是法治建设在具体社会实践中的发展与应用。在社会治理多元主体参与层面，需要将更多的社会组织、企业与志愿者吸纳进社会治理范围，推动多元主体参与共建共治共享的社会治理格局。

（二）文化凝聚自觉性，社会治理更主动

中华优秀传统文化在社会治理中的作用进一步体现，新时代德治与法治的内涵需要进一步体现，发挥文化凝聚力在社会治理中的强大作用。新时代"枫桥经验"中文化参与社会治理的具体方法与路径需要进一步深入研究。文化凝聚力可以有效地形成文化自豪感与社会文化行为的自觉性，促进社会治理多样性的发展。在甘肃各地方新时代"枫桥经验"实践中，人文化解与法治化解相结合，体现了基层矛盾纠纷的和谐解决途径。

新时代"枫桥经验"甘肃实践研究结果表明，社会治理是基于现实情况、实事求是的基层法治实践，是人民群众广泛参与、积极主动加入社会治理的动态化社会治理实践过程，马克思主义基本原理同中国具体实际、同中华优秀传统文化相结合是新时代"枫桥经验"甘肃实践的根本遵循，进一步体现社会治理中蕴含中华优秀传统文化与智慧的"人文+治理"模式。

（三）党建引领是根本，科技助力新提升

新时代"枫桥经验"甘肃实践体现了甘肃社会治理的新水平，通过基层党组织建设的进一步强化与引领，体现了基层工作者的服务意识与治理能力，形成主动化解、情理相融的社会治理方法，促进了社会的和谐稳定。人

民群众的主体地位得到充分体现，形成多方力量共同参与社会治理的共建共享共治格局。现代化高科技手段提升了社会治理的技术水平，大数据、人工智能的应用为及时应对、分析、处置各类风险提供了更加精准的预测与防控方法。

需要进一步推动现代高科技，如大数据、人工智能等与社会治理的深度融合，形成法治宣传教育与社会治理信息的融合推广，体现社会治理的科技水平。有必要进一步通过专项培训等方式，加强新技术、新方法等科技力量与基层社会工作者工作方法的融合，进一步提升科技赋能社会治理水平。

（四）八方路径成体系，整体施策促发展

从新时代"枫桥经验"甘肃实践的总体研究情况来看，主要体现了八个方面的路径与方法，一是甘肃省各市州因地制宜实事求是，建立健全多元解纷机制；二是科技助力社会治安防控，拓展社会服务广度与深度；三是社会治理创新发展，群众参与自觉主动，化解矛盾萌芽状态；四是公共服务优化供给，人民群众得到实惠；五是法治意识大幅提升，依法办事成为共识；六是民意诉求渠道畅通，反馈机制不断提升；七是社会主义核心价值观得以弘扬，文明风尚培育践行；八是社会和谐，促进经济发展，提升人民生活水平。

新时代"枫桥经验"甘肃实践通过八个方面体系化与整体性的立体施策，进一步体现了因地制宜、实事求是、勇于创新的社会治理方法，体现了新时代"枫桥经验"甘肃实践的有效性与发展性。

调查篇

B.14
甘肃"结对帮扶·爱心甘肃"工程效果调查报告

李巧玲*

摘 要： "结对帮扶·爱心甘肃"工程是新时代党建促进社会救助体系完善和治理效能提升的主要路径之一，推动了跨部门协调、多主体协同、主动发现和综合救助"四位一体"帮扶机制的构建及高效运行。当前，科学评估和改进此项工程的实施效果，形成"一对一"帮扶的常态化制度化，仍面临帮扶观念及路径固化、数字救助治理发展缓慢和专业化社会服务不足等困境。对此，需要进一步发挥基层党组织的引领带动作用，加快构建数字救助治理优化、专业服务与志愿服务融合的制度机制，助力"党建+社会救助"能够回应社会救助体系在管理与服务提升方面的双重需求。

关键词： 党建引领 社会救助 综合救助 甘肃

---

* 李巧玲，甘肃省社会科学院公共政策研究所研究员，主要研究方向为地方立法和基层社会治理。

一 "结对帮扶·爱心甘肃"工程建设的背景

社会救助体系①建设是一项巨大的工程,在党的全面领导下,中国特色社会主义救助事业取得了巨大成就。从党的十八大提出"完善社会救助体系"到党的十九大明确"统筹城乡社会救助体系",再到党的二十大要求"健全分层分类社会救助体系",我国社会救助体系全面建设,社会救助制度走向定形、完善和持续发展的关键时期。② 我国社会救助制度功能的提升,必然会带来社会救助制度目标的提高、救助方式的改变、覆盖范围的扩大,精准救助帮扶困难群众成为完善社会救助体系的一大重点。在此背景下,甘肃省委、省政府加强基础性、普惠性、兜底性民生建设,2023年5月启动"结对帮扶·爱心甘肃"工程建设,开展"爱心扶孤、爱心助残、爱心济困"三大关爱行动,组织党员干部特别是各级领导干部与孤儿、困难重度残疾人和特困家庭"一对一"结对,为后者提供物质、精神和心理层面的救助,具有种类多样性和成员复杂性的社会力量介入社会救助模式中,进一步发挥党建引领促进社会救助体系完善和治理效能提升的作用。

社会救助是国家保障困难群体基本生活权益的一项基础性制度安排,我国社会力量介入社会救助主要有慈善事业对接社会救助、社会专业力量参与社会救助、社会救助领域志愿服务和政府购买社会救助公共服务四条基本路径。③ 2015年《甘肃省社会救助条例》的出台为加强社会救助、保障公民

---

① 社会救助是一个完整的制度体系,根据《社会救助暂行办法》将救助项目设置为"8+1"的救助体系,再将其救助项目细分为三大类,即基本生活救助(低保对象、特困人员)、专项救助(医疗、教育、住房、就业)、急难社会救助(遭遇特殊、突发困难的对象),https://zjpx.lzufe.edu.cn/mizar/portal/index.do。参见周程程、陈星《如何健全分层分类社会救助体系?民政部答每经问:划出三个圈层,建立主动发现机制》,每日经济新闻,http://www.nbd.com.cn/articles/2020-11-23/1554725.html,2020年11月23日。

② 蒋玮:《健全分层分类社会救助体系 切实织密扎牢民生兜底保障安全网》,《中国社会报》2024年4月15日。

③ 沈蓓绯、刘毅:《党建引领社会力量参与社会救助的思考》,《中国减灾》2022年第3期。

的基本生活奠定了法治基础,"结对帮扶·爱心甘肃"工程(以下简称"爱心甘肃")则是新时代党建引领统筹协调包括社会力量在内的各类资源,对社会救助有效路径进行的一次创新和探索,着力推动构建跨部门协调、多主体协同、主动发现和综合救助"四位一体"的救助运行机制,从瞄准"符合低保标准"向瞄准"实际具有严重困难"的家庭与个人扩展,推动社会救助精准化发展。"爱心甘肃"建设还与学习贯彻习近平新时代中国特色社会主义思想主题教育活动深度融合,充分发挥基层党组织的动员、联系、宣传群众的战斗堡垒作用和党员密切党群联系的先锋模范作用,积聚社会力量加快完善新时代社会救助体系。

二 "结对帮扶·爱心甘肃"工程的实践与成效

(一)"结对帮扶·爱心甘肃"工程建设实践

1. 建立跨部门协调机制,确保救助机制高效运行

社会救助是国家对弱势群体的帮扶,是现代文明国家的标志之一,其目标导向、行为模式、救助水平反映了执政者的价值理念。[1] 党的十八大以来,习近平总书记反复强调:"只要还有一家一户乃至一个人没有解决基本生活问题,我们就不能安之若素;只要群众对幸福生活的憧憬还没有变成现实,我们就要毫不懈怠团结带领群众一起奋斗。"[2] 甘肃省委、省政府秉承这一执政理念,着力解决孤儿、困难重度残疾人和特困家庭(以下简称"三类人群")的基本生活困难问题。三类人群既是弱势群体又是脆弱人口,保证社会救助制度覆盖所有脆弱人口是其发挥兜住共同富裕底线作用的重要基础。基于此,"爱心甘肃"建设搭建了面对三类人群进行全方位救助的通道和平台,通过这一载体发挥党和政府强大的组织动员能力,以及有针

---

[1] 沈澈:《民族地区社会救助百年实践及逻辑阐释》,《中央民族大学学报》(哲学社会科学版)2023年第4期。

[2] 中共民政部党组:《扎实做好全面小康兜底夯基工作》,《中国社会工作》2020年第26期。

对性的政策措施的指引作用，完善跨部门统筹协调机制，以强化协作配合进一步促进各部门救助资源的整合。例如，省级层面制定出台《关于在结对关爱孤儿、困难重度残疾人和特困家庭行动工作中进一步做好社会救助工作的通知》《甘肃省"福彩圆梦·事实无人抚养儿童助学工程"项目实施办法》《关于进一步健全完善防范化解因病返贫致贫长效机制的通知》等一系列措施办法，明确了教育、人社、财政、司法、住建、医保等政府部门在工程建设中的责任，以及工会、共青团、妇女联合会、残疾人联合会、红十字会等组织的救助任务，保障协同救助机制高效畅通运行。2023年12月，印发《关于做好2023年度"结对帮扶·爱心甘肃"工程建设考核评价工作的通知》，完善了帮扶督查考评制度机制，并对全省14个市州和兰州新区、117个省直部门、57家省属事业单位、32家省属国有企业进行了年度考核，督促落实多元协同制度机制，建立健全社会救助综合考核机制，科学评价社会救助工作绩效。2024年5月，省人大常委会通过《甘肃省人民代表大会常务委员会关于推进爱心甘肃建设的决定》，动员全省上下大力弘扬爱心文化，为全面建设社会主义现代化幸福美好新甘肃提供强大精神力量和坚实道德支撑，从法治层面保障了"爱心甘肃"建设的合法有效，以及后续多元协同机制正常高效运行。

2. 建立多主体协同机制，多维度保障困难群众利益

"爱心甘肃"建设由党建引领充分发挥党的政治优势、组织优势和群众工作优势，组织多元主体协同参与，举全省之力在短期内集聚救助资源，持续提升"一对一"结对帮扶效能。一方面，省民政厅作为政府主管救灾救济民间社会事务的部门，充分发挥其"结对关爱"行动领导小组办公室的综合协调、统筹推进和督促指导作用，印发《关于进一步做好结对关爱动态管理工作的通知》，会同相关部门摸清三类人群的基数并及时更新系统数据，动态调整关爱对象的相关情况，保证救助的底数清、情况明、对象准。全面梳理现行社会保障政策的"底盘"，加强与教育、人社、住建、医保、司法等相关部门的沟通衔接，对三类人群在基本生活保障、教育、住房、就业、医疗、权益维护等方面的政策进行全面汇总归集基础上，明确了相关的

责任和任务清单。全面厘清由不同政府部门执行的救助政策，建立信息共享的"政策库"形成政策协同机制，为结对干部开展精准帮扶提供完整详尽的政策及其他信息服务，让救助者和被救助者对相关政策都有充分的了解，是统筹、协调、匹配具体救助政策和资源到每一个困难家庭和个人的基础保障，助力实现救助需求与供给的无缝对接，拓展了社会救助的范围并提高其政策的有效性。另一方面，省结对关爱行动领导小组办公室依托省红十字会和省慈善联合总会、省残疾人福利基金会等慈善平台，设立"结对帮扶·爱心甘肃"工程建设专项基金，制定印发专项基金管理指南并发布《倡议书》，鼓励引导广大有意愿有能力的企业、社会组织和个人积极参与，募集善款帮助解决关爱对象的实际困难。通过积极引导和动员社会力量主动参与"爱心甘肃"建设，以筹集资金、获取资源、提供专业服务等多种形式，为推动"爱心甘肃"建设常态化发展和提质增效筑牢物质资源保障。

3. 建立综合救助瞄准机制，整合资源满足多样化需求

社会救助运行的一个基本要求是要精确地瞄准应该救助的对象，以便使政府有限的公共资金能够充分发挥有效救助困难群众的社会效益。[1] 三类人群的困弱往往是多因素引致的，可能是经济匮乏、发展能力弱、就业机会少、社会融入差和信息获取慢等，因而也是不同救助政策所要"瞄准"救助的对象，尤其是健康资源不良（家庭成员长期患病甚或残疾）的困难家庭，家庭经济困难或父母残疾的儿童，或残疾儿童在环境感知和学习状态方面呈现的发展劣势[2]，单一的现金或实物救助，无法满足其多样的救助需求。对诸如此类的困难家庭施以救助，需要提供物质帮扶以解决其基本生活问题，也得提升其残疾家庭成员的康复训练救助水平，还要提供满足其（心理和社会交往）特殊需要的专业化服务。在这种情况下，除提供最低生活保障之外，搭建慈善资源与医疗救助之间的信息共享和交流合作通道，强

---

[1] 关信平：《从"人找政策"到"政策找人"：社会救助制度的新发展》，《人民论坛》2024年第17期。
[2] 李莹：《经济困难与父母残疾家庭儿童发展状况探究与政策思考》，《社会保障评论》2024年第2期。

化政策合力以发挥慈善资源的"补位"作用,帮助残疾家庭成员获得基本医保及医疗救助的同时也能够享受慈善救助,从而合理分配使用有限资金促进康复救助效益的最大化。因而,"爱心甘肃"建设着力引导聚集和统筹协调宣传、妇联、住房、医保、慈善等领域的救助资源,通过综合施策进一步促进资源整合,形成"政府+社会力量"多元主体协同救助的"资源池",将更多的救助资源投入社会救助工作,争取最大限度合理分配有限资金,实现社会救助效益的最大化(见表1)。

表1 "结对帮扶·爱心甘肃"工程建设(部分)政策措施

救助力量	具体措施
省委宣传部	①深化"德润陇原"品牌建设,组织"爱心助残""大手拉小手"等公民思想道德建设活动;②在新时代文明实践中心(所、站)推广"道德银行""爱心超市""点单服务"等经验做法,开展医疗救助、心理健康、法律援助、儿童关爱等志愿服务;③开展"陇人骄子""道德模范""身边好人""最美人物"等评选活动,选树"爱心甘肃"建设中涌现出的"爱心扶孤""爱心助残""爱心济困"典型
省人社厅	出台政府补贴性职业技能培训政策,将残疾人、退役军人等重点群体纳入培训补贴人员范围,优先保障困难群体就业
省医保局	调整对三类人群的医保倾斜政策,明确参保资助、基本医保、大病保险、医疗救助等保障政策的标准
省住建厅	①在改造老旧小区工程中设置无障碍设施、带靠背休闲座椅;②兰州市房产服务中心扩大租赁补贴的保障范围,为特殊困难家庭减免公租房租金并对一般困难保障家庭采取"承诺制"方式允许其在一定时间缓缴房屋租金
省妇联	细化完善《关于推进"爱心妈妈"关爱行动的实施方案》,动员各级妇联干部主动结对困境儿童和特困家庭,以走访探视、亲情关爱、心理服务、法律帮助、落实政策等方式了解需求并帮助其解决困难
省红十字会	①出台《甘肃省红十字会开展"结对帮扶·爱心甘肃"工程建设实施方案》,开展"红十字博爱送万家"活动广泛动员社会资源,争取同级财政支持,多渠道筹集款物,对三类群体进行慰问及优先保障,适当提高困难群众临时生活救助标准;②"红十字天使计划"争取中央彩票公益金项目支持,在全省免费开展先心病儿童筛查,优先救助困难家庭患儿;③依托红十字会公益平台,筹备成立甘肃省红十字基金会,增设相关公益专项基金
省残联	①实施盲道坡道、人行横道、过街天桥、专用公厕等无障碍设施和困难重度残疾人家庭无障碍改造;②建立健全信息数据共享机制,协调落实"一人一案"助学措施;③"红十字爱眼护眼工程"帮助乡村青少年特别是困难家庭青少年预防近视及致盲性眼病

资料来源:根据《甘肃日报》相关报道的内容整理所得。

4.探索建立主动发现机制，提升精准帮扶救助效果

社会救助政策往往依赖于以政府为主导的"自上而下"的制度安排。[1]我国社会救助传统路径是在社会救助过程中，由潜在的受益者去了解和查询政府出台的相关政策，本人提出申请经由相关部门进行资格审查后，符合条件的才能获得相关社会救助待遇。家庭禀赋异质性是影响救助制度帮扶效果的原因之一，受三类人群（家庭）文化程度较低、获取信息的能力和渠道有限、社会网络支持程度普遍较低等因素影响，往往会在应救助方与政策制定方、执行方之间筑起"信息壁垒"，可能造成政策执行效果的弱化，抑制救助制度的帮扶效果，或帮扶效果出现分化。[2]"爱心甘肃"建设在政策执行"自上而下"扩散模式中创新性融入"面对面交流思想、手拉手沟通感情、心贴心共解难题"等要素，通过经常性走访和电话联系，形成多方沟通协商机制，破解了因信息不对称造成的政策执行与救助需求不能精准匹配的问题。

政策知晓度高的群众能够主动申请救助，有助于他们及时获得救助；相反，政策知晓度低的群众大多数只能依靠相关工作人员主动发现受理，这不仅会影响获得救助的时间，也降低救助工作的效率。[3]"爱心甘肃"工程的实施弥补了传统救助的这一"短板"，"一对一"帮扶扩大了对救助政策的宣传和知晓范围，提高了一部分文化水平较低、年龄较小或较大受助者对政策的理解程度，尤其是能够及时发现群众的突发性、紧急性、临时性基本生活困难，并从加载在"爱心甘肃"平台上的"政策库"和"资源池"中精准匹配到具体的救助措施，以及相对应的物质、精神和心理支持，突破了社会救助制度过去"人找政策"对象识别机制的局限，探索从"人找政策"到"政策找人"的新路径，顺应了新时期民生保障发展的大趋势。

---

[1] 邓大松、杨晶：《中国社会救助制度的帮扶效果及其影响因素分析——基于贵州省贫困户调研数据》，《经济与管理评论》2019年第2期。

[2] 邓大松、杨晶：《中国社会救助制度的帮扶效果及其影响因素分析——基于贵州省贫困户调研数据》，《经济与管理评论》2019年第2期。

[3] 陶子怡：《义安区受助农户临时救助政策效果感知研究》，安徽农业大学硕士学位论文，2022。

（二）"结对帮扶·爱心甘肃"工程实施成效

1. "一对一"帮扶持续提升社会救助质效

"爱心甘肃"建设着力在帮办实事、解决实际困难、资助资金、联系交流、走访探视等行动上"花心思下功夫"，自工程实施一年来，全省25万多名干部与26.75万名孤儿、困难重度残疾人、特困家庭结对，开展爱心扶孤、爱心助残、爱心济困三大关爱行动。截至2024年5月，全省累计帮助解决实际困难及帮办实事32.17万件，资助资金（含物资折合）7788.57万元。① 截至2024年8月，全省各级结对干部累计开展联系交流242万人次、走访探视163.05万人次、帮办实事36.9万件，资助资金（含物资折合）8800.17万元。② 总体看来，在"爱心甘肃"建设的起始阶段，"一对一"结对的数量和规模迅速扩大。在15个月的实施过程中，帮办实事2.46万件/月、资助资金586.68万元/月、联系交流16.13万人次/月、走访探视10.87万人次/月，"一对一"帮扶的力度和效果不断显现，多项帮扶数值动态变化，呈现持续增长的趋势，帮扶成效越来越显著（见表2），进一步促进了社会救助水平和制度运行效率的提升。

表2 "一对一"结对帮扶不同阶段成效

时间段	2023年5~7月（2个月）		2023年5至2024年5月（12个月）		2023年5月至2024年8月（15个月）	
	总量	月平均	总量	月平均	总量	月平均
结对数量（万对）	26.75	13.38	—	—	—	—
解决实际困难（万个）	3.46	1.73	—	—	—	—
帮办实事（万件）	4.36	2.18	32.17	2.68	36.9	2.46
资助资金（含物资折合）（万元）	1653.26	826.63	7788.57	649.05	8800.17	586.68
联系交流（万人次）	—	—	—	—	242	16.13
走访探视（万人次）	—	—	—	—	163.05	10.87

资料来源：根据《甘肃日报》相关报道的数据计算整理所得。

---

① 《让无疆大爱在陇原上空恒久激荡——省人大常委会作出关于推进爱心甘肃建设的决定》，《甘肃日报》2024年6月5日，第001版。
② 《聚爱成河 汇善如海——我省深入推进"结对帮扶·爱心甘肃"工程建设》，《甘肃日报》2024年9月12日，第001版。

2. "一对一"帮扶发挥救助综合效益最大化

在"爱心甘肃"实施过程中，不同领域和各个部门采取了形式多样的办法措施，除传统的单一现金或实物救助之外，还针对困难家庭开展服务类社会救助，以"物质+服务"的救助方式，提供生活照料、精神慰藉、能力提升、心理疏导和社会融入等相结合的复合式救助，探索救助方式的多样化、组合化、个性化、专业化及救助途径的技术化，实现社会救助综合效益的最大化。

募集资金加强救助物质资源保障。例如，设立"结对帮扶·爱心甘肃"工程建设专项基金，共募捐资金 2186.14 万元用于帮助 9.92 万名关爱对象解决实际困难；全省5375 家社会组织捐款捐物折合资金 7113.9 万元，实施志愿服务项目 4214 个，与 2.7 万名关爱对象建立了辅助结对关系，开通了心理咨询热线 158 条。

开展多样化"物质+服务"救助。例如，给孤儿提供家庭关爱和亲情陪伴，全省各级妇联干部、志愿者与被救助对象结成"一对一" 21997 对，16663 名妇联干部执委成为"爱心妈妈"，"爱心妈妈"关爱行动共募集 65.64 万元的爱心资金，对 9194 余名应救残疾儿童全部进行了康复救助；团省委"希望小屋"蒲公英计划公益项目募集社会资金 1126003.14 元，对全省范围内无独立居住和学习环境的 6~14 岁困境儿童，在原有住房内开辟了独立的学习生活空间。

对有就业或参与产业项目需求的困难家庭，提供资源链接、技能培训、就业岗位或产业项目帮扶。例如，省残联向 39 个乡村振兴重点帮扶县投入资金 348 万元，用于培训农村困难残疾人及家庭成员共 2320 人次，并联合省人社厅举办残疾人专场招聘会 43 场，为残疾人提供了 2000 多个就业岗位，全省乡村公益性岗位安置残疾人 3700 多人，安置残疾家庭成员 6400 多人，投入省财政资金 800 万元用于扶持 58 个省级残疾人就业帮扶基地，安置带动 2000 多名困难残疾人就业增收，帮助残疾人提高在社会中的生存和发展能力。

鼓励引导有意愿有能力的企业积极参与救助，募集善款帮助解决关爱对象的实际困难。例如，省政府国资委牵头管理的11家中央定点企业和77家归口企业投入帮扶资金4.98亿元，实施帮扶项目831个，培训40万人，帮助就近就地及劳务输出就业51663人，消费帮扶资金共6.29亿元。

3. 各市县实施具体化差异化帮扶措施成效显著

各市县基层单位和社会组织积极开展"一对一"结对帮扶行动，因地制宜实施物质帮扶、精神扶持、能力塑造、能力培养、心理慰藉和生活照料服务等差异化具体帮扶措施。

对困难家庭中生活不能自理的老年人、未成年人、残疾人、重病患者，提供必要的访视和照料。例如，平凉市静宁县社会组织工作人员在节假日举办各类文艺节目，志愿者上门慰问陪老人读报纸、聊天、讲新鲜事，有针对性地进行心理抚慰和心理疏导；古浪县开展"七个一"活动为经济困难老年人、分散供养对象提供上门照料服务；金昌市帮助关爱对象清理环境卫生、栽种菜苗，协调解决教育、就医等问题。

对学龄阶段的孤儿和困难家庭未成年人，提供学业辅导。例如，临夏州遴选教师为因重度残疾不能到校入学的学生提供送教上门服务，组织医护人员与贫困重度残疾人结对提供医疗建议、康复指导、送医陪护和心理咨询等服务。

对有特殊需求的困难家庭，提供康复训练、疾病救治、就业指导、心理抚慰、社会融入等层面的救助。例如，张掖市高台县争取中央彩票公益金和省财政残疾儿童康复项目资金，对0~17岁残疾儿童实施康复救助训练，通过政府购买服务的方式，委托第三方实行"量体裁衣"式个性化服务；甘南州红十字会开展"博爱健康光明行"活动，为当地符合手术要求的白内障及外眼病患者免费实施手术及术后复查，助力患者重见光明；酒泉市肃州区建成辅助性就业创业驿站、"未来小站"，帮助更多残疾人就业、融入社会和有尊严的生活。

依托互联网信息技术探索数字救助治理路径。例如，兰州市城关区通过"结对关爱微信小程序"精准掌握结对关爱对象需求的变化，拓展了救助资源与帮扶需求的有效链接；陇南市徽县开发了县、乡、村三级联动的一体化智慧关爱平台，通过可视化页面实现"一老一小"在线评估分析、需求对接和可视化监管的"虚拟"服务生态圈，并整合村干部、驻村工作队、村医、网格员等基层力量构建"一对一"ID管理机制，实现线上有监管、线下有服务的闭环衔接。

依托政府信息平台提升精准救助效率。例如，武威市综合运用巩固脱贫攻坚兜底保障人员信息平台和民政、残联特殊群体信息系统，将符合条件的三类人群及时纳入相应救助范围，并足额发放各类保障金；定西市安定区依托甘肃省困难群众动态管理监测预警系统，对低收入群体实施动态监测预警，实现对低收入人口风险点的早发现、早预警、早救助。

三 持续推进"结对帮扶·爱心甘肃"工程建设的困境

新时代持续推进"爱心甘肃"建设，是一个不断健全救助体系、持续提升救助效能、助力社会救助高质量发展的过程。当前，对照加快构建政府主导和社会参与、制度健全和政策衔接、兜底有力和帮扶高效的综合救助体制机制的要求，"爱心甘肃"的常态化规范化建设还存在基层党组织和党员帮扶路径固化、数字救助治理缓慢、专业化服务欠缺等问题。首先，基层党组织或党员的帮扶观念和救助路径易于固化。调研发现，部分基层党组织或政府相关部门注重对党员干部与三类人群以"打电话"或"发微信"等方式联系交流的次数统计，对工程建设实际效果进行评估和在帮扶人群中开展主观评价相结合的监督机制尚未建立，依靠单一的行政手段，对推进"爱心甘肃"建设的后续监督实施及其效能提升的影响力较弱。其次，信息化建设促使大数据和人工智能广泛应用于社会救助领域，在对包括三类人群在内的救助对象的排查筛选调查、数据对比、提升帮扶效率等方面还有更大的提升和发展空间。例如，利用大数据、AI、云计算在"互联网+网格化"收集需要社会救助兜底的人员信息，以及简化工作流程的技术手段、促进线上办理就业救助的广度、提高线上办理业务的速度等方面有待改进。最后，随着"爱心甘肃"建设的推进，三类人群的基本生活需求在政府各项兜底政策全面落地实施的情况下得以满足，消除绝对贫困向相对贫困治理转型，以现金补贴和发放物资为主的物质帮扶已经不能满足贫困群体在精神方面的需求，逐渐形成对社会融入、精神慰藉、心理疏导和能力提升等专业化社会服务的海量需求。例如，对三类人群自信心的培养及其社会交往网络的建立，对困难家庭中未成年人、老年人、残疾人、重病患者的陪伴和照料，对残疾人的就业指导和组织培训，对困难家庭自救能力的发掘和支持等。

四 "结对帮扶·爱心甘肃"工程常态化建设路径

（一）持续发挥基层党组织的动员、联系和宣传作用

基层党组织是贯彻落实党中央决策部署的"最后一公里"，不同地方社会救助政策落实的程度不同，与党员参与社会救助的引导和激励、党建促进社会救助形成常态化制度机制不无联系。因而，要持续发挥基层党组织的动员和组织作用，加强党员与群众的联系，对党员干部进行合理引导，从规定对基层党组织、基层党员事后考评帮扶效果的制度"硬约束"，向重视事前自愿帮扶的"软引导"、事中合理的激励转变，通过绩效评估对帮扶的措施和路径予以"纠偏"，进一步提升"一对一"帮扶的效能。建议相关部门探索党员参与社会救助的多种路径，引导党员以不同的身份、不同的形式、差异化救助内容参与社会救助。例如，党员在救助过程中可以直接参与救助，或开展救助志愿服务工作，核实社会救助对象情况等，身份可以是党支部书记、网格管理员、心理咨询师、社会工作者等。[①] 总结推广"爱心甘肃"建设的有益经验，通过加大救助政策的宣传力度，进一步提高相关政策的知晓度，开辟并畅通社会救助服务热线，及时将各类诉求信息收集和上报相关部门以共享救助信息，组织慈善团体、爱心团队等社会力量参与社会救助，提升社会救助精准帮扶的效果。建议各级党组织把"一对一"结对帮扶作为

① 沈蓓绯、刘毅：《党建引领社会力量参与社会救助的思考》，《中国减灾》2022年第3期。

一项重要的内容纳入党建品牌建设的具体工作中，形成一个地区独特的社会救助模式，或者打造一批社会救助类党建品牌，常态化开展帮助困难家庭的志愿服务类主题党日活动。

（二）加强以信息化手段实现规范管理和精准施救

以数字赋能社会救助发展为支撑，依托"互联网+"在民政各领域的广泛覆盖，运用信息化手段形成"网格化+大数据+加铁脚板"的主动发现和合力救助模式。首先，依托市级社会救助信息平台，与省统一身份认证平台、市一体化在线政务服务平台对接，打通社会救助部门之间以及政府部门与社会组织之间的信息通道，形成市、区、镇（街）人员信息无缝对接，实现结对帮扶工作信息化管理、多部门资源共享、大数据分析辅助决策、主动发现救助等功能，提升多部门合力解决社会问题的效率。例如，利用"爱心甘肃"建设实践中各部门获取的信息数据资源，建立"一网式"多部门数据协查系统，形成线下主动发现的多渠道多部门信息采集、线上即时共享的"有困即知、遇困即扶、致困即救"的智能救助模式。其次，开发应用社会救助信息和服务平台，接入推行低保、特困人员救助供养等社会救助申请全流程网上办理，实现网上申请救助事项、在线认证身份信息、在线监控办理进度、适时反馈办理结果，三类人群足不出户就可以获得方便快捷的申办服务。最后，在各相关部门和组织的合作与支持基础上，纳入教育、医疗、交管、消防和工青妇残等部门及其下属的社会服务机构，以及养老、育幼、助残、儿童保护等社会服务机构，建设综合全面的对困难家庭的生活及风险网络信息预警系统，对三类人群可能遇到的各种风险做出及时的反应和应对。[1]

（三）加快社会救助专业力量和志愿服务培育壮大

建议政府相关部门制定与现行救助制度相衔接的政策，加快将社会专业

---

[1] 关信平：《从"人找政策"到"政策找人"：社会救助制度的新发展》，《人民论坛》2024年第17期。

力量和志愿服务纳入"爱心甘肃"常态化机制建设。例如，民政部门制定社会救助专项规划，对培育社会专业力量和壮大志愿者队伍等相关内容进行安排，测算与接续推进"一对一"结对救助常态化发展相匹配的目标，把来自各行各业的社会志愿者尤其是青年党员或团员纳入"爱心甘肃"建设者队伍，培养、提升他们开展社会救助的专业化能力和水平，为受助群众提供救助政策咨询、个案分析、服务推介，促进救助供需信息精准匹配，并在实地摸排走访中发挥主动性、针对性和灵活性优势，形成有针对性的脆弱群体救助帮扶建议清单，实现救助方案整体化、救助服务多元化、资源链接精准化、专业救助个性化，通过提供"预防+支持+发展"的渐进式服务，实现对三类人群的陪伴式、结对式、长效式、全程式救助服务，以点带面，以面扩容，全面提升社会救助的治理能力和治理效能。

B.15
甘肃构建普惠托育服务体系调查报告

杨亚琼*

摘　要： 婴幼儿托育服务体系建设是减轻育儿家庭负担、促进婴幼儿健康发展的重要举措，也是生育友好型社会和儿童友好城市建设的重要内容。近年来，甘肃省大力推进托育服务发展，普惠托育服务体系初步形成、托育服务质量不断提高、托育人才培养持续发展和专业能力不断提升、普惠托育服务发展呈现新业态和新模式。但甘肃省普惠托育服务体系构建过程中依然存在供需匹配度不高、多元主体参与不足、接受度不高、发展不平衡等问题。应通过健全政策体系、注重托育服务资源多元化供给与差异化供给、加快普惠托育人才培养等措施，进一步完善甘肃省普惠托育服务体系。

关键词： 托育服务　普惠托育　甘肃

当前，我国人口发展呈现少子化、老龄化的趋势性特征，低生育率成为我国人口发展面临的最主要风险。2023年，甘肃省新出生婴儿为19.1万人，人口自然增长率为-1.33‰，出生率为7.71‰，人口自然增长率和出生率与上年相比进一步下降，老龄化、少子化矛盾日益突出。党的十九大报告指出，"幼有所育"是民生福祉的重要内容。2022年，国家卫健委等部门出台《关于进一步完善和落实积极生育支持措施的指导意见》，指出要完善托育服务体系、进一步扩大供给、促进托育服务发展。从当前出台的政策来

* 杨亚琼，甘肃省社会科学院公共政策研究所助理研究员，主要研究方向为政府绩效评价、政府绩效治理。

看，普惠托育服务是应对低生育率的手段之一，也是破解人口老龄少子化、促进我国人口长期均衡健康发展的重要举措。

一 甘肃省普惠托育发展现状

（一）普惠托育服务体系初步形成

1. 政策支持体系逐步健全

2019 年以来，甘肃省出台一系列政策措施，把普惠托育作为民生工程的重点工作，将普惠托育服务纳入《关于优化生育政策促进人口长期均衡发展的实施方案》和《甘肃省"十四五"促进养老托育服务健康发展实施方案》，提出要构建普惠托育服务体系，统筹推进城乡托育服务发展、大力发展普惠托育服务。为进一步支持普惠托育服务发展，甘肃省人民政府办公厅、发改委、卫健委等相关部门制定并出台了《关于促进 3 岁以下婴幼儿照护服务发展的实施意见》《关于进一步完善和落实积极生育支持的若干措施》等文件，推进完善托育服务体系支持政策。具体政策见表 1。

表 1 2019~2024 年甘肃省普惠托育服务政策

发文时间	发文机关	政策文本	重点事项
2019 年 12 月	甘肃省人民政府办公厅	《关于促进 3 岁以下婴幼儿照护服务发展的实施意见》	提出支持家庭开展婴幼儿照护、加强社区婴幼儿照护服务功能、发展多种形式的照护服务机构、科学规划建设照护服务机构等，建成一批标准化试点
2020 年 11 月	甘肃省卫健委等 4 部门	《甘肃省托育机构登记和备案实施细则（试行）》	对托育机构申请登记、业务变更、注销登记等方面做出明确规定，规范托育机构的登记和备案管理
2021 年 3 月	甘肃省卫健委	《甘肃省托育机构设置标准细则（试行）》	规定了托育服务机构设置的基本原则、人员规模、场地设施、托育管理等方面的具体要求，旨在促进托育机构规范化、专业化发展

发文时间	发文机关	政策文本	重点事项
2021 年 3 月	甘肃省卫健委	《甘肃省托育机构管理规范细则(试行)》	对托育机构的备案管理、收托管理、健康管理、安全管理等方面提出具体要求,进一步规范托育机构管理运营
2021 年 7 月	甘肃省人民政府办公厅	《甘肃省"十四五"促进养老托育服务健康发展实施方案》	从健全托育政策体系、扩大托育服务供给、完善托育监管服务等方面提出具体措施,促进托育服务健康发展
2022 年 10 月	甘肃省发改委等 13 部门	《甘肃省贯彻落实养老托育服务业纾困扶持若干政策措施的实施方案》	通过减免房租、降低税费、社保支持、金融支持等政策推动托育服务业恢复发展
2022 年 12 月	甘肃省委、省政府	《关于优化生育政策促进人口长期均衡发展的实施方案》	完善托育服务体系,发展普惠托育、促进人口均衡发展
2023 年 5 月	甘肃省卫健委	《甘肃省托育服务宣传月活动实施方案》	通过线上和线下多种形式开展托育政策解读与育儿知识普及等,进一步扩大托育服务知晓范围,形成托育服务社会共识
2024 年 1 月	甘肃省卫健委	《甘肃省推进医疗卫生机构支持托育服务发展的工作方案》	全省二级及以上公立医疗机构提供托育服务,同时对场地建设、班型设置和规范运营等方面提出具体要求
2024 年 2 月	甘肃省卫健委等 19 部门	《关于进一步完善和落实积极生育支持的若干措施》	提出建立生育育儿补贴制度、健全生育保险制度、拓展普惠托育服务供给、推动医育融合发展等,推动人口高质量发展
2024 年 9 月	甘肃省人民政府办公厅	《关于促进幼育服务消费扩容升级的若干措施》	提出加大托育供给、健全托育服务网络、规范收费标准、提升医育融合服务内涵等

2.托育照护体系初步建立

近年来,甘肃省不断加强普惠托育网络建设、推进普惠托育服务体系发展、促进普惠托育服务能力提升,正在形成多元化发展的托育照护服务体系。各地区根据实际情况也在积极探索,兰州新区从顶层设计出发,将普惠托育服务发展纳入《兰州新区"一老一小"整体解决方案》等文件中,初步形成"政府统筹安排、卫健部门牵头、相关部门协同、社会组织参与"

的新区普惠托育服务管理机制，构建以公建公运营、公建民运营、民建民运营为主体，社区托育、单位自建、家庭照护并重的多元化发展格局。张掖市制定《关于加快推进"幼有善育"工作实施方案》，构建市、县、乡、村四级托育服务指导体系，鼓励和支持社会多元化供给，形成托幼一体化服务、托育机构市场化、机关事业单位公办民营、企业内部办托、社区开办托育机构等五大托育服务模式，并形成依托 1 个较为完善的示范性托育机构，带动周边 N 个普惠托育服务机构共同发展的格局。截至 2023 年底，全省共有托育服务机构 1147 家、托位总数 6.5 万个，每千人口托位数 2.65 个。①

（二）普惠托育服务质量不断提高

1.普惠托育服务多元化

近年来，甘肃省围绕育儿家庭托育需求，发展多元化托育服务。从托育模式来看，呈现以独立托育机构为主，托幼一体化、用人单位托育、家庭托育点等多点多面协同发展模式。2022 年下半年，肃南县率先在幼儿园建立托育班，探索托幼一体化发展模式，2023 年，肃南县政府出台《肃南县促进托幼一体化改革实施方案》，提出在县域内公办幼儿园开展婴幼儿托育照护服务工作，初步建立了婴幼儿照护服务政策、服务标准、管理规范等，为甘肃省托幼一体化发展提供了经验。从托育形式看，托育机构主要提供全日托、半日托、临时托和计时托等服务。兰州芒果豆儿童成长中心采取托育早教一体化教育模式，托管形式较多，有全日制、半日制、周末托、临时托、入户托育等，为育儿家庭提供了灵活多样的选择。从托育内容来看，主要包括婴幼儿照护、养育以及潜能激发和早期启蒙教育等。白银欣爱心托育中心于 2021 年成立，依托社区为育儿家庭提供嵌入式托育服务，设置众多的活动类型和早教课程，提供个性婴幼儿照护方案，让"幼有所育"逐渐向"幼有善育"转变。

2.托育机构行业监管不断加强

2021 年，甘肃省出台《甘肃省托育机构管理规范细则（试行）》，提

---

① 《甘肃大力推进托育服务体系建设》，《甘肃日报》2024 年 6 月 25 日。

出建立综合监管机制，加强对托育机构的行业监管，进一步规范婴幼儿托育行业发展。2022 年以来，甘肃省卫健委每年会同省市场监督管理局、省消防救援总队，联合对托育服务机构开展传染病预防、食品安全、消防安全等方面专项督导检查，并建立常态化部门联动督查机制和托育风险隐患防范"季度抽查、半年检查"制度。2024 年 9 月，为保障托育机构食品安全，平凉市灵台县市场监督管理局提出"五步走"，一是市场监督管理局对辖区内所有托育机构开展拉网式排查，提高监管精准度；二是对托育机构负责人、食品安全管理相关人员进行培训，提高食品安全意识；三是加大对托育机构食堂日常监督检查力度，从食品采购到加工制作各个环节严格检查，提高风险防控能力；四是市场监督管理局联合卫健部门、教育局等开展联合检查，形成监管合力；五是通过各种渠道积极宣传食品安全知识，引导全社会参与食品安全治理。

（三）人才培养持续发展和专业能力不断提升

1. 人才培养持续发展

《甘肃省"十四五"促进养老托育服务健康发展实施方案》提出，政府相关部门要积极引导高校和职业院校开设婴幼儿保育相关专业，深化校企合作，支持院校与企业合办实训基地等，为托育服务行业培养专业技术人才。2024 年 9 月，甘肃省出台《关于促进育幼服务消费扩容升级的若干措施》，提出要在省属院校建设省级托育从业人员培训基地，扶持产教融合的托育服务机构，通过校企合作、"订单式"培养等模式，为托育机构培育复合型、应用型、技能型人才。2017 年，兰州职业技术学院开设婴幼儿托育服务与管理专业，主要学习 0~3 岁婴幼儿托育相关课程，每年为全省培养 30~50 名相关专业毕业生。截至 2023 年底，甘肃省全职托育从业人员达到 13839 名，较 2022 年增加 11496 名。①

2. 专业能力不断提升

近年来，甘肃省通过举办托育职业技能竞赛、加强托育从业人员培训等

---

① 《甘肃大力推进托育服务体系建设》，《甘肃日报》2024 年 6 月 25 日。

方式，不断提升托育人才的专业能力和服务水平。2023 年 12 月，甘肃省出台《关于加强新时代高技能人才队伍建设的若干措施》，提出要在托育行业培养高技能人才，提升托育行业从业人员专业技术水平。2023 年，甘肃省筹集专项资金用于省、市、县三级托育领域人才专业水平提升，培训托育服务业务骨干 3000 多名、托育机构负责人 300 多名，实现全省托育服务人才培训全覆盖。[①] 2024 年 7 月，甘肃省举办托育职业技能大赛，开展职业技能培训活动，通过场景模拟和实操演练等，让参训人员在实践中学习技能，提高实操水平，进一步提升了托育从业人员综合素质和专业能力。

（四）普惠托育服务呈现新业态和新模式

1.培育智慧托育新业态

甘肃省在西部省份率先探索托育服务信息化管理，2023 年兰州市被确定为甘肃省智慧托育综合服务管理平台试点城市，开展智慧托育管理平台试点工作。政府主管部门通过智慧托育平台，对托育机构实时监管，从食品采购到费用收取等全部纳入监管范围，促进托育服务机构规范化管理。托育机构通过智慧管理平台，可以学习上级部门相关政策文件，随时了解主管部门最新政策动态。同时，通过管理平台同步家长端，托育机构精准登记婴幼儿入托、转托等信息，及时创建和完善婴幼儿电子档案，实现高效管理。育儿家庭通过智慧托育平台，一方面了解婴幼儿在园情况、成长轨迹等；另一方面学习婴幼儿健康护理、疾病预防等知识，帮助家长科学育儿。通过智慧托育管理平台的搭建，兰州市构建起管理部门、托育服务机构、育儿家庭"三位一体"的托育管理模式，为社会创造了全新的育儿生态圈，促进甘肃省婴幼儿托育服务与监管的精细化、智能化、规范化发展。

2.探索医育融合发展新模式

2024 年 1 月，甘肃省卫健委出台《甘肃省推进医疗卫生机构支持托育服务发展的工作方案》，探索医育融合发展，构建托育服务发展新模式。一

---

① 《甘肃大力推进托育服务体系建设》，《甘肃日报》2024 年 6 月 25 日。

是推进医疗卫生机构提供普惠托育服务。提出力争到 2024 年全省 50% 的二级及以上公立医疗机构提供托育服务，到 2025 年比例达到 100%，同时对医疗卫生机构提供托育服务的场地、班型设置与人员配备、登记备案和收托管理、运营管理等方面提出具体要求。二是促进医疗卫生机构支持托育服务发展。基层医疗卫生机构应与托育机构签约订单服务，对婴幼儿开展健康管理；在儿童照护指导上，鼓励县级妇幼保健院与辖区内托育机构建立联系，定期对托育机构卫生健康工作进行指导；在发挥中医药特色优势上，各级中医医疗机构积极与托育机构合作，通过上门服务等方式，对托育机构婴幼儿进行中医或中西医结合诊疗；在疾病防控上，各地疾控及相关部门加强对托育机构的监督检查，落实婴幼儿疾病防控主体责任。兰州新区积极探索医育结合托育模式，由新区第一人民医院在瑞岭社区投入建设的托育服务中心项目正在施工中。同时，由瑞岭雅苑社区卫生服务中心、新安社区卫生服务中心试点推进的基层医疗机构开设托育服务机构项目也正在有序推进，有效解决了职工育儿困难和多样化的育儿需求。

二 甘肃省普惠托育需求状况

（一）样本基本情况

本次调研共发放问卷 240 份，回收 227 份，有效问卷 227 份，问卷有效率为 94.58%。从性别来看，本次调研中女性占比 59.91%，男性占比 40.09%；从年龄来看，20 岁及以下占样本总量的 2.20%，21~25 岁占比 12.33%，26~30 岁占比 33.12%，31~35 岁占比 29.87%，36~40 岁占比 14.54%，40 岁以上占比 7.93%；从文化程度来看，高中及以下的占比 6.61%，大专占比 36.56%，大学本科占比 44.93%，硕士研究生及以上占比 11.89%；从户籍来看，户口类型为城市户口的占比 72.69%，户口类型为农村户口的占比 27.31%；从职业来看，机关事业单位或国企占比 25.11%，私企占比 40.97%，个体户占比 14.54%，自由职业者占比 10.13%，农民占比 6.61%，其他职业占比 2.64%；从个人月收入来看，月收入在 4000 元及以下的占比 14.13%，4001~6000 元占比 34.80%，6001~8000 元占比 25.96%，8001~10000 元占比 16.74%，10000 元以上占比 8.37%；从育儿数量来看，一孩家庭占比 64.76%，二孩家庭占比 30.40%，三孩及以上家庭占比 4.85%（见表 2）。

表 2　样本基本情况

单位：%

变量	类别	占比	变量	类别	占比
性别	男	40.09	职业	机关事业单位或国企	25.11
	女	59.91		私企	40.97
年龄	20 岁及以下	2.20		个体户	14.54
	21~25 岁	12.33		农民	6.61
	26~30 岁	33.12		自由职业者	10.13
	31~35 岁	29.87		其他	2.64
	36~40 岁	14.54	个人月收入	4000 元及以下	14.13
	40 岁以上	7.93		4001~6000 元	34.80
文化程度	高中及以下	6.61		6001~8000 元	25.96
	大专	36.56		8001~10000 元	16.74
	大学本科	44.93		10000 元以上	8.37
	硕士研究生及以上	11.89	育儿数量	一孩	64.76
户籍	城市户口	72.69		二孩	30.40
	农村户口	27.31		三孩及以上	4.85

（二）甘肃省普惠托育服务需求调查情况

1.托育认知与意愿

（1）托育认知

从图 1 可以看出，对普惠托育服务非常了解的被访者占比 3.52%，比较了解的占比 20.26%，基本了解的占比 47.14%，不太了解的占比 24.67%，完全不了解的占比 4.41%。总体来看，被访者对普惠托育服务认知程度不深。究其原因，一是受传统观念影响，育儿家庭倾向于选择祖父母或外祖父母等来照顾，对普惠托育服务较少关注。二是托育服务政策宣传和解读力度不够，直接影响婴幼儿父母对普惠托育服务的认识和了解。

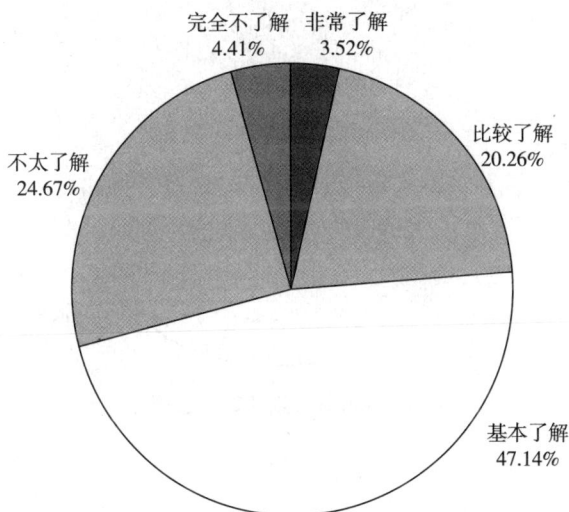

图1 甘肃省普惠托育服务认知情况

（2）托育意愿

从图2可以发现，有9.69%的被访者非常愿意将婴幼儿送至托育机构，有28.63%的被访者比较愿意，有31.72%的被访者一般愿意，有24.67%的被访者不太愿意，有5.29%的被访者非常不愿意将婴幼儿送至托育机构照护。从数据来看，育儿家庭对婴幼儿的托育意愿不高，对托育服务的有效需求不足。

（3）托育意愿影响因素

影响育儿家庭托育意愿的因素主要有托育机构安全保障、收费情况、服务质量、硬件设施、师资力量等。从本次调研来看，影响育儿家庭托育意愿排名前三的因素有安全保障、服务质量和收费情况（见图3）。安全保障是婴幼儿父母最为关心的问题之一，托育机构服务质量直接关系到婴幼儿的健康成长。托育机构的收费标准、收费透明度以及是否有优惠政策等都会影响家长的决策。

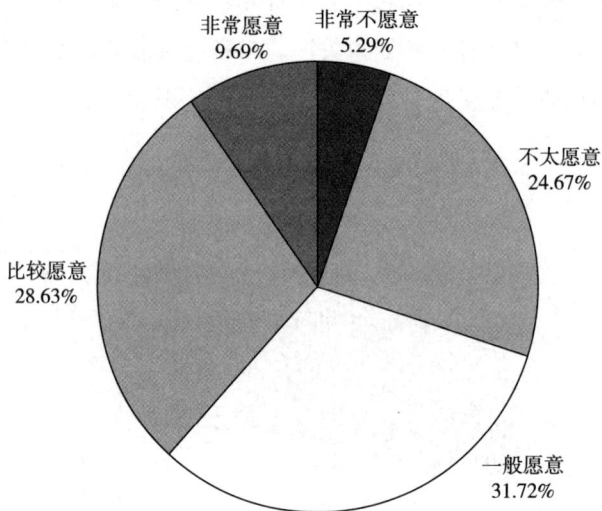

图2 甘肃省普惠托育意愿情况

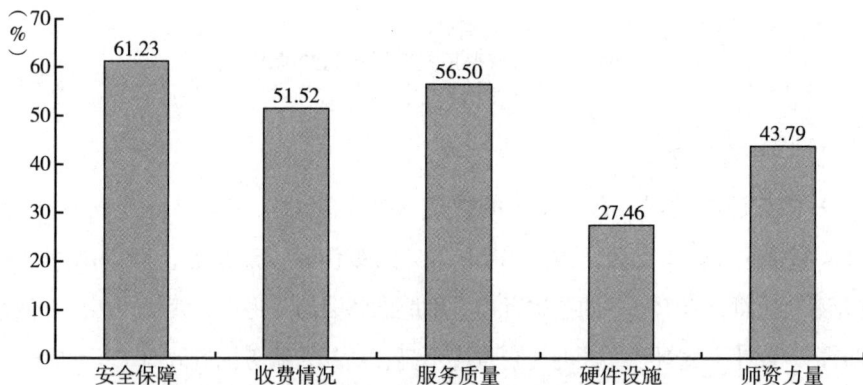

图3 甘肃省普惠托育意愿影响因素

2. 普惠托育服务偏好

（1）普惠托育服务内容偏好

托育服务内容主要有对婴幼儿的日常照护（提供安全、卫生、舒适的生活环境，负责婴幼儿的喂养、睡眠等）、早期教育（通过游戏、音乐等，对婴幼儿语言、社交等方面的启蒙）、潜能激发（通过手、眼、脑协调训练等，注重婴幼儿协调）等。从图 4 来看，将日常照护排在第一位的被访者占 58.15%，将早期教育排在第一位的占比 31.28%，将潜能激发排在第一位的占比 7.93%，将其他服务内容（获取婴幼儿资讯、体检服务等）排在第一位的占比 2.64%。

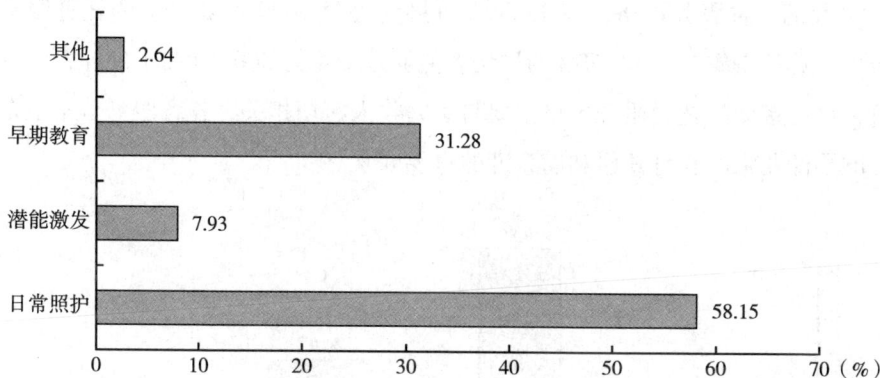

图 4　甘肃省普惠托育服务内容偏好

（2）普惠托育服务形式偏好

从调查数据来看，有 50.66% 的被访者选择全日托，有 31.28% 的被访者选择半日托，有 11.01% 的被访者选择计时托，有 7.05% 的被访者选择临时托（见图 5）。其中，全日托成为最主要的托育服务形式，多样化的托育形式较好地满足了育儿家庭的托育需求。

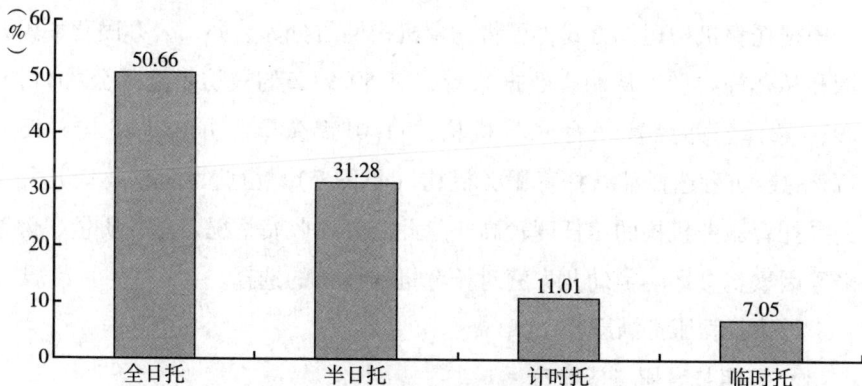

图 5　甘肃省普惠托育服务形式偏好

（3）普惠托育服务价格偏好

托育服务价格主要包括保教费和伙食费等。从图 6 可以看出，有 18.94%的托育家庭能够接受每月 1000 元以下的托育服务价格，有 37.89% 可接受每月 1000~1999 元的托育服务价格，有 24.67%可接受每月 2000~2999 元的托育服务价格，有 18.50%可接受每月 3000 元及以上的托育服务价格。总体来看，有 81.50%的被访者能够接受每月 3000 元以下的托育服务价格，可接受的托育服务价格主要与家庭收入密切相关，托育服务价格也是影响婴幼儿家庭托育意愿和满意度的重要因素。

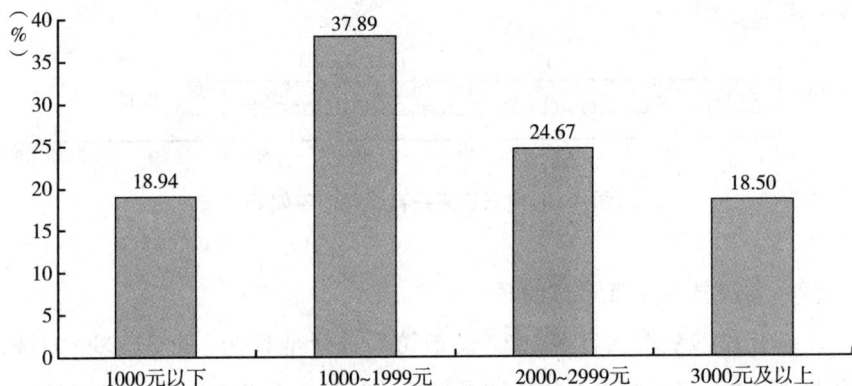

图 6　甘肃省普惠托育服务价格偏好

（4）托育机构性质偏好

根据托育机构运作方式，可将托育机构性质分为公办、公办民营、民办公助和私办等类型。从调查数据来看，有 59.91%的被访者选择公办机构，22.91%选择公办民营托育服务机构，11.01%选择民办公助机构，仅有 6.17%的被访者选择私办托育服务机构（见图 7）。由此可见，婴幼儿父母对公办托育服务机构的信任度较高，除此之外，收费情况、服务质量、健康保障等因素也会影响婴幼儿家庭对托育机构性质的选择。

3.普惠托育服务满意度

（1）普惠托育服务满意度

从图 8 可以看出，有 2.64%的被访者对当前普惠托育服务非常满意，有

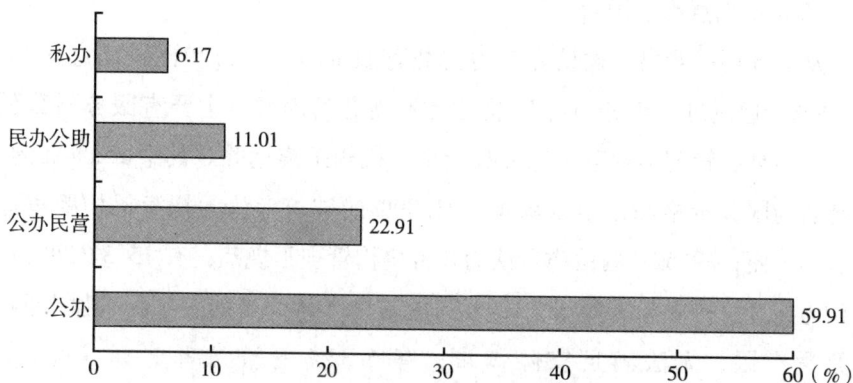

图7 甘肃省托育机构性质偏好

25.55%比较满意，有41.41%基本满意，有26.87%不太满意，有3.52%很不满意。从调查数据来看，当前婴幼儿父母对甘肃省普惠托育服务满意度不是很高，这也从侧面反映出甘肃省普惠托育服务质量和水平还需要进一步提升，以满足育儿家庭多样化的需求。

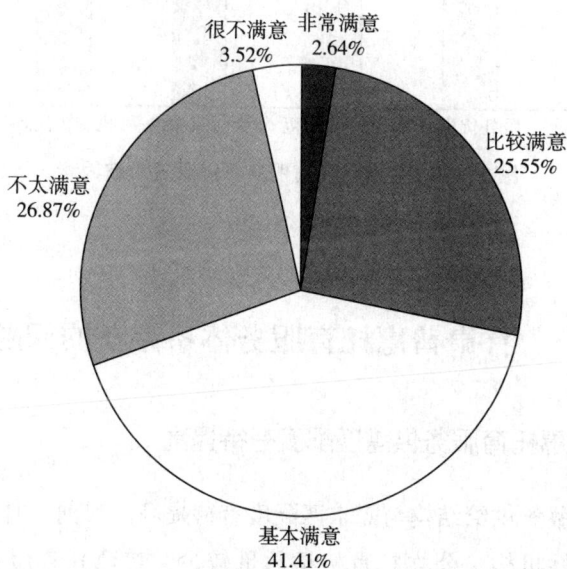

图8 甘肃省普惠托育服务满意度情况

（2）不满意影响因素

从图8可以看出，被访者对普惠托育服务非常满意和比较满意的共占28.19%。通过进一步分析导致被访者不满意的因素，主要有服务质量低、服务价格高、管理不规范、托位数量少、机构距离远等。其中25.54%的被访者认为服务价格高，难以承担；21.09%的被访者认为托育机构距离远，接送不方便；19.52%的被访者认为托育机构管理不规范；有15.32%的被访者认为托育机构服务质量低；12.19%的被访者认为当前普惠托育服务的托位数量有限，无法满足实际需求；有6.34%的被访者选择其他因素（见图9）。

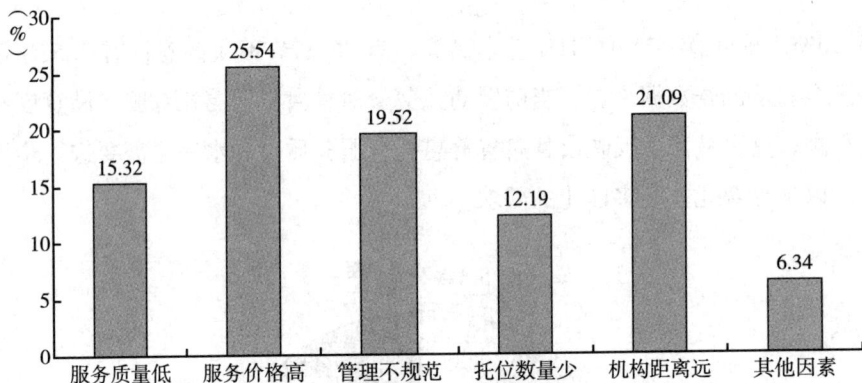

图9　甘肃省普惠托育服务不满意度影响因素

三　甘肃普惠托育服务体系存在的问题

（一）普惠托育服务供需匹配度有待提高

一是托育服务供给结构与需求匹配度有待提高。目前，甘肃省托育服务机构多为营利性机构，公立托育机构数量较少，普惠托育服务资源较为短缺，而育儿家庭更倾向于选择更有普惠性的公立托育机构（有59.91%的被访者选择公立托育机构）。二是托育服务供给价格与需求匹配度有待提高。

在调研中发现，独立的托育机构平均每月收费价格在 3000~3500 元，私立幼儿园托育班收费价格在 2500~3000 元，是公办幼儿园托育班收费标准的 2~3 倍，仅有 18.50% 的被访者可以接受每月托育收费价格在 3000 元及以上，托育收费超出了育儿家庭预期和可承受能力。三是托育服务供给质量与需求匹配度有待提高。部分托育服务机构存在管理不规范、服务质量不高、服务内容单一、师资力量薄弱、距离远等问题，与育儿家庭需求存在一定差距。

（二）托育服务多元主体参与不足

一是托育服务供给主体相对单一。当前，甘肃省托育服务机构多为独立民办机构和幼儿园内置托育班。公立托幼一体化尚处于起步阶段，社区托育和家庭托育正在探索中，供给主体较为单一，无法满足婴幼儿家庭多样化的需求。二是存在政府缺位、市场失灵的状态。一方面，近几年甘肃省出台了一系列有针对性的政策措施，但存在政策落地难、执行难、支持力度不够等问题，政府责任尚未充分履行。另一方面，婴幼儿托育服务市场供需矛盾突出，服务质量参差不齐，综合型的专业人才较为短缺，还存在资源浪费现象。调研中发现，部分托育机构存在招不上婴幼儿的情况，导致托育资源闲置。

（三）托育服务的接受度不高

从托育服务认知来看，部分育儿家庭观念尚未转变，托育认知停留在传统的"养育"阶段，尚未认识到科学育儿的重要性。据托育机构工作人员反映，婴幼儿招生较为困难，其中，育儿观念是重要的影响因素。部分家长认为只要有家庭成员（主要为祖父母和外祖父母）看护，无须送到专业的托育服务机构，导致大量托育资源闲置。从托育意愿来看，从调查结果可知，育儿家庭托育意愿不高，一方面，对托育机构的认识不足，部分被访者认为婴幼儿无人照护时，才会被送至专业的托育机构，而不是为了科学育儿。另一方面，普惠托育供给不足、托育成本过高、对托育机构的信任不足等，在一定程度上影响了育儿家庭的托育意愿。

（四）普惠托育发展不平衡

近年来，甘肃省普惠托育服务体系建设取得了显著进展，但普惠托育发展仍然存在不平衡现象。从区域来看，甘肃省普惠托育存在地区发展不平衡现象。其中，兰州市、兰州新区、白银市等城市较为积极，也取得了一定的成效。兰州新区积极推动托育服务工作，备案托位数量提前超额完成年度目标任务。此外，地区间不平衡还表现在补贴标准、普惠性收费标准等方面。其中，金昌市将"严格执行普惠性收费标准"纳入运营补助条件，其他地区在这些方面发展相对滞后。从城乡来看，城市和乡村在托育服务资源供给、政策支持等方面存在显著差异。城镇地区托育资源相对集中，且在托育机构服务质量、师资力量等方面优于农村地区，榆中县部分托育机构面临运营困难、大量托位空置等困境。尽管相关部门出台了一系列政策，但仍然存在"局部空转"现象。相比之下，兰州新区作为城市区域，在普惠托育服务方面取得了显著进展，形成了多元化的发展格局。

四　进一步完善甘肃省普惠托育服务体系对策建议

（一）健全政策体系

一是健全政策支持体系。一方面，建立以卫健部门牵头，发改、教育、市场、财政等多部门参与的普惠托育工作联席会议制度，加强各责任部门之间的沟通与协作，确保托育服务政策的一致性和连贯性，形成政策合力。另一方面，根据当地经济社会发展情况出台对托育服务机构的奖补政策和优惠政策。对表现优秀的地区和托育机构给予适当的奖励和补助。此外，在托育机构税收、土地使用、资金使用等方面出台优惠政策，降低托育机构运营成本。二是健全普惠托育标准规范体系。一方面，健全托育服务行业标准体系和规范细则，建立风险预警机制和应急管理预案，确保托育服务机构在采购、食品、卫生等方面的安全；另一方面，建立托育服务机构评估制度，由卫健部门牵头，从行业协会、托育机构、高校等遴选专业评估人才或邀请专业的第三方评估机构对托育服务机构开展定期评级，并将评估结果与奖补政策、优惠政策、评优评先等挂钩，倒逼托育服务机构提升服务质量。

（二）注重托育服务资源多元化供给与差异化供给

1.托育服务资源供给多元化

一是加快公办性质的托育园建设。在政府财政资金允许的情况下，支持以政府购买托育服务、公建民营、民办公助等方式发展普惠托育服务，鼓励有条件的机关事业单位单独或联合开设托育班，在满足本单位职工需求的前提下，适当将托育服务延伸至周边地区。二是持续推进托幼一体化。利用幼儿园现有的基础设施和师资力量，拓展婴幼儿托育服务，幼儿园托育班应主要针对2~3岁儿童，为适龄儿童提供连贯的教育环境，实现托幼有效衔接。三是推进家庭托育发展。以社区为依托，利用社区基础设施、闲置资源等在各个社区建立婴幼儿托护点，或在住宅内设置托育服务点，开展家庭式托育服务，打造便民托育服务圈。

2.托育服务资源供给差异化

一是依托各地区经济发展水平、人口结构、家庭收入等特征，充分考虑区域差异、群体需求差异等，发展特色化的托育服务，提高托育服务供给与当地实际需求的适配度。例如，中国宝武武钢集团有限公司创建"1+N"爱心托育托管网络。江西省赣州市于都县妇幼保健院开设托育服务中心，将医疗与托育有机结合，为婴幼儿提供专业的健康指导和养育照护，有效解决了职工子女"托育难"的问题。二是促进城乡托育服务均衡发展。当前甘肃省依旧存在城乡普惠托育发展不均衡问题，大部分普惠托育资源集中在城市，乡镇普惠托育市场未有效挖掘，政府优惠政策和财政资金适度向农村地区倾斜，将普惠托育资源下沉到乡镇，提高普惠托育在乡镇的可及性和均衡性。

（三）优先发展普惠托育

一是优先发展公办托育服务。将普惠托育服务纳入公共服务体系建设中，政府发挥政策引导、财政支持、资源配置等方面的优势，扩大普惠托育服务供给，提升托育服务的可及性和公平性。此外，公办托育服务应优先满足贫困、残疾等弱势家庭育儿需求，充分发挥公办托育机构的普惠性和兜底性作用。例如，南京市建邺区政府和教育机构合作建立公办托育园，提供专业的师资力量和价格实惠，为双职工家庭提供专业的托育服务。二是发展针对城镇中低收入群体的托育服务。当前，甘肃省托育机构仍以民办机构为主，运营成本高，托育价格较高，中低收入育儿家庭"托不起"和托育机构"招不满"的现象并存。政府应对中低收入家庭托育实施减免或补贴政策。例如，2024年9月，青海出台《青海省推动托育服务高质量发展的若干措施》，提出对最低生活保障家庭、困难家庭等符合条件的育儿家庭通过政府购买服务等方式建立托育降费补贴机制。

（四）加快普惠托育人才培养

近年来，甘肃省在普惠托育人才培养和技能提升方面取得了一定成效，但仍然存在教育质量参差不齐、人才供需不平衡等问题，为进一步补齐普惠托育发展短板，一是加快托育人才质量和数量提升。鼓励普通高校、专职院校、技工院校等教育机构开设托育相关的专业，深化产教融合，教育机构与托育机构联合建立托育服务实训基地，建立托育人才培训体系。二是医育结合，提升托育人才素质。医疗机构与托育机构联合成立医育结合指导中心和实践基地，医疗机构人员为托育机构提供业务指导、人员培训和咨询服务等。例如，乌鲁木齐市高新区博望嘉宝托育园与乌鲁木齐儿童医院签订医育联盟协议，通过"医育联盟"，由专业儿保团队为托育园提供健康指导、婴幼儿生长发育检测、保健知识咨询等，全方位提升婴幼儿照护水平。

参考文献

庞丽娟：《发展普惠性婴幼儿托育教育服务体系》，《教育研究》2021年第3期。

吴瑞君：《高质量普惠托育面临的难点与挑战》，《人民论坛》2023 年第 15 期。

刘中一：《我国托育服务供给体系的建构：基于"公共/私人"分析框架的思考》，《甘肃社会科学》2024 年第 2 期。

洪秀敏、赵思婕：《新形势下高质量普惠托育服务体系的建设路径——基于韩国经验的本土思考》，《学前教育研究》2022 年第 12 期。

李虔：《共同富裕背景下温州婴幼儿托育服务体系的构建》，《温州职业技术学院学报》2023 年第 4 期。

杨琳琳：《家国关系视域下推进"幼有所育"的时代紧迫性与路径分析——基于普惠托育服务体系建设的视角》，《四川行政学院学报》2023 年第 5 期。

B.16
甘肃新型城镇化建设调查报告[*]

贾 琼[**]

摘 要： 新型城镇化自首次提出到实施发展至今，已经十余载，带来的城市变化举世瞩目，也成为我国发展经济最大的内需潜力和动能所在。2024 年国务院印发实施的新一轮《深入实施以人为本的新型城镇化战略五年行动计划》，对未来的发展提出了新的目标。甘肃省在全国城镇化进程中推进发展，城镇化率稳步提升、城镇化布局和形态不断优化、城镇综合服务能力与经济发展水平不断提高。但与此同时，也存在城镇化水平低、城市结构体系协同效应发挥难，城镇现代化治理难，再转移农业人口市民化融入难，以绿色化和特色化推动新型城镇化高质量发展难，新型城镇化建设经济增长新动能支撑难等问题。按照新一轮新型城镇化战略计划，结合甘肃发展实际，提出实施新一轮农业转移人口市民化行动、潜力地区城镇化水平提升行动、现代化都市圈培育行动、城市更新和安全韧性提升行动以及建立城乡融合机制等积极推进甘肃新型城镇化的思路与举措。

关键词： 新型城镇化 农业转移人口市民化 甘肃

2012 年 12 月，"新型城镇化"概念在中央经济工作会议公报中被首次提出：要把生态文明理念和原则全面融入城镇化全过程，走集约、智能、绿色、低碳的新型城镇化道路。2014 年 3 月，中共中央、国务院印

---

[*] 本报告数据均来自各年中国统计年鉴、甘肃统计年鉴、甘肃省统计公报。
[**] 贾琼，甘肃省社会科学院农业农村发展研究所副所长、研究员，主要研究方向为农业经济学。

发《国家新型城镇化规划（2014—2020 年）》；2019 年 4 月，国家发展改革委发布《2019 年新型城镇化建设重点任务》；2020 年 4 月，国家发展改革委印发《2020 年新型城镇化建设和城乡融合发展重点任务》；2022 年 6 月，国务院批复《"十四五"新型城镇化实施方案》；2024 年 7 月，国务院印发《深入实施以人为本的新型城镇化战略五年行动计划》，部署实施新一轮农业转移人口市民化行动等 4 项重大行动。我国城镇化的发展伴随着新一轮政策的不断出台，发生了重大转型。为响应这一统一行动，2014 年《甘肃省新型城镇化规划（2014—2020 年）》出台，2019 年 10 月，甘肃省委、省政府印发实施《关于建立健全城乡融合发展体制机制和政策措施的实施意见》，2021 年《甘肃省新型城镇化规划（2021—2035 年）》出台，一系列政策文件系统谋划和部署了甘肃省新型城镇化建设工作。十年来，从国家到地方出台的一系列政策措施，支撑和推动了甘肃新型城镇化建设的有序发展。

一　新型城镇化发展总体特征

自 2012 年中央经济工作会议提出"新型城镇化"后，在各类政策的不断出台下，甘肃省经历了新型城镇化十年的快速发展。本报告根据新型城镇化提出的理念和原则，选取 2012~2023 年《甘肃统计年鉴》和甘肃省统计公报中的指标数据，参考相关研究成果[1][2]，设计了包括人口、经济、社会、土地以及生态等五个方面的指标评价体系，运用熵权法的计算过程，得出了新型城镇化发展中各个指标所占权重（见表 1），测度十余年来甘肃省新型城镇化的发展水平。

---

[1]　邹亚锋、张倩、饶钰飞等：《中国西部省会城市新型城镇化发展水平演化研究》，《干旱区地理》2023 年第 4 期。

[2]　尹君锋、石培基、黄万状等：《甘肃省县域乡村振兴与新型城镇化耦合协调发展的时空分异特征及影响因素》，《自然资源学报》2023 年第 8 期。

表1 2012~2023年甘肃省新型城镇化发展水平评价指标权重

目标层	准则层	指标层	单位	指标属性	权重
甘肃省新型城镇化发展水平综合评价体系	人口城镇化	城镇人口数	万人	+	0.038
		常住人口城镇化率	%	+	0.039
		城市人口密度	人/公里²	+	0.063
	经济城镇化	地区生产总值	亿元	+	0.044
		人均地区生产总值	元	+	0.045
		固定资产投资(不含农户)比上年增长	%	+	0.011
		城镇居民人均可支配收入	元	+	0.048
		城乡居民收入比	-	-	0.027
		社会消费品零售总额	亿元	+	0.044
	土地城镇化	人均城市道路面积	万平方米	+	0.058
		建成区面积	平方公里	+	0.041
		人均公园绿地面积	平方米	+	0.045
	社会城镇化	城镇登记失业率	%	-	0.045
		供水综合生产能力	万米³/日	+	0.017
		人工煤气生产能力	万米³/日	+	0.138
		医疗卫生机构床位数	万张	+	0.051
		每万人拥有公共厕所	座	+	0.064
	生态城镇化	城市绿地面积	万公顷	+	0.039
		二氧化硫排放量	万吨	-	0.063
		城市污水日处理能力	万立方米	+	0.027
		道路清扫保洁面积	万平方米	+	0.053

由评价结果可以看出，权重排在前十的指标主要集中在社会城镇化、土地城镇化和生态城镇化的指标层中，说明社会服务的不断加强以及基础设施的不断建设为甘肃省新型城镇化发展贡献了主要力量，但其中二氧化硫排放量、城镇登记失业率的指标对全省新型城镇化的发展是反向作用，说明空气污染物过高及城镇人口就业问题是阻碍甘肃省新型城镇化发展的重要问题。其次，经济城镇化指标层及人口城镇化指标层，如人均地区生产总值、社会消费品零售总额、常住人口城镇化率等指标权重排位中等靠后，说明甘肃省经济发展、市场消费活力对吸引劳动力转移就业的拉动力不强。总体来看，十余年来，甘肃省新型城镇化发展进程中，以社会城镇化及土地城镇化发展为主要特征。

由图1可以看出，十余年来，甘肃省新型城镇化发展水平与城镇化率都随着时间的推移不断提高。这段时间，甘肃省新型城镇化发展水平分为三个阶段：第一个阶段是2012~2016年，新型城镇化综合得分从2012年的0.3增长到2016年的0.49，增长了0.19；第二个阶段是2017~2020年，新型城镇化综合得分从2017年的0.65增长到2020年的0.74，增长了0.09；第三个阶段是2021~2023年，新型城镇化综合得分从2021年的0.81增长到2023年的0.89，增长了0.08。新型城镇化发展水平与人口转移的城镇化率的增长趋势不断接近时，以旧有模式推进的新型城镇化发展空间有限，转档提质，注重就业结构升级，增加流动人口的稳定性，推动区域城镇化高效发展势在必行。

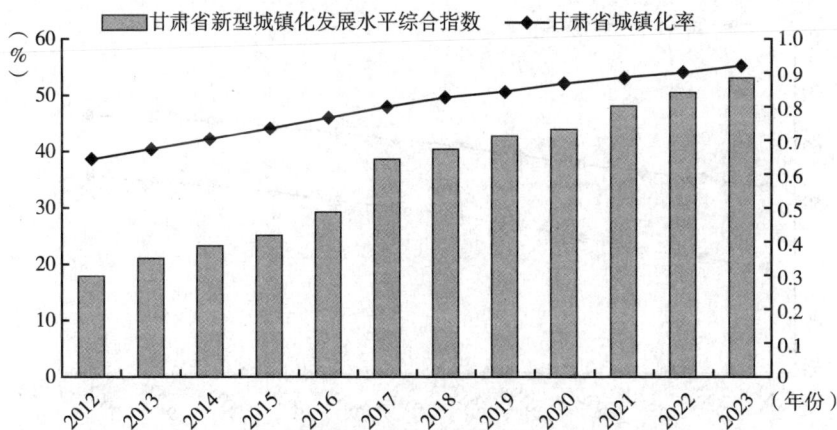

图1　2012~2023年甘肃省新型城镇化发展水平与城镇化率变化趋势

二　新型城镇化发展现状

（一）城镇化率增速快于全国平均水平

2012年甘肃省常住人口城镇化率为38.78%，到2023年，甘肃省城镇人口达到1368.05万人，城镇化率提升到55.49%，增加16.71个百分点，而同期全国新增城镇人口2.11亿人，常住人口城镇化率从53.1%提高到

66.16%，增加13.06个百分点，与之相比，2023年甘肃省城镇化率低于全国平均水平10.67个百分点，但城镇化率增速快于全国平均水平（见图2）。在全省14个市州中，2023年嘉峪关市城镇化率为94.67%、兰州市为84.85%、金昌市为79.83%、酒泉市为67.07%，这四个城市的城镇化率均超过全国平均水平，城镇化率在全省排名较前；另外，城镇化率较低的四个城市分别是陇南市、临夏州、定西市和庆阳市，城镇化率分别为40.10%、40.27%、41.46%和45.21%；2012~2023年城镇化率提升较快的四个城市为武威市、甘南州、白银市、天水市，分别增长19.99个、19.42个、17.94个、17.92个百分点（见表2）。

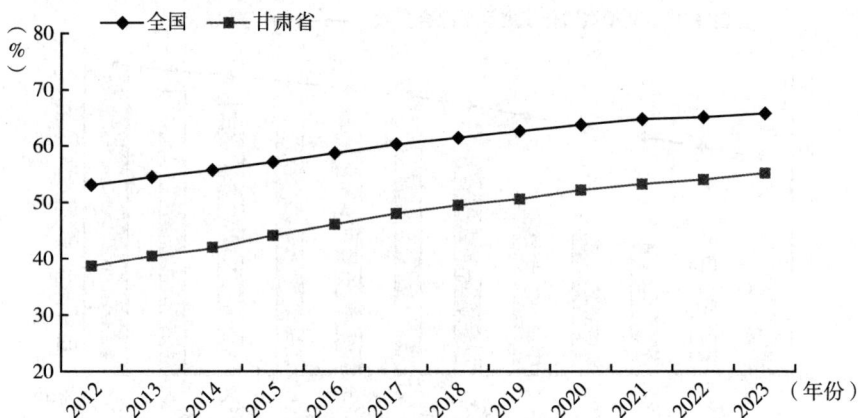

图2　2012~2023年全国与甘肃省城镇化率发展情况

表2　2012年和2023年甘肃省各市州城镇化率对比

单位：%，百分点

地区	城镇化率			地区	城镇化率		
	2012年	2023年	增幅		2012年	2023年	增幅
兰州	78.34	84.85	6.51	平凉	31.65	48.09	16.44
嘉峪关	93.37	94.67	1.30	酒泉	52.15	67.07	14.92
金昌	64.13	79.83	15.70	庆阳	28.01	45.21	17.20
白银	41.54	59.48	17.94	定西	25.83	41.46	15.63
天水	31.11	49.03	17.92	陇南	23.37	40.10	16.73
武威	30.88	50.87	19.99	临夏	26.69	40.27	13.58
张掖	37.11	54.86	17.75	甘南	25.98	45.40	19.42

（二）城市化布局和城镇化形态不断优化

在城镇化进程中，甘肃省城市功能与布局不断优化，兰州市中心城市首位度显著提升。2023 年，兰州的城市首位度为 29.8%，在全国范围内处于中等水平，低于长春、西宁、银川等城市，但高于成都、哈尔滨、拉萨、武汉、西安等城市，在甘肃省的经济地位和影响力较高。城市规模及数量不断增大，甘肃省共有 17 个设市城市、1 个国家级新区（见表 3）。按照 2023 年底城市常住人口归类，I 型大城市为兰州市，全省只有 1 个；II 型大城市有白银市、天水市、酒泉市、武威市、张掖市、平凉市、庆阳市、定西市、陇南市、临夏市 10 个；I 型小城市包括嘉峪关市、金昌市、兰州新区 3 个；II 型小城市包括华亭市、敦煌市、玉门市、合作市 4 个，总建制镇 892 个。初步形成了以西陇海—兰新线为横轴，以黄河沿岸城镇带、陇东南城镇带为纵轴，兰白、酒嘉、张掖、金武、天成和平庆等多个城市组团为重点的"一横两纵多组团"的城镇化发展空间格局。进一步强化了县城和特色小镇建设，打造宜业宜居优质生活圈，促进产业、人才等资源要素集聚融合，协调推进城乡融合发展新格局。

表 3　2023 年甘肃省城市类别划分

单位：万人，%

城市	人口	城市类别	城镇化率	城市	人口	城市类别	城镇化率
兰州市	442.51	I 型大城市	84.85	平凉市	178.58	II 型大城市	48.09
白银市	148.81	II 型大城市	59.48	酒泉市	104.27	II 型大城市	67.07
天水市	290.72	II 型大城市	49.03	庆阳市	213.25	II 型大城市	45.21
武威市	142.73	II 型大城市	50.87	定西市	248.24	II 型大城市	41.46
张掖市	110.46	II 型大城市	54.86	陇南市	234.22	II 型大城市	40.10
嘉峪关市	31.50	I 型小城市	94.67	临夏市	210.11	II 型大城市	40.27
金昌市	43.20	I 型小城市	79.83	合作市	10.97	II 型小城市	70.56
兰州新区	33.93	I 型小城市	68.79	敦煌市	18.24	II 型小城市	72.88
华亭市	17.76	II 型小城市	64.28	玉门市	13.57	II 型小城市	66.45

注：城市等级划分，超大城市 1000 万人口以上，特大城市 500 万~1000 万人口，I 型大城市 300 万~500 万人口，II 型大城市 100 万~300 万人口，中等城市 50 万~100 万人口，I 型小城市 20 万~50 万人口，II 型小城市小于 20 万人口。

（三）城镇综合服务能力不断提高

甘肃省教育、医疗、文娱、社会保障等公共服务水平逐步提高，十余年来，全省基础设施综合服务各类指标变化显著（见表4）。2023年，甘肃省城镇职工基本养老保险参保人数达到532.54万人，较2012年增加255.17万人，增长近1倍，城乡居民基本养老保险参保人数为1378.98万人，较2012年增加157.59万人，增幅达到12.9%，基本养老保险参保率达到98%；城镇职工基本医疗保险参保人数达到396.68万人，较2012年增加103.71万人，增长35.4%，参加城乡居民新农合人数为2113.90万人，较2012年增加1790.33万人，增长5.53倍。2023年，全省参加失业保险的人数达到210.05万人，较2012年增加46.5万人，增幅为28.4%；参加工伤保险的人数达到297.44万人，较2012年增加138.91万人，增幅达到87.6%；参加生育保险的人数达到265.41万人，较2012年增加135.89万人，增幅达到104.9%（见表5）。

表4　2012年和2023年甘肃省基础设施综合服务指标变化情况

时间	人均城市道路面积（平方米）	城市污水日处理能力（万立方米）	城市绿地面积（万公顷）	人均公园绿地面积（平方米）	每万人拥有公共厕所（座）	道路清扫保洁面积（万平方米）	供水综合生产能力（万米³/日）	医疗卫生机构床位数（万张）	二氧化硫排放量（万吨）
2023年	23.21	236.98	3.50	17.25	4.68	15045	377.09	20.40	7.18
2012年	12.56	159.10	1.85	9.52	2.36	6235	370.44	11.23	57.25
十年增幅	84.8%	49.0%	89.2%	81.2%	98.3%	141.3%	+6.65	81.7%	-87.46%

表5　2012年、2017年和2023年甘肃省5项社会保险参保人数变化情况

单位：万人

年份	基本养老保险			基本医疗保险			失业保险	工伤保险	生育保险
	合计	城镇职工	城乡居民	合计	城镇职工	新农合（城乡居民）			
2012	1498.76	277.37	1221.39	616.54	292.97	323.57	163.55	158.53	129.52
2017	1692.20	429.80	1262.40	2512.17	320.20	2191.97	165.38	198.58	175.31
2023	1911.52	532.54	1378.98	2510.58	396.68	2113.90	210.05	297.44	265.41

（四）城镇现代服务业活跃发展

在城镇化进程中，城镇经济繁荣发展。现代服务业呈现多样化与活跃化趋势，2023 年全省第三产业增加值达到 6141.8 亿元，较 2012 年增长 166.01%，其中，文化旅游产业得到较快发展，城市品位与知名度得到提升。城镇经济的发展，吸引了大批人口向城市聚集，不断提升市场经济效益。2012~2023 年，甘肃经济保持平稳较快增长态势，十余年间全省地区生产总值提高 6470.7 亿元，人均地区生产总值增加 26726 元，增幅较大；社会消费品零售总额增加 2265.3 亿元，增长 1 倍多；城镇居民人均可支配收入 2023 年达到 39833 元，比 2012 年增加 21854 元，增长 121.6%；农村居民人均可支配收入达到 13131 元，比 2012 年增加 8200 元，增长 166.3%（见表 6）。

表 6　2012 年和 2023 年甘肃省社会经济指标变化情况

时间	地区生产总值（亿元）	人均地区生产总值（元）	城镇居民人均可支配收入（元）	城乡居民收入比	社会消费品零售总额（亿元）	城镇登记失业率（%）	农村居民人均可支配收入（元）	第三产业增加值（亿元）
2023 年	11863.8	47867	39833	3.03	4329.7	3.4	13131	6141.8
2012 年	5393.1	21141	17979	3.65	2064.4	2.7	4931	2308.9
十年增幅	120.0%	126.4%	121.6%	-0.62	109.7%	0.7 个百分点	166.3%	166.0%

（五）绿色产业业态多样化发展

甘肃省绿色旅游景观独特，为绿色旅游业的发展提供了良好的基础条件。各地区第三产业比重中，临潭县达到 70%，张家川县、康乐县、临夏县、夏河县、敦煌市等第三产业占比均高达 60% 以上，这些县（市、区）主要通过精心打造特色旅游景区带动经济增长，提升了县域综合实力。不断开发绿色建筑市场，近几年甘肃省"绿色建筑产业博览会"连续召开，为西北地区建材企业与建筑企业等行业市场提供了对接平台。2024年"甘肃省绿色建筑与建筑节能技术应用交流会"召开，会议的主旨是推动新墙材企业积极为临夏积石山地震灾后重建做贡献，以灾后重建为切入点，将结构安全、抗震保温、绿色节能、方便舒适、性价比高的新技术产品推向广大农村，探讨城乡建设中适配绿色建筑与建筑节能的新技术、新产品。各地区积极推进工业转型升级，在转型升级的过程中，新兴产业如新能源、新材料、生物医药等发展势头强劲，成为城市乃至全省经济增长的新动力。玉门市、金塔县、瓜州县等县（市、区）在新能源产业、煤化工产业、硅材料产业等方面发展较好，是全国重要的粮棉油以及制种基地。全省清洁能源装机容量持续增长，到"十四五"末，甘肃电网新能源装机容量将超过8000万千瓦，位居全国前列。开展的循环经济试点，如兰州新区循环经济示范区、酒泉钢铁（集团）有限责任公司循环经济产业链等项目，也取得了较好的效果。

三　存在的问题

（一）城镇化水平低，地区间差异大，城市结构体系协同效应发挥难

2023年，甘肃省城镇化率为55.49%，从各市州情况来看，城镇化水平发展很不平衡。其中，嘉峪关市城镇化率最高，比最低的陇南市高54.57个百分点，合理的大中小城镇等级体系没有形成；天水、张掖、武威、定西、平凉、庆阳、陇南、临夏、甘南9个市州城镇化率低于全省平均水平，且大部分地区处于甘肃省东南部。城镇结构体系不合理。2023年，甘肃省城区人口超过300万的大城市只有1个兰州市，城镇结构以中等城镇群为主，地域分布不平衡，不同城镇人口密度差异大，未能充分体现各城市基于不同功能相互补充的城市结构体系。城镇化水平比较低。2023年全国城镇化率平均水平为66.16%，甘肃为55.49%，低于全国10.67个百分点（见表7）。与全国水平相比，甘肃仍处于低度城镇化省份，按照2024年7月国务院印发的

《深入实施以人为本的新型城镇化战略五年行动计划》要求的全国城镇化水平未来要达到70%，还有较大差距。与周边各省相比，十余年来甘肃省城镇化率增幅最快，达到16.71个百分点，但城镇化发展程度仍然较低，从2023年城镇化率指标看，甘肃省与周边省份相比形成了区域"洼地"。

表7 2012年、2017年和2023年甘肃省与周边省份城镇化率比较

单位：%，百分点

时间	全国	陕西	宁夏	青海	内蒙古	山西	四川	新疆	甘肃
2012年	53.10	49.71	51.15	47.85	58.42	51.32	43.35	44.22	38.78
2017年	60.24	58.07	60.95	55.45	64.60	58.59	51.78	51.90	48.12
2023年	66.16	65.16	67.31	62.80	69.58	64.97	59.49	59.24	55.49
十年增幅	13.06	15.45	16.16	14.95	11.16	13.65	16.14	15.02	16.71

（二）土地城镇化快于人口城镇化，城镇现代化治理难

城镇化与工业化不匹配，城镇化率高于工业化率。2023年，甘肃省第一、第二、第三产业的结构为13.80：34.40：51.80，工业化率为34.4%，城镇化率为55.49%，城镇化率比工业化率高出21.09个百分点。2023年甘肃省建成区面积1001.7平方公里，较2012年增长46.9%，同期，全省城镇化率增加16.71个百分点，土地城镇化快于人口城镇化。城市发展较多依赖土地财政，导致不同土地利用类型与城市经济主体功能的错配，城市发展的政府推动特征明显，市场化力量发育不够，影响城市管理服务水平，产生交通拥堵、环境污染等问题，城镇现代化治理难。一些中小城镇因产业支撑不足，基础设施和公共服务发展滞后，就业岗位较少，经济社会发展后劲不足。数字化治理能力不足。进入数字化时代，城市公共服务的数字化、信息化是实现城市治理高效的必然选择，当前甘肃省城市数字服务涉及部门多、服务对象范围广，但跨部门、跨层级的信息共享机制还不健全，因此打通部门间信息壁垒，加快实现"互联网+公共服务"模式，已经是城市治理中必须解决的课题。城市治理观念更新较慢。甘肃省在城市治理中，要破解的

另一个问题是怎样实现高效的城市社区动员和力量整合，形成参与、共享、共治的城市治理格局，从而进一步激发城市治理活力，使社会力量参与到城市治理当中。

（三）再转移农业人口市民化融入难

新型城镇化发展十余年来，多数具有主观能动性的农业人口已经转移到城镇，尽管在融入城市环境方面还存在差异，如在教育、医疗、养老、住房等方面还存在体制矛盾、城乡矛盾、阶层分化等社会问题，但大量农业人口的转移也是发展快速的。目前，甘肃省常住人口城镇化率达到 55.49%，未来要达到 70%，剩余的、能动意愿不足的农业转移人口市民化如何系统转移，加之户籍人口城镇化率与常住人口城镇化率还有不小的差距，部分农业转移人口只是实现了城镇的非农就业，在此情况下，怎样实现基本公共服务全覆盖，提高落户农民市民化质量，促进农业转移人口全面融入城市仍然是甘肃新型城镇化建设的首要任务。另外，甘肃省产业经济支撑转移人口能力不足，再转移农业人口市民化较多依靠政府财政，在土地税收减少的情况下，给实现农业转移人口市民化造成巨大压力。文献资料表明（见表8)[①]，从政府成本角度计算，甘肃省域大、中、小城市人均城市化成本分别约为10.32 万元、9.07 万元、7.39 万元，未来城市化资金总需求约为 12880.44亿元，不同城市成本差距主要是住房及基础设施建设的投资。

表8　2019~2030 年甘肃省新型城镇化资金需求预测

项目	大城市	中等城市	小城市
人均城市化成本(万元)	10.32	9.07	7.39
城市新增农业转移人口(万人)	150.30	533.12	878.38
城市化资金总需求(亿元)	1551.27	4834.31	6494.87
总计(亿元)	12880.44		

① 刘淑红：《欠发达地区新型城镇化资金需求预测——以甘肃省为例》，《财务与金融》2019年第1期。

（四）以绿色化和特色化推动新型城镇化高质量发展难

绿色生态发展是新型城镇化高质量发展的核心举措。甘肃省绿色化、特色化的产业业态虽已形成，但相比于新型城镇化建设的发展目标与要求，甘肃省环境资源承载力较弱，除甘南高原、陇南徽成盆地、张掖市南部的15个县域外，全省其余县域生态系统相对比较脆弱。地区经济发展存在差异，产业结构调整较慢，现代新兴产业体系尚未建立，主要表现在：绿色产业规模较小，绿色旅游产业链有待完善，与发达地区相比，旅游产业链还不够完善，需要进一步加强行业整合和发展规划；清洁能源消纳问题仍待解决，需要进一步加大电网建设力度；循环经济发展的物流成本较高、产业链不够完整等，需要不断推进科技创新和政策引导；生态农业发展污染治理难度大、农民环保意识不强等，需要继续加大政策支持和技术研发投入；新兴产业市场竞争力较弱，传统产业改造升级成本高，如华池县、肃南县、红古区、玉门市主要依靠煤炭业、石油带动经济增长。在全面推进城镇化建设过程中，处理好资源、能源、生态与经济社会之间的协调发展问题，才能打造生态宜居的现代城市，实现城镇发展的生态跃迁。但在近十多年的城镇化进程中，甘肃省城镇发展特色不足，城市建筑统一化，对城市的精细化管理不足，城乡建设缺乏特色，影响城市的自然和文化个性。

（五）新型城镇化建设经济增长新动能支撑难

市场经济环境下，促进新型城镇化发展的经济增长新动能不足。2012~2023年，十余年间全国GDP增长134.06%，甘肃省GDP增长119.98%，比全国水平低14.08个百分点。从图3可以看出，第一产业比重一直高于全国水平，2023年高于全国水平6.7个百分点；第二产业比重低于全国水平，2023年低于全国水平3.9个百分点；第三产业比重变化趋势与全国相当，2023年略低于全国水平2.8个百分点。甘肃省产业发展中农业占比高，且与全国发展趋势差距变大，可见全省产业结构优化缓慢，能够支撑城市实现绿色崛起的新业态、新模式创新不足，推动城乡要素自由流动的产业基础亟待加强。另外，从市场主体来看，民营企业体量较小，2023年我国大部分城市民营经济占 GDP 比重均在 50% 以上，泉州、深圳、郑州民营经济占比分别为 83%、71.6% 和 71%，位列全国前三，但在甘肃省会兰州市，民营经济占比仅为 45.9%，税收占地区总税收的 36.74%。城市民营经济总体发展比较薄弱，对 GDP 贡献率不高；市场主体数量少，2023年上半年，我国拥有 20 万家以上民营企业的城市有 66 座，而据统计，2022 年底，甘肃省民营企业数量约 55 万家，兰州市规模以上中小微企业营业收入约占全省的 26.6%，占比较低；产业领域传统行业分布多，如兰州市现有民营企业产业层次较低，主要集中在批发、零售、商贸、餐饮等传统服务业领域，从事新型工业和现代服务业的企业不多，民营企业科技创新竞争力不足。

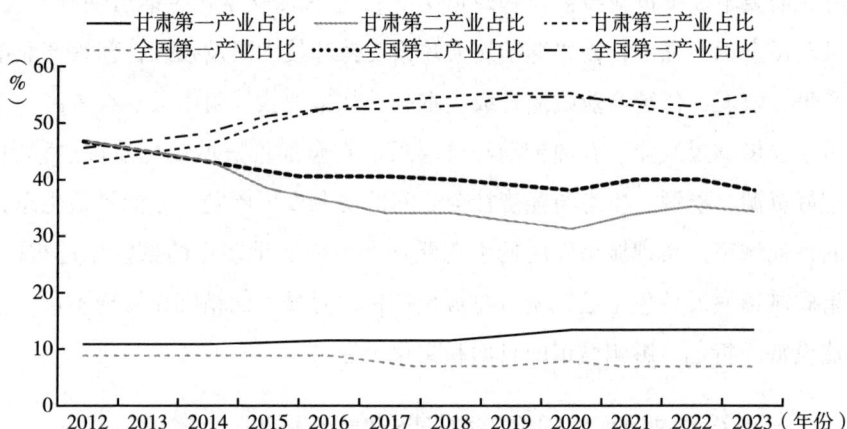

图 3　2012~2023 年全国与甘肃省三次产业占比变化趋势

四　对策建议

2024 年 7 月，国务院印发《深入实施以人为本的新型城镇化战略五年行动计划》，部署实施新一轮农业转移人口市民化行动等 4 项重大计划。按照新一轮新型城镇化战略计划，结合甘肃发展实际，提出积极推进甘肃省新型城镇化发展的思路与举措。

（一）实施新一轮农业转移人口市民化行动

一是以人的城镇化为核心，按照尊重意愿、自主选择原则，以提供平等公共服务和均等发展机会为目标，积极推动低收入人口市民化工作。二是进一步深化户籍制度改革，关注进城农民工及其随迁家属和城市间流动人口，将符合落户条件的农业转移人口逐步转为城镇居民。加强职业技能培训，把用工企业纳入培训体系，建立就业信息发布平台，健全终身职业培训制度。搭建农村劳动力与辖区企业有效对接的平台，促进城乡就业的合理流动和公平竞争。加强与省外劳务市场的对接，做好转移人口劳动技能培训，对于省外就业农业人口，做好转移就业人口在农村的权益保障工作。三是提供均等化的基本公共服务，建立多渠道住房保障供给体系，加强对大型易地扶贫搬迁安置区配套设施的建设，完善住房租赁市场长期租房制度，以一定比例的公办中小学名额，就近安排农业转移人口随迁子女入学。结合新型农村合作医疗保险和城镇居民养老保险建立农村进城居民养老保险制度，大力发展补充性社会保险和商业保险，逐步提高医疗保险最高补助限额，稳步推进城乡医疗、养老、失业、工伤、生育等社会保障一体化。积极发展福利和慈善事业，健全完善城乡居民最低生活保障制度。四是深化土地管理制度改革，完善农村集体经营性建设用地流转和宅基地管理制度，稳步推进棚户区和城中村改造，在商住开发项目中配建经适房、公租房。保障好农民土地承包经营权、宅基地使用权和集体财产收益权。应完善财政转移支付、城镇建设用地规模与吸纳农业转移人口市民化协调机制，结合美丽乡村建设，用科学的规划、良好的设施环境引导农民群众向中心村聚集。五是建立多渠道融资机制，用特许经营权鼓励社会力量参与城市基础设施建设和运营，研究利用国家、省级政策和规划，多渠道寻求和争取上级政策及项目的支持。

（二）实施潜力地区城镇化水平提升行动

一是以城镇化潜力较大的集中片区为重点，因地制宜合理规划城镇体系，建设一批各具特色的中小城镇。发挥各市州比较优势，依托争取国家给予的财力和政策扶持，促进各类要素合理流动和高效集聚扶持自然条件较差的地区加快城镇化步伐，通过整体搬迁等方式，整体推进甘肃城镇化进程。二是依托国家区域发展战略规划，整合地区发展资源，提升就地城镇化和异地城镇化的人口规模。提升关中平原中心城市在陇东南地区的带动能力。建设传统能源综合利用示范基地，以天水市承接装备制造以及再制造产业示范区的强聚集力，大力发展东部四市城市群。三是依托河西走廊节点型城市，以丝绸之路经济文化影响力，构建新型城镇化文化领域多层次交流合作平台，充分挖掘文化资源，不断提高城市精细化管理水平。发展河西走廊城市群，以战略通道为依托，以新能源开发利用为重点，提升河西走廊先进制造业承接能力，形成三大城市群产业协作配套及融合发展的绿色经济带。四是因地制宜发展黄河流域生态区，实现沿黄地区绿色发展。将水资源作为发展指标要求，合理规划人口、资源、城市发展边界，因地制宜发展循环农业、文化旅游、中医中药等绿色生态产业，节约利用资源，着力保护流域生态和城镇化的生态文明。

（三）实施现代化都市圈培育行动

一是加强兰西城市群的辐射带动作用，发挥兰州市吸纳人口效应，在重大基础设施、交通设施、公共服务配套设施、水利设施等方面加大投入，形成支撑西北地区发展的区域经济增长点、增长带，深入挖掘双方在产业发展、技术人才交流等方面的结合点，将甘肃资源优势转化为经济优势。二是推动形成以兰州都市圈为核心的城镇化战略格局，大力发展新兴产业，加快带动新型城镇化进程。加快兰州高新区、经济区增容扩区，以及老城区的改造提升，优化产业布局，以产业平台集聚人口，形成西陇海兰新经济带的重要支点、西北交通枢纽和物流中心，推动全省城镇化高质量发展。构造以兰州主城区为核心，逐步向外延伸的发展态势。第一层，依托兰州主城区的分布形态，以兰州新区、白银、榆中、永靖、皋兰等地区形成兰州城市圈核心区；第二层，以地方性产业为支撑，涵盖定西、临洮、临夏、西宁、靖远、会宁，形成兰州城市圈辐射区；第三层，分别向东南西北延伸，形成兰州—

陇东—西安、兰州—陇南—重庆、兰州—河西—乌鲁木齐、兰州—银川—北京等 4 条城市带拓展区。三是引导兰白都市圈产业高端化发展，加强政府对兰白都市圈的政策支持，形成以高端制造业及生产性服务业为主的产业结构，提高兰白都市圈的一体化水平。加强基础设施规划建设，完善兰州新区、高新区、产业转移示范区等重要产业载体建设，探索税收分享和征管协调机制，鼓励社会资本参与都市圈建设与运营，形成以先进制造和绿色生产为重点的中部绿色生态产业示范区。

（四）实施城市更新和安全韧性提升行动

一是加强智慧化精细化的城市管理。积极应用新技术，建立精细化的治理体系，贯彻生态文明理念，构建精致化的城市空间，提高城市运营效率，不断增强城市居民的获得感与幸福感。加快推进国家智慧城市试点建设，完善数字技术设施应用，加强城市社保体系运营、生态环境保护、能源调度和节能、治安网格化监控等的系统集成，增强城市数字化治理综合能力。二是推动大、中、小城市城镇化协调发展，提高中小城市经济产业的支撑力，完善社区公共服务功能，促进人口就地就近转移、就业，大力发挥中心城市的辐射带动作用。构建房地产发展新模式，加强保障性住房建设和供给；推进城中村改造，改善居住条件和生态环境；推进"平急两用"公共基础设施建设，实施城市生命线安全工程，加快城市燃气管道等更新改造，加强城市应急备用水源建设和管网互通，强化城市道路交通运行基础。三是引导城市从扩张向缩量规划治理转变。遵循城市发展的客观规律，引导人口和公共资源向城区集中，充分利用存量空间，提高集约化发展水平。乡镇小城镇，着重考虑解决排污排洪、垃圾处理、绿化亮化等问题，围绕优化环境、聚集人口和服务产业发展，规划建设好与区域产业相配套的专业市场。四是发展优质便捷的城镇服务业，优化各级城市商业服务业场所布局，满足居民工作和生活多样化需求。积极营造城市创业就业良好环境，提高服务质量，促进居民消费结构改善与升级。五是全面提高绿色低碳发展水平，加强生态保护治理与发展生态经济有机衔接，构建绿色生态产业体系，推动重点行业和领域绿色化改造；以突出生态环境问题为切入点，防治城市污染，持续改善城市生态环境质量；提高公众环保意识，倡导绿色生产和生活方式，让全体市民共同参与到生态环境维护中，减少浪费、降低污染。

（五）建立城乡融合机制

一是加大金融支持力度，在地方财力有限和融资渠道相对较窄的情况下，积极开展联合贷款、银团贷款等业务，进一步扩大信贷支持范围，确保贷款总量与全省城镇化发展需求相适应。充分利用各金融机构投融资合作平台，创新城市建设的金融产品与贷款模式；充分发挥地方中小金融机构服务城市经济发展的作用，开发符合中小企业特点的金融产品，改善服务方式、简化贷款手续；根据不同地区金融需求特点，深化农村金融改革，推进甘肃城镇化建设进程。二是调整优化产业结构，加大招商引资力度，加快发展特色优势产业、战略性新兴产业、区域首位产业、富民多元产业等，积极承接中东部产业转移，全面提高经济发展的规模效应和集聚效应，为城镇化发展提供支撑和动力。大力发展第三产业，提升旅游产业知名度，突出城镇特色文化，推进地区旅游业快速发展；大力发展现代都市农业，丰富都市休闲游憩资源，提高城郊环境质量，加强农业基础设施建设，推进水利设施改造，依托农业科技发展，强化绿色蔬菜、瓜果等农产品基地建设，发展花卉、城郊观光农业等新型都市农业产业；发展设施农业，提高反季节蔬菜供应能力。三是继续深化市场化改革步伐，健全城乡要素双向流动体制，构建以市场为主、政府为辅的要素配置体系，充分盘活农村资源，探索发展农村新产业、新业态，促进城乡要素流动；采用点状供地和弹性供地等灵活形式，简化农村集体建设用地审批程序，探索小块用地开发，促进乡村三产融合；发展城乡融合产业链条，实现农业生产、工业化加工、物流销售的有机融合，以产业发展实现城乡发展的互联互通，促进农村产业结构的优化升级，形成新型城镇化高质量发展的新格局。

B.17
甘肃城市形象构建调查报告

段翠清*

摘　要：　城市形象不仅是一座城市的名片，给人们带去主观性的感受，而且对区域经济发展和社会文明程度的提高产生直接和间接的促进作用。在漫长的塑造和传播过程中，甘肃各市州根据各自的地域文化资源特色，以政府主导和民间体验两种构建方式，以各类媒体、饮食文化、节庆赛事为媒介，塑造了各具特色的地域城市形象。本报告以甘肃城市形象为研究对象，系统梳理了甘肃各市州城市发展各阶段构建城市形象的方式和途径，在此基础上，以问卷调查的方式对甘肃城市形象的认知状态、吸引力度、城市形象传达方式等进行相关研究。研究认为甘肃在城市形象构建方面面临影响力持续性不足、新型网络媒体对甘肃城市本地资源的挖掘深度不足、各区域间城市形象构建水平差异性较大、城市形象构建的单一性趋同性等问题。在下一步工作中，建议从提升官方与民间在城市形象构建中的融合度、注重甘肃城市本地精神文化资源的挖掘和传播厚度、拓展宣传主体、积极推进地域文化与文旅产品的深度融合发展、提升甘肃区域城市个性化形象构建水平、优化甘肃城市形象构建的管理体系等方面进行改进和优化。

关键词：　城市形象　形象构建　甘肃

　　城市形象作为某一区域区别于其他区域的标志性特征，不仅是城市软实力的核心象征，更是当下区域经济社会发展核心竞争力的影响因素。甘肃地

---

* 段翠清，甘肃省社会科学院经济研究所副研究员，主要研究方向为恢复生态、生态经济、环境科学。

域狭长，辖有 14 个市州，处于我国西北枢纽中心区域，东西南北城市区域的地理地貌、历史文化资源、人文特色、经济社会发展基础各不相同，展现出来的城市形象也各有千秋。本报告通过对甘肃主要城市形象构建现状的调查，采用问卷调查和归纳总结等方法，对甘肃各区域主要城市形象构建的优势和不足进行研究，进而提出进一步提升甘肃城市形象影响力的关键路径和对策建议。

一 甘肃城市形象构建方式与途径

城市形象的构建主要以历史文化、自然景观、人文建筑、特色饮食、节庆赛事等有别于其他城市的资源特色为基础，通过各类传播渠道，在民众心中塑造一种主观印象。在漫长的塑造和传播过程中，甘肃各市州根据各自的地域文化资源特色，以政府主导和民间体验两种构建方式，以各类媒体、饮食文化、节庆赛事为媒介，塑造了各具特色的地域城市形象。

（一）传统媒体对甘肃城市形象构建的影响

传统媒体主要包括报纸、广播、电视等传播媒介，以政府为主导的单向传播方式为主。甘肃省政府先后在《人民日报》《中国文化报》《中国旅游报》《中国日报》《甘肃日报》等国家和省级主流媒体报纸上对甘肃文化旅游活动进行宣传和报道。在农业农村频道，采用独家冠名合作形式开展甘肃文化旅游宣传推广项目，在甘肃卫视新闻频道、甘肃卫视《天气预报》、《中国旅游报》、《读者》、兰州中川机场、兰州高铁站、兰州火车站、《读者欣赏》等 8 家国内省内优质广告平台进行宣传推广。通过与中国康辉旅游集团、上海春秋国际旅行社（集团）有限公司和新华社等国内重点文旅企业和新闻媒体座谈对接，积极促进合作事宜，做精营销推介、全力打响品牌、开拓客源市场，为甘肃城市形象的持续构建奠定了基础。

甘肃各市州早期城市形象的构建主要依靠传统媒体的传播。例如，依据1981年和1987年、1990年、1933年《人民日报》有关金昌城市的建立和铜镍矿产资源的相关报道，金昌市成功塑造"镍都""拥军城"的城市形象。《甘肃日报》作为甘肃省域最具权威的报刊宣传媒体，在甘肃各市州早期城市形象构建中发挥了最具代表性的重要作用，其中，对省会城市兰州的形象构建经历了兰州工业中心城市—石化产业重镇—干旱城市—污染城市—瓜果城市—商贸城市—和谐兰州—物流中心—兰州蓝—兰马赛—桥文化—黄河文化等城市形象的变迁，在每个特殊的历史发展时期，《甘肃日报》以独特的视角、对典型事件的追踪报道、相关新闻事件多方角度的呈现等方式，为兰州塑造了一个又一个典型的城市形象名片。除此之外，各市州日报和电视台对各自城市形象的早期构建也起到了重要作用。例如，《金昌日报》近年来对金昌市的报道内容由"镍都"等重工业城市发展逐渐扩展到绿色新能源、城市文明形象建设等方面，推动金昌市城市形象构建的内涵进一步充实，城市影响力进一步提升。

（二）历史文化资源对甘肃城市形象构建的影响

历史文化资源在城市形象构建方面起着非常重要的作用，使城市形象构建更具独特性。甘肃拥有八千年的华夏历史文化，是始祖文化、丝路文化、黄河文化、长城文化和红色革命等多元文化汇聚之地，敦煌学、简牍学、彩陶学等代表世界文明的显学发端于此。境内较好保存的秦、汉、明三代长城长达3000余公里，拥有莫高壁画、嘉峪雄关、魏晋砖画，武威天马、西夏古碑、麦积雕塑等一批顶尖级国宝。这些悠久的历史人文资源对甘肃城市形象构建起到了关键作用。"天下第一雄关—嘉峪关""敦煌文化""问道崆峒　养生平凉""戈壁明珠'金'张掖""彩陶之乡—临夏""临夏花儿""骊靬古城—金昌""中国旅游标志铜奔马—武威"等一大批以此为代表的城市形象深入全国各地民众的脑海中，成为游客心之向往的所在地。

（三）饮食文化对甘肃城市形象构建的影响

在当今注重饮食文化的背景下，独具特色的饮食将会给区域城市形象增添独有的魅力。甘肃是一个多民族汇集的地方，境内生活着45个少数民族，还有裕固族、东乡族、保安族3个特有的少数民族。民族汇集的地方也是美食汇集之地。"手抓羊肉""牛肉面""羊羔肉""呱呱""烧鸡""鸡汤糊锅""洋芋搅团""三炮台""甜胚子""灰豆子""甜瓜"等富有地方特色的饮食成为兰州、临夏、白银、天水、平凉、酒泉、陇南、武威等城市形象的代表，成为人们到达目的地后必须品尝的美食。近年来，随着短视频等自媒体的发展，以特色美食为代表的民间体验式城市形象的传播方式越来越吸引游客的注意力。2023年随着"东方甄选—甘肃河西行"活动的举办，以"牛肉面""炒面""高担凉皮""辣子烤肉"为代表的美食销售额呈现井喷式增长，并被冠以"碳水之都"的称号。2024年突然爆火的"天水麻辣烫"，让全国各地近937.5万人次游客涌入甘肃天水，并创下单日接客18万余人次的纪录，为天水创造了近54.3亿元的旅游综合收入。同时，"天水麻辣烫"的爆火还带动了天水麻辣烫底料、门店等其他行业销售量的猛增，全国各地相继新开了近1000家以"天水麻辣烫"命名的门店，使得"天水麻辣烫"通过饮食文化名扬全国，并进一步带动了甘肃历史文化知名度和旅游吸引力的提升，进而推动了天水这座西北小城加大对于城市形象的传播力度。

（四）自然景观对甘肃城市形象构建的影响

独特的自然景观是城市形象名片最有价值的代表。甘肃东西狭长2000余公里，拥有除海洋之外的所有地质景观。截至2024年6月30日，甘肃共有364个A级旅游景区，其中，拥有敦煌鸣沙山·月牙泉景区、嘉峪关文物景区、张掖七彩丹霞景区、炳灵寺世界文化遗产旅游区、天水麦积山景区、平凉崆峒山风景名胜区等7家5A级旅游景区，有兰州兴隆山景区、敦煌雅丹国家地质公园、扁都口生态休闲旅游景区、甘南尕秀藏寨文化生态旅游区等 140 家 4A 级景区，还有阿克塞哈萨克民族风情园、屋兰古镇、古坡草原景区等 267 家 3A 级旅游景区。拥有酒泉市敦煌市月牙泉镇月牙泉村、庆阳市华池县南梁镇荔园堡村、甘南州卓尼县木耳镇博峪村等 30 多家全国乡村旅游重点村落，兰州太平鼓、苦水高高跷、永昌县卍字灯俗、曲子戏、夜光杯雕等 60 多个国家级非物质文化遗产和国家级传承人，兰州刻葫芦、郭氏正骨法、兰州青城水烟制作技艺、永昌贤孝、高山戏等 493 个省级非物质文化遗产和 549 位省级传承人。敦煌市、嘉峪关市、平凉市崆峒区三个国家全域旅游示范区，玉门市、庆城县、会宁县等 12 个省级全域旅游示范区。这些景观各异、民俗文化深厚的自然资源和人文资源为甘肃文化旅游形象宣传奠定了坚实的自然基础。各市州在城市形象构建上也离不开独特自然景观的支撑。例如，"七彩丹霞""雅丹地貌""九色甘南""古羌遗韵""藏乡江南""沙漠奇观""高峡平湖"成为张掖、甘南、陇南、酒泉等城市非常响亮的城市形象名片，每年都吸引成千上万名游客前往这些城市欣赏美景。

（五）新兴媒体对甘肃城市形象构建的影响

近年来，人们使用网络、计算机、手机等的频率越来越高且时间越来越多，逐渐成为人们了解事物、获取资讯的主要媒介。甘肃城市形象的构建也越来越注重新兴媒体的宣传和影响力。在此大环境下，甘肃省推出"一部手机游甘肃"App，使得游客在手机上即可完成景区游览、预约、攻略查看等一体化全方位的畅游和服务体验。同时，甘肃及时开通"甘肃省文化和旅游厅"微信公众号、"微游甘肃"小程序、"云游丝绸之路"直播平台等移动多媒体软件，与"马蜂窝"等年轻时尚的旅游互动网站进行合作，并于 2018 年，邀请国内著名演艺人员作为甘肃省的旅游形象大使，发布甘肃旅游形象宣传片和宣传海报，使得"交响丝路、如意甘肃"成为国内外旅游者耳熟能详的"甘肃印象"。

随着 2005~2016 年全面爆发的"网络直播"，2019 年"新浪微博"、2011 年"腾讯微信"App、2012 年"快手短视频"，2016 年"抖音短视频"、2020 年"微信视频号"等新兴媒体的推出，新兴媒体在城市形象构建中的作用从以政府为主导向民间主导的方向转变，并以民间体验式传播为主要方式。2023 年，"东方甄选看世界—甘肃河西行"系列节目，以"直播+短视频+带货"的形式，充分展示了甘肃河西走廊五个市区丰富的文旅资源、独特的民俗风情、诱人的陇原美食，使得 2023 年甘肃的旅游如夏日骄阳般"火热"十足。据统计，本次活动创造了 8.6 亿次播放量①，使得 2023 年甘肃文旅市场强劲复苏，景区景点游人如织，接待游客、旅游综合收入分别增长 187.8% 和 312.9%②。2024 年，随着一则"天水麻辣烫"的短视频在网上爆火，天南海北、满怀好奇的客人全部因一碗冲上"顶流"的热辣佳肴而涌进这座因"天河注水"而得名的西北遗珠小城——天水，一时间，"诗与远方"成为天水城市的新名片，据统计，仅 2024 年 3~4 月，天水市接待游客 18.11 万人次、旅游消费 1.05 亿元。据统计，3 月至 4 月 28 日，天水累计接待游客突破千万人次，达到 1010 万人次，实现旅游消费 58.6 亿元。③

（六）社会治理与节庆活动对甘肃城市形象构建的影响

通过以政府为主导的社会治理等方式，创建各类"城市名片"，对各区域城市形象的构建与传播也起到了至关重要的作用，比如金昌市分别于 2013 年创建甘肃省最宜居城市、2014 年创建国家园林城市、2015 年荣获全国文明城市、2018 年荣获国家卫生城市称号等各类称号，让人们对金昌资源枯竭型城市的形象认知有了不同程度的改观和提升。2006 年开始，随着专家学者对节庆活动与城市形象营销二者之间关系研究的深入，城市管理者将举办各具特

---

① 《「推进文旅强省建设」"如意甘肃"8.6 亿次播放量的背后——"东方甄选看世界"甘肃行活动效应持续放大》，https：//baijiahao.baidu.com/s? id = 17715380749197609048wfr = spider&for = pc，2023 年 7 月 16 日。

② 任振鹤：《2024 年政府工作报告——2024 年 1 月 23 日在甘肃省第十四届人民代表大会第二次会议上》，https：//www.gansu.gov.cn/gsszf/gsyw/202401/173848735.shtml，2024 年 1 月 30 日。

③ 《【甘肃日报】3 月以来天水累计接待游客突破千万人次 实现旅游消费 58.6 亿元》，https：//wlt.gansu.cn/wlt/c108547/202404/173903107.shtml，2024 年 4 月 29 日。

色的文化娱乐、体育赛事、会展会议作为城市形象构建与传播的主要途径。例如,大型的国际博览会如"敦煌文博会"、兰州"马拉松国际赛事"、"兰洽会"、陇西"药博会"、张掖"中国汽车拉力锦标赛"等,以及各市州依据区域人文特色举办的各类活动。这些活动的举办,不仅向人们展示了城市的地方人文特色,而且通过对人们出行意愿和数量人次的影响,带动当地消费,促进城市经济发展。据统计,2024年,甘肃省兰洽会、文博会、药博会实现招商引资签约金额突破万亿元、到位资金5961.3亿元,分别增长44.1%、41.8%。

二 甘肃城市形象构建传播现状——基于现实视野下的城市掠影

　　城市形象是指某一区域的内外部公众对这一区域的景观特征、历史文化、人文底蕴等内外在体验所形成的一种总体的、抽象的认知和评价,是这一区域综合素质的反映。城市形象从视觉上是一种区别于其他区域的独特标识,从内涵上又是这一区域整体经济社会发展水平的综合体现,从社会公众的角度看,又是内外公众对这一区域的整体体验和综合评价。[①] 一般而言,城市形象的接受者是大众旅行者、塑造来源是旅行目的地、渠道是信息的获取,区域环境是外力因素。因此,一座城市形象塑造和对外推广的主要决定因素是旅游者、旅游地、信息因素以及环境因素。本报告立足于甘肃区域城市,以问卷调查的方式对甘肃城市形象的认知状态、吸引力度、城市形象传达方式等方面进行相关研究,结果如下。

(一)问卷调查基本情况

　　本次调研以网络调研和实地走访调研两种方式展开,课题组选取甘肃14个市州和全国五大区域的民众作为调查对象,主要围绕民众对甘肃城市

---

① 程金龙:《城市旅游形象感知研究——以郑、汴、洛为例》,河南大学博士学位论文,2011,第62~67页。

形象的认知状态、吸引力度、城市形象传达方式等方面开展了为期三个月的调研活动。此次调研共发放问卷 832 份，回收有效问卷 798 份，问卷回收率为 95.91%。

在本次调查中，参与问卷调查的主要是 15~55 周岁民众，其中 15~25 岁占比为 39.85%，26~40 岁占比为 36.09%，41~55 岁占比为 14.16%，56 岁及以上占比为 9.90%。被访民众中主要集中于在校大学生群体和普通上班族，被访民众学历构成如图 1 所示。

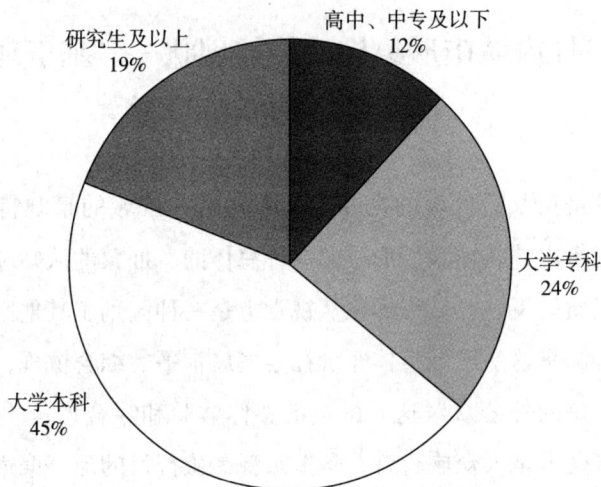

图 1 受访者文化程度情况

为使本次调查结果更具有广布性，分省内和省外两个区域进行调研，其中省内受访民众占 41%，省外受访民众占 59%。同时，为避免混淆和受访过于集中，在抽样调查中，将省外受访区域按照西北（除甘肃以外）、华北、东北、中南、西南以及华东 6 个区域进行划分，受访民众居住区域分布如图 2 所示。

（二）甘肃城市形象的传播途径分析

本次调查中为使调查结果更加清晰明朗，将调查结果按照区域进行

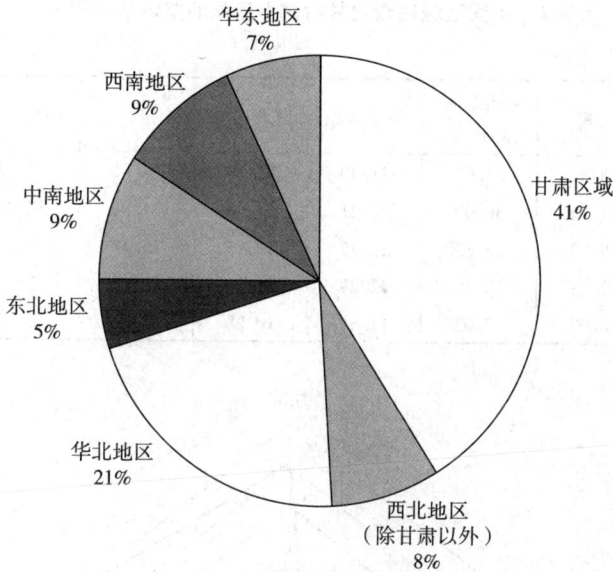

图2 受访民众居住区域分布情况

分类分析。其中，从受访者对甘肃城市形象构建的感知程度看，甘肃本地受访民众对甘肃城市形象都有一定程度的认知，其中有67.79%的受访民众具有较高的感知程度。从全国各区域看，有7.02%~12.66%的受访民众对甘肃城市形象表示不清楚，有21.30%~31.08%的受访民众对甘肃城市形象具有非常好的感知，有24.81%~36.09%的受访民众对甘肃城市形象具有较好的感知，有13.53%~28.70%的受访民众对甘肃城市形象的感知一般，有11.03%~12.28%的受访民众对甘肃城市形象的感知不太好（见表1）。分区域看，对甘肃城市形象感知较好的是西北区域，感知较弱的是中南和华东区域。从传播的主动程度看，省内受访民众中对甘肃相关内容经常传播和完全不会传播的比例分别为25.44%和2.38%，而省外受访民众占比分别为12.66%和12.28%（见图3），说明省内受访民众对甘肃城市形象的传播积极性远高于省外受访民众。

表1　不同区域民众对甘肃城市形象的整体认知程度

单位：%

评价	甘肃	西北区域（除甘肃）	华北区域	东北区域	中南区域	西南区域	华东区域
非常好	33.83	31.08	21.30	25.19	24.81	27.82	21.30
较好	33.96	36.09	35.21	33.96	34.84	32.08	24.81
一般	19.92	13.53	19.55	19.55	15.41	19.30	28.70
不太好	12.28	12.28	12.28	11.03	12.28	12.28	11.15
不清楚	0.00	7.02	11.65	10.28	12.66	8.52	14.04

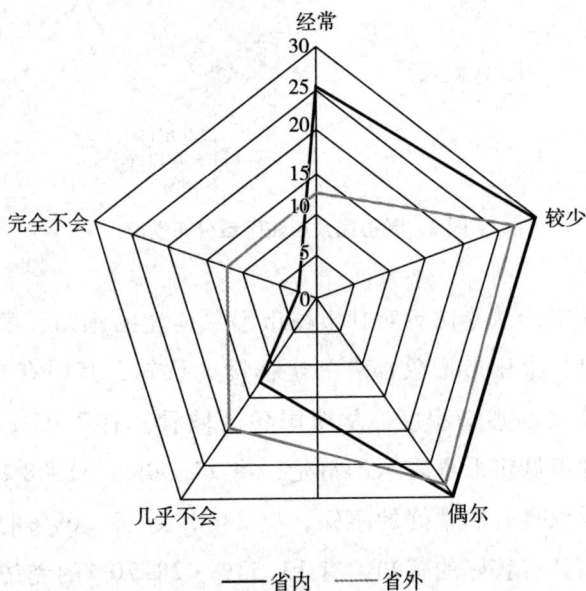

图3　不同区域民众对甘肃城市形象主动传播情况

　　从对甘肃城市形象的认知路径看，受访民众主要从传统媒体、融合媒体、新媒体等途径获知，随着移动多媒体的普及，民众对甘肃城市形象的认知也从以文字、符号为主的平面信息逐渐向以视频为主的立体媒体转变。分区域看，省内和省外民众获取甘肃城市形象的认知途径侧重度有所不同，其中，省内受访民众通过城市宣传片、微信微博、电视广播媒体、新闻客户端、短视频与直播等途径的占比分别为11.03%、19.80%、21.30%、

12.16%、26.07%，而省外民众通过城市宣传片、微信微博、电视广播媒体、新闻客户端、短视频与直播等途径的占比分别为 3.88%、19.55%、11.15%、7.02%、49.50%（见图4）。整体来看，省内和省外民众获取甘肃城市形象的主要途径都是短视频和直播，但是，省外民众中通过此方式了解甘肃城市形象的占到受访人数的将近一半，而省内受访民众只占到1/3，省内受访民众除了通过短视频和直播外，还会较多地关注微信微博、电视广播媒体、城市宣传片等途径中关于甘肃城市形象的认知。

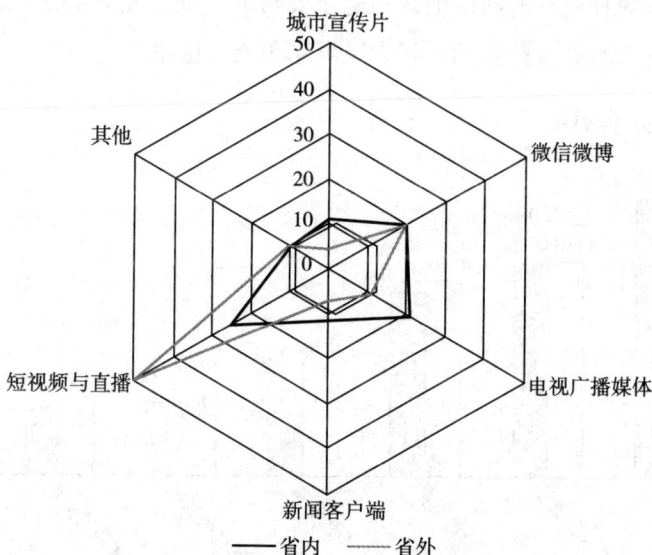

图 4 不同区域民众了解甘肃城市形象途径

（三）甘肃城市形象认知态度分析

一座城市对民众的影响来自多个方面，本次调查问卷结果显示，受访民众认为甘肃城市最具吸引力的地方主要集中在自然风光、历史人文底蕴和特色美食三个方面，但是省内外受访民众的认知分布有所不同，相比于省内受访民众，省外受访民众认为甘肃城市形象最具吸引力的元素中，自然风光与历史人文底蕴占比远远高于其他元素，说明省外受访民众认为甘肃自然风光和历史人文底蕴最具吸引力（见图5）。从省外受访民众对甘肃省各市州吸引力度的认知来看，吸引力度最高的城市是酒泉市（包括敦煌），有57.89%的受访民众选择此座城市，这与拥有2000多年历史、在国际上久负盛名的敦煌文化息息相关，其次为嘉峪关市，有40.10%的受访民众选择此座城市，省会兰州市居第三位，有36.84%的受访民众选择此座城市，而因"天水麻辣烫"大红的新晋网红城市天水市排在第四位，有31.70%的受访民众选择此座城市（见图6）。整体来看，除天水市和兰州市外，排在前六位的城市都为甘肃省的河西地区，这主要与河西地区是丝绸之路的黄金段，以及省外民众对甘肃独有的广阔大漠风光印象息息相关。

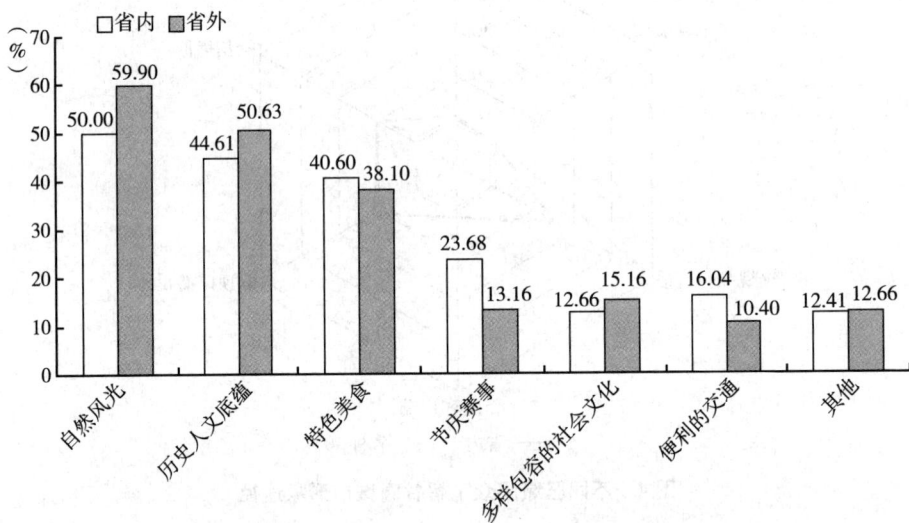

图5 甘肃城市形象构建和传播过程中最吸引民众的内容

三 甘肃城市形象构建面临的挑战

（一）城市形象构建所产生的影响力持续性不足

随着网络技术的普及化和大众化，沉浸式网络传播体验成为城市形象构

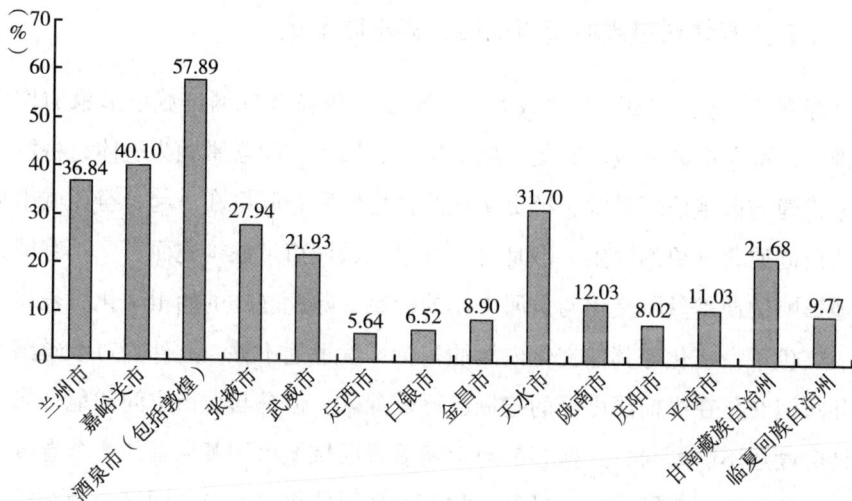

图 6　甘肃 14 个市州对民众的吸引力度

建的主要途径和工具。通过来自全国各地的游客经过"体验—打卡—再体验—再打卡"如此循环往复的传播方式，使不同的民众对甘肃城市形象产生共情并迅速得到有效推广。但是，这种新型网络媒体的传播也具有更多的不可控性。一是热点触发的不可控性。对于大多数甘肃城市而言，其都是以博大精深的历史文化资源和奇特的自然景观为吸引力。城市全方位配套设施建设水平还不高，网络热点的爆发具有不可控性，景点或美食在网络的意外走红，就会有少则几十万多则上百万的游客在短时间涌入网红区域，而给区域的酒店住宿、交通疏导、城市管理带来巨大的压力，很容易造成超负荷的工作和体验感的变差，进而影响游客对甘肃城市形象好感度的降低。二是网络热点传播的不可持续性，以 2024 年初爆红的"天水麻辣烫"为例，自春节后的爆火至五一过后慢慢降火，不到 3 个月的时间，有 1338.17 万人次的游客涌入天水市，随着网络热度的降低，"天水麻辣烫"也慢慢归于平静，而在全国各地因"跟风""蹭热度""赚流量"而新开的天水麻辣烫店也接二连三的倒闭和关门。网络传播的热点以"流量"为根本，但是随着"流量"的流动，"天水麻辣烫"的网络热度也会很快下降。

（二）媒体对甘肃城市本地资源的挖掘不足

综观"重庆""西安""成都""长沙"等持久性网红城市形象的构建与推广，都与本区域城市文化、城市建筑、城市空间紧紧融为一体，将城市形象构建与区域地理景观、历史文化的独特性紧紧联系在一起，避免城市形象建设同质化现象的发生。但是对于甘肃区域城市形象构建而言，具有铺天盖地影响的便是丝路文化与黄河文化的标签，除此之外的始祖文化、长城文化、红色革命文化等其他文化内涵的挖掘深度远远不够。此外，对于丝路文化和黄河文化在纵向深度上的挖掘已比较深入，但是与城市空间和地理景观的结合度还不够紧密，这样容易与丝路沿线区域城市和黄河其他8个省域的城市形象构建出现同质性。另外，甘肃本地媒体机构发布的网络视频在吸引力度和数量上都不够。综观目前关于甘肃城市形象的短视频热度分析，排在前列的主要有类似"东方甄选""房谋杜断"，以及MCN旗下的头部短视频账号，而甘肃本地媒体的宣传还未进入主力军的行列，截至2024年5月18日，新甘肃、每日甘肃、如意甘肃、甘肃文旅、品甘肃在抖音的粉丝数量分别为84.4万、99.8万、66.6万、59.6万、97.0万，均未超过100万，而敦煌老马、三喜爷爷等甘肃本地网红的粉丝量也刚刚过百万，点击量不超过10万，这与"重庆""西安"等网红城市省内与省外短视频比翼齐飞的现状还有一定的差距。

（三）各区域间城市形象构建水平差异性较大

城市形象作为区域发展特色旅游产业的风向标，如何定位极其重要。甘肃于2018年提出"交响丝路·如意甘肃"的宣传口号，并邀请著名演艺人员担任形象大使前往敦煌、张掖、嘉峪关等地拍摄宣传片，使得甘肃的丝路文化在大众旅游者的心中有了一定的定位和吸引度。从城市形象的营销和推广上看，甘肃在此方面的工作也出现失衡的问题。主要表现在两个方面，一是甘肃在城市形象宣传和推广方面过于侧重丝路文化，给予大众游客的印象依旧停留在丝路文化汇聚的河西走廊地区，能够体现甘肃人文精神和地方文化内涵的形象在口号中体现得少之又少。城市形象的构建不仅要体现在独特的自然资源和历史遗迹上，而且应该将甘肃地方人文精神内涵更好地融入其中，这样所表现出来的城市形象才具有甘肃特色。二是甘肃城市形象的宣传和推广呈现两极分化的趋势，从古至今，广大游客对甘肃敦煌莫高窟、嘉峪关城楼、张掖七彩丹霞地貌等丝路历史遗迹和奇特自然景观有着比较深刻的印象，甚至成为外地游客对甘肃旅游的代名词，但是对陇东南、陇中等地区的了解和旅游倾向都不是很高，这些市州的知名度远不及河西地区，使得甘肃城市形象呈现两极分化现象。

（四）城市形象构建的单一性、趋同性问题

一是甘肃城市形象塑造的方式具有趋同性。综观 2023~2024 年甘肃兰州、河西区域以及天水爆火的方式，无不是借助短视频、直播的传播渠道，以自然景观和特色美食为吸引力，使得甘肃某些城市成为民众一时的打卡地。但是随着"流量"的流动，旅游热潮随即归于平静。二是甘肃城市形象在省域外的传播方式较单一。根据本次调查结果，省外受访民众对甘肃城市形象的获知基本来自短视频和网络直播，获知方式十分单一，而且有超过2/3 的省外受访民众认为甘肃城市最具吸引力的为自然景观、历史文化和特色美食。这说明甘肃在城市形象构建方面依然比较依靠传统因素，在城市多元文化内涵、城市空间方面的打造较少，给游客带来的城市文化的沉浸式体验不够。三是城市形象的认知与传播效应分离。甘肃有许多工业城市，比如镍都—金昌、铜城—白银、钢铁之城—嘉峪关、石油之城—玉门，这些作为资源城市独特的品牌，虽然能够让人们产生一定的形象认知，但是对城市形象的传播与吸引力却无法发挥较好的效果。而且这些城市所拥有的自然景观和历史文化资源与城市品牌之间并没有较好地契合在一起，从而造成城市品牌与城市形象之间的脱钩。

四　对策建议

城市形象不仅是一座城市的名片，给人们带去主观性的感受，而且对区

域经济发展和社会文明程度的提高产生直接和间接的促进作用，因此对城市形象的构建、塑造和传播是区域经济社会高质量发展的必要路径和衡量标准之一。本报告根据以上调查研究结果，提出以下几点对策建议。

（一）提升官方与民间在城市形象构建中的融合度

由于新型网络媒体对内容的传播主要依靠大数据和人工智能算法向民众进行推送，这很容易造成推送内容的"数据标签化"，进而导致城市形象的定型化效应，使得甘肃城市中蕴藏的深厚文化内涵不能很好地展现出来。因此，面对当前民间主导的新型网络媒体在生产内容上的片面化和碎片化，政府应选择积极站位，转变视角，以当下网络传播技术和大数据算法为前提，以城市文化底蕴塑造为主要内容，及时对民间关于城市形象内容的传播进行矫正，进而丰富甘肃城市形象的个性化构建。一是采用多点复合传播的策略，丰富甘肃城市形象的内容，将以民间传播为主要方式的网络热点与以官方传播为主要内容的城市符号进行多层次、多交叉互动融合，使甘肃城市形象的构建与传播发挥乘法效应。二是为官方和民间之间搭建话语体系桥梁，在各级市政府开通线上和线下信访窗口，积极采纳群众（尤其是年轻群众）对甘肃城市形象构建方面的建议和传播内容，以群众个人的视角，丰富甘肃城市的形象内涵。

（二）注重甘肃城市本地精神文化资源的挖掘和传播厚度

对于甘肃各区域城市而言，不仅有丰富奇特的自然景观和源远流长的丝路文化、黄河文化，更是一座座历史文化之城，是在中国革命历史上具有独特作用的红色文化之城，是拥有绵绵四千余公里秦、汉、明时期保存最完整的长城，守护中华民族精神根脉生生不息的精神之城。因此，甘肃在城市形象构建方面应根据各市州文化资源的特色，与自然地理景观高度融合，一方面，在区域城市形象内容的塑造上要更注重社会多元文化内涵的涌入，比如加强与著名影视公司的合作，将历史人文资源与影视作品深度结合，提升区域城市的人文内涵，进而塑造个性和持久的区域城市形象。另一方面，培养本区域的网络达人。新型网络媒体，对城市形象内容的制作与传播都是以个人主观意志为转移的，而本区域的群众对各自区域城市的多元文化具有更深入的了解和体验，从而更有可能制作出具有深刻内涵的区域城市形象传播内容，形成破圈传播的效果。

（三）拓展宣传主体，充分发挥"人"的优势

塑造独具特色的城市形象的一个重要作用，就是促进文旅产业的繁荣发展。而所谓文化旅游，就是游客从自己熟悉的环境前往一个相对陌生的环境，领略大好河山，学习历史文化，感知别样的风土人情。文化旅游的每一个环节都离不开旅游者、当地居民等所谓"人"的参与。因此，甘肃要塑造好本地居民和旅游管理者的形象，提升甘肃本地居民的人文素养、树立主人翁意识，同时作为旅游地的管理者，要有足够的文化内涵，时刻站在游客的角度来管理旅游市场，以优质的服务迎接国内外游客，为他们提供一个舒适的旅游环境。同时，要借鉴发达省份对旅游企业的管理经验，打造优秀的旅游服务团队，注重旅游企业自身形象的设计与维护，将打造一流文化旅游管理服务与品牌形象相对应、同发展。

（四）积极推进地域文化与文旅产品的深度融合发展

文化旅游产品在如今城市形象构建中发挥着举足轻重的作用，一方面，文旅产品在游客之间的相互转赠可以引发旅行者对目的地的重新思考和定位，从而在城市形象的宣传和推广中起到一定的媒介作用。另一方面，优质特色的文旅产品对甘肃城市形象的塑造具有一定的推动作用。因此，甘肃在文旅产品的研发中应该避免雷同性、随处可见、不实用性等弊端，根据不同旅游消费者的心理需求，开发具有甘肃地域特色、美观大方、实用性较强的文旅产品，为甘肃城市形象的构建提供助力。

（五）提升甘肃区域城市个性化形象构建水平

甘肃省 14 个市州分布区域不同，虽在同省域范围内，但因社会发展基

础不同，自然环境和人文历史资源种类不同，所塑造的城市形象也具有鲜明的个性。但是，从全国范围来看，相似的自然地理和人文资源比比皆是，因此，甘肃应该在区域城市形象构建方面，将眼光拓宽至全国范围，进而推动每个区域城市形象的个性化构建。以资源枯竭型城市金昌为例，面对全国262座资源型城市，虽然将"镍"作为城市形象构建的载体，但是其个性化和吸引力还远远不够，应借助城市产业发展基础和丝路交通节点，打造以"镍材料"为核心的科技城市新形象，比如将已建成的"火星1号"基地与"镍产业"进行深度融合宣传，提升"镍都"科技城市形象的知名度。

（六）优化甘肃城市形象构建的管理体系

城市形象的构建与传播是感性和理性态度相互融合的过程，随着传播方式、民众认知、社会发展的变迁，城市形象的塑造也不断发生变化，而在这个动态变化的过程中，城市形象的系统管理尤为重要。一是政府要做好城市形象传播的内容管理。政府应根据社会的瞬息变化，提前明确区域城市形象构建的方向，并积极引导群众朝着城市形象构建方向展开传播，减少传播过程中的资源浪费。二是要加强和完善舆情监测机制。在当下社交媒体和移动互联网非常普及的社会，其为城市形象的构建提供了便利的传播途径，又增加了危机公关风险。各级政府需要具备危机应对和效果评估的舆情监测能力，既要应对好文化旅游市场瞬息万变带来的城市形象传播滞后和创新问题，又要处理好因意外情况而发生的危机公关事件，及时消除因负面信息带来的影响，保证区域城市形象构建的可持续性。

B.18

甘肃积石山地震灾后重建调查报告

赵国军　马桂芬　李兰宏*

摘　要： 2023 年 12 月 18 日 23 时 59 分，甘肃省临夏回族自治州积石山保安族东乡族撒拉族自治县人民突然遭受了百年不遇的 6.2 级地震，造成 117 名同胞罹难，784 名群众受伤，公共服务和基础设施严重受损，给人民群众生命财产造成了重大损失。地震发生后，习近平总书记连夜作出重要指示，李强总理等亲临一线指导抗震救灾；省委、省政府和州委、州政府主要领导第一时间赶赴灾区指挥抗震救灾工作；各方救援力量星夜驰援灾区救援，各界爱心人士捐款捐物，各级干部和救援队伍坚持人民至上、生命至上的理念，积极应对、守望相助，创造了甘肃积石山抗震救灾的"中国速度"。面对突如其来的地震，积石山县各族干部群众在党中央国务院、省委省政府、州委州政府的坚强领导下，自强不息、顽强拼搏，取得了抗震救援、过渡安置、温暖过冬、祥和过年、恢复重建的阶段性成果和推进未来高质量发展的良好局面。

关键词： 积石山　地震　灾后重建

　　2023 年 12 月 18 日 23 时 59 分，甘肃省临夏回族自治州积石山保安族东乡族撒拉族自治县发生 6.2 级地震，震源深度 10 公里，震中位于北纬 35.7 度、东经 102.79 度的积石山县柳沟乡，共记录到余震 423 次。地震造成 117 名同胞罹难，784 名群众受伤，50017 户 242765 人受灾，32546 户 149586 人

---

　　* 赵国军，法学博士、哲学博士后，甘肃省社会科学院杂志社总编辑、研究员，主要从事民族社会历史文化研究；马桂芬，法学博士、政治学博士后，中共甘肃省委党校（甘肃行政学院）甘肃发展研究院教授，主要从事民族经济研究；李兰宏，临夏州应急管理局干部。

需安置。公共服务和基础设施严重受损，给人民群众生命财产造成重大损失。地震最大烈度为Ⅷ度（8度），等震线长轴呈北西走向，长轴124公里，短轴85公里，Ⅵ度（6度）区及以上面积8364平方公里，其中甘肃省5232平方公里，青海省3132平方公里。此次地震涉及甘肃省3个市（州）9个县（市、区）88个乡镇（街道）以及太子山天然林保护区、盖新坪林场，地震波及青海省2个市（州）4个县（市、区）30个乡镇。

一　积石山地震发生后的救援

（一）党中央、国务院的关怀和支持

地震发生后，习近平总书记连夜对甘肃临夏州积石山县6.2级地震作出重要指示，要求全力开展搜救，妥善安置受灾群众，尽最大努力保障人民群众生命财产安全。灾区地处高海拔区域，天气寒冷，要密切监测震情和天气变化，防范发生次生灾害。要尽快组织调拨抢险救援物资，抢修受损的电力、通信、交通、供暖等基础设施，妥善安置受灾群众，保障群众基本生活，并做好遇难者家属安抚等工作。请国务院派工作组前往灾区指导抗震救灾工作，解放军、武警部队要积极配合地方开展抢险救灾，尽最大努力保障人民群众生命财产安全。[①]

中央政治局常委、国务院总理李强也作出批示：要求全力组织抢险救援、搜救被困人员并救治伤员，尽最大努力减少伤亡。正值冬季，要抓紧核实灾情，尽快抢修受损基础设施，妥善做好受灾群众转移安置工作，及时发布信息，维护灾区社会稳定。要加强震情监测，防范各类次生灾害，切实保障群众生命财产安全。[②]

2023年12月23日，李强总理赴甘肃积石山震灾区检查指导受灾群众过

---

① 《习近平对甘肃临夏州积石山县6.2级地震作出重要指示》，新华社，2023年12月19日。
② 《习近平对甘肃临夏州积石山县6.2级地震作出重要指示》，新华社，2023年12月19日。

冬安置和灾后恢复重建等工作，先后到大河家镇大河村、陈家村、梅坡村等地实地察看受灾现场，走进安置点与受灾群众交流，向当地干部详细了解群众安置、物资保障、板房搭建等方面的情况。他强调，确保受灾群众安全温暖过冬，是当前的重中之重。要与时间赛跑，把救灾物资和生活必需品第一时间配发到安置点和群众手中，争分夺秒搭建板房，让眼下在帐篷中安顿的受灾群众尽快搬入，并扎实做好御寒保暖、食品安全、防火巡查等工作。抓紧对震区房屋进行评估，符合安全要求的可按照自愿原则引导群众有序返家居住，符合修缮条件的要抓紧修缮到位。全面推进各类设施特别是学校、医院等特殊场所修缮加固，消除风险隐患，确保安全复课复工复市。要提前做好开春后全面恢复重建规划，并与巩固拓展脱贫攻坚成果紧密结合起来，帮助灾区群众改善生产生活条件，防止发生规模性因灾返贫致贫。要全力做好伤员救治，尽最大努力抢救生命、减少伤残。及时提供心理疏导，确保灾区群众身心健康。各级干部要把群众工作进一步做实做细，及时了解受灾群众困难诉求，切实帮助解决实际问题，让他们充分感受到党和政府的温暖。①

国务院抗震救灾指挥部深入贯彻习近平总书记重要指示精神，认真落实党中央、国务院部署，各成员单位快速响应，积极主动地指导协助开展抗震救灾各项工作。国务院抗震救灾指挥部、应急管理部将国家地震应急响应提升至二级，国家防灾减灾救灾委员会、应急管理部将国家救灾应急响应提升至二级。应急管理部紧急调拨中央救灾物资，紧急启动中央企业应急联动机制、军地抢险救灾协调联动机制和航空救援协调联动机制，统筹调派多方应急救援力量，全力支援抗震救灾。国家发展改革委紧急下达 2.5 亿元灾后应急恢复重建中央预算内投资，支持地震灾区的基础设施和公共服务设施应急恢复建设，加强能源协调调度，统筹做好煤电油气运保障工作。工业和信息化部第一时间启动应急通信保障预案，调度部署抗震救灾应急通信保障工作。公安部启动 24 小时联勤值守，受灾地区公安机关全警投入，做好人员

---

① 《李强在甘肃、青海地震灾区检查指导受灾群众过冬安置和灾后恢复重建等工作》，《光明日报》2023 年 12 月 24 日，第 2 版。

搜救、灾情核查、秩序维护、道路保畅等工作。民政部指导帮助受灾地区民政部门全力做好受灾群众救助帮扶，确保受灾群众基本生活。财政部、应急管理部紧急预拨中央自然灾害救灾资金 2 亿元，支持地方开展抗震救灾工作。自然资源部对低温雨雪冰冻天气、地震特别是二者叠加情况下地质灾害防范工作进行专门部署。生态环境部指导防范地震次生的环境污染问题。住房城乡建设部紧急组建专家组赶赴灾区，指导帮助灾区开展房屋建筑和市政设施受损情况摸排、应急评估、市政设施抢险抢修等工作。交通运输部迅速部署抢险救援、灾损排查、保通畅通等各项工作。水利部部署做好水库、堤防、灌区、农村供水设施等水利工程等震损排查、险情处置等工作。农业农村部重点指导地方做好灾后动物防疫、环境消毒等工作。商务部建立内蒙古、山东、广西、四川、云南、陕西、宁夏、甘肃、青海 9 省联保联供机制，做好物资应急调动。国家卫生健康委调派具有丰富紧急医学救援经验的专家和国家突发急性传染病防控队赶赴灾区。国资委督促指导中央企业迅速排查电力、通信等基础保障设施受损情况，指导企业积极参与抗震救灾。国家气象局及时开展抗震救灾气象服务，围绕抗震救灾群众安置、救援运输等提供精细化服务。文化和旅游部组织排查文旅设施受损和游客受灾受困情况。市场监管总局部署加强震区食品安全、工业产品质量监管和价格监管工作。民航局部署应急救援工作，开通飞行计划审批绿色通道。地震局强化震情监视跟踪与趋势分析研判，协助组织人员搜救、群众安置等现场应急工作。中国红十字会派出搜救、医疗、赈济等救援队伍赴灾区一线开展救援，紧急调拨救灾资金和物资。国家金融监督管理总局统筹指导做好保险理赔服务和金融服务等工作。粮食和储备局按照应急管理部调用指令，组织紧急调运中央救灾物资，确保按照调运需求快速抵达指定灾区。能源局排查和紧急抢修供电设施。国防科工局启动民商卫星应急响应机制，向应急救灾部门推送灾区影像数据。共青团中央向灾区划拨团费开展服务受灾群众安置和震区废墟清理等工作。①

---

① 《国务院抗震救灾指挥部各成员单位全力做好甘肃积石山 6.2 级地震抗震救灾工作》，应急管理部网站，https://www.gov.cn/lianbo/bumen/202312/content_6921855.htm，2023 年 12 月 22 日。

（二）省委、省政府的重视

地震发生后，省委书记胡昌升、省长任振鹤第一时间在省委应急值班室调度救灾工作，并连夜赶往灾区一线。于12月19日凌晨抵达积石山县，立即指挥应急救援，研判震情形势，部署抗震救灾工作。要求把抢救生命放在第一位，尽一切努力搜寻被困人员、救治伤员、转移安置受灾群众。要尽快核查核实灾情，全力做好交通、电力、通信保畅保通，科学有序开展救援工作。① 随后分别前往灾情最严重的大河家镇、刘集乡，实地察看灾情，看望受灾群众，强调要把抢救生命作为首要任务，调集专业救援力量，抓住黄金救援期，一刻不停、分秒必争，千方百计搜救受灾群众。并于2023年12月19日召开抗震救灾指挥部会议，深入学习领会习近平总书记重要指示精神和李强总理批示要求，认真贯彻张国清副总理在甘肃指导抗震救灾工作时的具体要求，听取抗震救灾进展情况汇报，研究部署下一步重点工作。② 12月20日，省委书记胡昌升在积石山县石塬镇主持召开村党支部书记座谈会，要求州委书记、县委书记、镇党委书记、村党支部书记"不说客套话、不讲成绩，直接说最困难的事，提最迫切的需求，讲问题、谈建议"。③

2023年12月21日，省委书记胡昌升主持召开抗震救灾指挥部会议，分析当前工作存在的问题和不足，研究部署下一步重点任务。12月22日，省委书记胡昌升在积石山县主持召开省委常委会会议，传达学习习近平总书记重要指示精神，进一步研究部署甘肃省抗震救灾工作。省长任振鹤在积石山县专题研究部署受灾群众固定性临时安置房建设推进工作。12月24日，省委书记胡昌升先后来到积石山县胡林家乡高关村、胡林家村和关家川乡李

---

① 张富贵、金鑫：《临夏州积石山县发生6.2级地震 胡昌升任振鹤连夜抵达积石山县指挥应急救援》，《甘肃日报》2023年12月19日。

② 张富贵、金鑫等：《胡昌升任振鹤在积石山县现场指挥救灾 全力组织救援妥善安置受灾群众 切实保障人民群众生命财产安全》，甘肃省人民政府网站，https://www.gansu.gov.cn/gsszf/gsyw/202312/173818439.shtml，2023年12月19日。

③ 张富贵、金鑫：《"说最困难的事，提最迫切的需求！"——五级书记共同研究如何确保受灾群众温暖过冬》，《甘肃日报》2023年12月21日。

家山村，实地察看群众房屋受损、临时安置、基本生活保障和开展自救互救等情况，详细了解受灾群众的实际困难，强调全力实事求是科学鉴定受损房屋，因地制宜妥善做好过渡安置。12月24日，省长任振鹤到集中和分散安置点、固定性过渡安置房搭建现场和受灾群众家中，督促推进抗震救灾重点工作落实。①

12月26日，省委书记胡昌升深入受灾镇村、集中安置点、学校、商铺和企业，实地检查指导抗震救灾工作、慰问受灾群众，并主持召开省抗震救灾指挥部会议，强调要争分夺秒搭建受灾群众安置板房，千方百计推进灾区生产生活恢复。省长任振鹤在积石山县大河家镇主持召开受灾群众固定性过渡安置房建设第三次专题推进会，并主持召开受灾群众固定性过渡安置房建设调度会，研究部署加快活动板房搭建、组织受灾群众有序搬迁、有关配套设施建设等工作。并同国务院抗震救灾指挥部工作组举行会谈，共同研究抗震救灾和灾后恢复重建工作。

12月28日，省长任振鹤到积石山县大河家镇四堡子村、刘集乡阳洼村、高李村，大河家小学、陶家小学、阳山希望小学，察看集中和分散安置点固定性过渡安置房配套建设、教学用活动板房需求和到位情况，听取对灾后重建工作的意见建议。并主持召开受灾群众固定性过渡安置房建设调度会，逐一研究措施、明确时限、提出要求。

（三）各方力量救援和救助

地震发生后，在党中央和国务院的高度重视、殷切关怀下，在省委、省政府和州委、州政府的坚强领导下，抗震救灾迅速启动，国务院抗震救灾指挥部紧急成立工作组、省委和省政府成立抗震救灾指挥部。应急管理、卫健、教育、公安、交通运输、通信、电力和物资储备等部门迅速启动应急响应，投入精干力量开展抢险救灾，人民解放军、武警官兵、消防救援及浙江、宁夏、四川、天津、陕西等地的社会救援力量星夜驰援积石山地震灾区

---

① 以上综合《甘肃日报》、甘肃省人民政府网站相关信息和报道。

救援和救助，甘肃兰州、临夏等地的志愿者携食材连夜赶赴灾区开展志愿服务，一碗碗热腾腾的牛肉面、一个个暖心的包子及时方便地为受灾群众和救援人员提供用餐方便，全国社会各界爱心人士捐款捐物支援灾区。

二　扎实推进积石山地震灾后重建

2023年12月28日24时起，积石山地震二级应急响应终止，转入安置救助及恢复重建。

（一）党中央、国务院关心重建

2024年9月10~13日，习近平总书记在甘肃考察时，在听取甘肃省委和省政府工作汇报后，发表重要讲话。强调要做好积石山地震灾区等受灾群众生活保障和灾后恢复重建工作，确保群众安全温暖过冬。

2024年3月5日，李强总理在2024年《政府工作报告》中提出："做好甘肃积石山地震等抢险救援，加强灾后恢复重建。"[①]

2024年7月，中共中央政治局委员、中央统战部部长石泰峰在甘肃调研时赴积石山县，走进地震灾后恢复重建集中安置点、产业园、学校和受灾群众家中，查看灾后帮扶安置和生产生活恢复情况。[②]

（二）省委、省政府高度重视灾后重建

2023年12月29日，省抗震救灾指挥部在临夏州积石山县召开会议，会议指出，地震发生以来，在党中央、国务院的坚强领导下，在国家部门、兄弟省份和社会各界的大力支持下，各级党委和政府迅速反应科学指挥、军

[①] 李强：《政府工作报告——2024年3月5日在第十四届全国人民代表大会第二次会议上》，中国政府网，https://www.gov.cn/yaowen/liebiao/202403/content_ 6939153.htm，2024年3月12日。

[②] 《石泰峰在甘肃调研时强调　扎实做好新时代党的民族宗教工作　推动铸牢中华民族共同体意识和我国宗教中国化工作走深走实》，《甘肃日报》2024年7月14日。

地双方并肩携手密切协作、干部群众同心同向守望相助、社会各界向险而行紧急驰援，我们打赢了抢险救人、转移安置、保通保畅、板房筹建、秩序恢复五场硬仗，最大限度地减轻灾害造成的损失，推动抗震救灾取得重大阶段性成果。会议强调，当前震情发展趋势基本稳定，灾区社会秩序基本恢复正常，抗震救灾已由抢险救援、应急性临时安置、固定性过渡安置转向受灾群众救助和恢复重建阶段。①

2024年1月1日，省委书记胡昌升在积石山县大河家镇主持召开省抗震救灾指挥部会议，强调要继续保持劲头不松、力度不减、标准不降，以"时时放心不下"的责任感，全力以赴加快工作进度，高标准高质量完成安置救助后续工作和恢复重建各项任务。

2024年1月，省长任振鹤在2024年《政府工作报告》重点工作中强调："全力抓好灾后重建。把积石山县地震灾区灾后重建作为重大政治任务，加强固定性转移安置点精细化服务，维护良好生产生活秩序。科学编制灾后重建规划，坚持政府主导、群众主体，在充分尊重群众意愿的基础上，集中安置与分散安置相结合，优化公共服务设施布局。管好用好救灾资金和物资，做到节约高效、公开透明。我们要上下一条心、干群齐努力，加快恢复重建进度，力争在庆祝中华人民共和国成立75周年之前，让受灾群众搬进新居。"②

2024年1月11日，省委书记胡昌升主持召开省委常委会会议，研究部署积石山县灾后恢复重建工作。会议强调，灾后恢复重建是党中央十分关心、社会各界广泛关注、灾区群众热切期盼的大事。各级各有关方面要以强烈的政治自觉、深厚的民生情怀、精细的工作态度，坚持上下联动，紧盯时间节点，聚合资源力量，高质量、高水平、高效率落实规划编制、政策衔接、项目谋划、建设选址、用地预审、过渡安置等各项重点任务，为全面改

---

① 张富贵：《省抗震救灾指挥部召开会议　深入细致用心用情保障基本生活　攻坚克难再接再厉重建美好家园》，《甘肃日报》2023年12月30日。

② 任振鹤：《政府工作报告——2024年1月23日在甘肃省第十四届人民代表大会第二次会议上》，每日甘肃网，2024年1月31日。

善灾区基本生活条件、基础设施保障和公共服务水平奠定扎实基础。① 自此，省、州、县、乡各级政府按照习近平总书记的重要讲话和指示精神，坚持人民至上，厚植人民情怀，尊重群众意愿，做好群众工作，有序有力有效推进重建任务。省委书记胡昌升、省长任振鹤先后多次赴积石山县地震灾区调研指导灾后重建工作，省政协主席等省级领导赴积石山县地震灾区调研指导相关重建工作。

（三）省、州、县政府扎实推进灾后重建

临夏将灾后恢复重建作为"一号工程"，建立省、州、县三级协调联动扁平化运行机制，省、州、县分级成立了由党政主要领导负责的工作机构，实时跟进工作进展、研究部署阶段任务，有力有序推进各项工作落地实施。进入灾后重建阶段后，临夏州谋划了居民住房、安置区配套、公共服务、基础设施、产业振兴、防灾减灾六大类 374 个项目，总投资 174.8 亿元。②

省、州住建部门组织 671 名专家开展房屋建筑受损情况摸排、应急评估等工作，对全县 17 个乡镇、10 个社区、145 个行政村住房进行安全评估，共评估房屋 57048 户，其中可入住的 30145 户，需全部拆除的 9432 户，需部分拆除的 17471 户。省自然资源厅对全县地质灾害隐患点进行全面排查，在原来 444 个地质灾害隐患点基础上新增 69 个，全县共确定地质灾害隐患点 513 个。省地震局组织开展地震断裂带监测，确定地震活动断裂带分布位置和重建避让范围。组织开展群众灾后搬迁意愿摸底工作，提出了 13 个永久集中安置点方案。

搭建过渡期临时性集中安置点 233 个，建成板房 14612 间，入住 12137户 58265 人。各安置点全部实现通电、通水、通网，监控摄像头实现全覆盖，一氧化碳报警器覆盖所有入住板房，同时配备安置点学校、文化室、卫

---

① 张富贵：《省委常委会召开会议　省委书记胡昌升主持　传达学习习近平总书记重要讲话　研究我省贯彻意见安排部署有关工作》，《甘肃日报》2024 年 1 月 11 日。

② 艾庆龙：《甘肃积石山灾后重建：公共服务设施修建基本完成》，中国新闻网，2024 年 9 月 25 日。

生室、消防室等各类基础功能室。其他受灾群众，通过投亲靠友安置了3792户17163人、公共设施安置了29户113人、租赁住房安置了1658户7335人、其他方式安置了2678户12795人，安全住房回迁12235户53794人。为了加强抢险救灾和安置群众的管理，临夏州选派4名常委包抓4个重点乡镇，145名副县级干部在145个行政村担任第一书记；积石山县组织42名县级干部到17个乡镇督促指导工作，抽调2175名党员干部、2261名县直单位包户长、359名乡镇干部下沉到一线工作。

按照国家和省、州发改委灾后恢复重建规划编制的要求，全县共上报各类灾后恢复重建项目312个，计划投资188.35亿元，上报国家发改委进行审定。启动积石山县灾后恢复重建实施方案的编制工作。目前，已开工灾后恢复重建项目22个，其中学校维修项目19个、污水处理项目2个、环保厕所设置项目1个。同时，组织建材生产、供销企业和国有公司，储备钢筋、水泥，预订商砼、门窗等建材物资，做好灾后恢复重建准备工作。

到2024年9月，积石山县灾后恢复重建投入项目资金共计74.35亿元，其中，国债资金38.61亿元、中央自然灾害救灾资金10.57亿元、省级自然灾害救灾资金0.2亿元、中央预算内资金2亿元、省级预算内0.37亿元、行业部门专项资金4.89亿元、省级财政配套资金3.46亿元、州级财政安排资金0.2亿元、住房贷款贴息资金0.22亿元，接收各类捐赠资金13.83亿元。已支出资金50.53亿元，支付率67.96%，其中国债资金26.73亿元、中央预算内资金1.32亿元、中央自然灾害救灾资金6.81亿元、其他财政资金支出3.41亿元、住房贷款贴息资金0.04亿元、捐赠资金12.22亿元。

在重建进度方面紧紧围绕"确保9月底集中安置住房全部交付，部分群众入住"的目标任务，抢抓时间，冲刺施工。到2024年9月，积石山县灾后恢复重建规划实施项目251个，已开工185个，开工率73.7%，已完工77个，其中教育类项目38个、卫生类项目14个、水利类项目9个、农业类项目9个、养老社服类3个、社会管理类3个、工商业类1个。纳入国家总体规划项目211个，已开工159个，开工率75.4%，已完工60个，其中教育类项目31个、卫生类项目14个、水利类项目9个、养老社服类3个、社会管理类 3 个。已完成两个"确保":确保 8 月底所有新建重建学校竣工交付使用,9 月 1 日各级各类学校全部如期开学;确保 9 月底前所有安置房屋交付使用,部分群众国庆节前搬入新居,全县 13 个安置点工程基本全部结束,集中安置点住房全部交付,安置点社区管理、物业管理正常运转。据统计,积石山县原址重建 10004 户,已完工 9947 户,完成率 99.43%,已入住 8519 户,入住率 85.16%。维修加固 29159 户,已全面建成;已入住 28994 户,入住率 99.43%。自建验收完成竣工住房验收 38638 户,完成率 98.82%,农户自建已进入收尾阶段,10 月中旬全部入住。

在重建过程中,特别强调基础设施的全面恢复,包括路、电、水、网等基础设施和教育、养老、托育等公共服务设施建设。这些措施旨在全面完成受损学校、医院等设施的维修加固,确保灾区生产生活条件整体恢复提升。

扎实推进县城两个供暖项目,吹麻滩镇城南社区热源厂建设项目主体结构、主机设备、水冷壁等已全部完成,10 月 20 日点火调试;县城区供热管道老化更新改造项目管道埋设在 10 月 15 日前已全面完成。同时,积石山县已经储备棉被毛毯、棉衣棉鞋等过冬物资 19.5 万件,县民政部门提前准备为五保户、一二类低保、孤儿等困难群体预订的取暖燃煤、棉衣棉鞋等价值 400 余万元的过冬物资已陆续发放,购置补充折叠床、棉被棉褥、火炉、煤炭等取暖物资,重点覆盖困难弱势群体,确保群众温暖过冬。

按照"一圈一棚一股一贷一岗"模式,为搬迁群众精准制定"一户一业"扶持方案,对已摇号分房的 7782 户群众配股到位。全面落实群众增收奖补政策,落实一次性务工交通补贴、劳务奖补 2605 万元,中药材、藜麦、食用菌、高原夏菜等特色种植奖补 5221 万元,圈舍维修、能繁养殖奖补 8099 万元,新纳入城乡低保 2946 人,落实临时救助 14629 人(次)1667 万元。到 2024 年第三季度末,全县城镇居民人均可支配收入 20364.7 元,农村居民人均可支配收入 5527.6 元,同比增速分别为 8.5%、11%。

三　积石山地震救援和重建经验启示

（一）党中央、国务院关心

地震发生后，习近平总书记连夜作出重要指示，李强总理批示，张国清副总理第二天即赶到灾区指导。国家将地震应急响应提升至二级，各相关部门、救援机构迅速响应，连夜驰援灾区为地震救援和灾区救助提供了强大支持。

（二）省、州、县、乡、村五级联动抗震救灾

地震发生后，省委书记胡昌升、省长任振鹤第一时间在省委应急值班室调度救灾工作后，立即连夜赶往灾区一线指挥，州、县、乡、村各级迅速投入救援救助工作。

（三）交通基础设施发挥了重要作用

2024年以来，甘肃不断推进县县通高速工程等交通基础设施建设，各地交通通行情况发生了翻天覆地的变化。地震发生前，通往积石山的高速公路刚开通不久，为地震后灾区救援力量和物资快速到达灾区和受伤群众转外救治等提供了非常重要的保障。

（四）社会各界爱心暖心支援

地震发生后，除国家和社会救援力量连夜驰援灾区救援外，全国各地社会各界机构、企业、爱心人士先后纷纷向灾区捐款捐物，支援灾区救援和重建，显示中华民族的大爱无疆，一方有难、八方支援的美德。

（五）现代通信方式发挥一定作用

灾区处于高寒地区，并且冬季深夜温度较低。地震发生后，当地县、

乡、村组织救援和救助,各乡镇、各村社群众即时迅速通过微信群等传递信息,开展自救和互相救援救助。正是这样的通信方式,为救援和救助提供了一定的帮助,哪里需要什么样的救援和救助,需要者只要发出信息,就会迅速一传十、十传百,得到政府和社会爱心人士的及时帮助。同时,自媒体和传统媒体在此次抗震救灾中也发挥了作用,大力宣传抗震救灾感人事迹和先进典型,深入挖掘干群同心、军民同心、警民同心、携手抗震的典型事例,唱响社会主旋律。一个个感人的救援和救助事迹,迅速通过自媒体传到各地,彰显中华大爱精神。

四　积石山灾后高质量发展存在的困难

(一)受自然地理气候限制明显

积石山位于甘肃省南部,临夏回族自治州东部,处于黄土高原与青藏高原的过渡地带,地势西南高、东北低,海拔高度在 1735~4309 米,属于典型的大陆性季风气候,冬春干燥,夏秋湿润,年降水量在 467~734 毫米。自然地理环境对发展造成一定限制。

(二)县域经济发展水平较低

近年来,积石山在发展农业产业方面虽然取得了一定进展,但仍面临诸多挑战,如农业基础设施薄弱、农业生产资料供应不足、农产品加工和销售渠道不畅等问题。这些问题不仅影响了农业产业的可持续发展,也制约了农民收入的稳定增长。

(三)经济发展模式单一

积石山在灾后重建中,为了后续发展虽然已经开始着手优化产业结构,但传统的农业和养殖业仍占据主导地位,单一产业结构导致就业机会有限,尤其是非农就业岗位不足,对于年轻劳动力的吸引力不足。

（四）人力资源开发不足

积石山地震后，为帮助灾区加快恢复重建，采取了开发公益性岗位、支持群众服务家乡、拓展新职业就业机会等措施，但这些措施在实施过程中仍面临诸多挑战，县域内能够长期提供的就近就业岗位不多。

五　积石山灾后高质量发展的对策建议

（一）增强基础设施抗震能力

积石山地震频发的地质特点要求必须加大基础设施建设的投入，特别是要提高群众住房等基础设施的抗震能力。在今后的建设过程中，要执行更为严格的建筑抗震标准，确保新建和重建的建筑物能够抵御未来可能发生的地震。此外，还应建立健全建筑物的定期检查和维护制度，确保基础设施长期保持良好的抗震状态。

（二）优化公共服务布局

在公共服务设施规划阶段，应充分合理规划，考虑人口分布、地理环境和群众需求，合理布局学校、医院、文化中心等公共服务设施。并在建设标准上，使用抗震性能好的材料和结构。例如，医院的建设应考虑到紧急情况下的疏散和救治功能，学校应具备改造为临时避难所的条件。在服务功能上，公共服务设施应具备多样性和灵活性，能够根据不同情况调整服务内容，满足受灾群众的多样化需求。

（三）提升现代信息技术服务水平

利用现代信息技术提升公共服务效率和质量，在信息网络建设方面，应构建覆盖全县的公共服务信息网络，通过互联网、移动通信等技术，实现信息资源的共享和快速传递。这不仅能提高公共服务的效率，还能加强政府与民众之间的互动。利用大数据、云计算等技术建立智能管理系统，实现资源的优化配置和高效利用，进一步提升公共服务的质量和效率。

（四）以产业融合推动产业发展

结合招商引资工作，既要"引进来"，更要"走出去"，持续引进手工制造及轻工企业，引导劳动力在家门口就近就业。支持传统产业的技术改造和设备更新，提高产业的附加值和竞争力，促进新兴产业和绿色产业的发展，支持培育地方文化旅游、特色农业等产业发展，拓宽市场渠道，提升地方特色产品品牌影响力等。通过这些措施，推动灾区产业发展，增强地方经济发展的内生动力，为县域高质量发展奠定坚实的基础。

产业融合是现代农业发展的趋势，积石山应推动农业与加工业、旅游业之间的深度融合，形成新的产业发展模式。首先，农业作为基础产业，通过与加工业的融合，可以实现农产品的增值。其次，推动农业与旅游业融合发展，发展休闲农业、观光农业等新型业态。例如，建设农业体验园、采摘园，让游客在体验农业生产的过程中，享受田园风光，体验农耕文化，这种模式既丰富了旅游体验，又为农业带来了新的经济增长点。最后，三产融合需要政府的支持和引导，通过制定相关政策、提供财政补贴、加强基础设施建设等措施，为三产融合创造良好的发展环境。对于当地特色农产品如花椒、核桃等，可以通过精深加工，满足市场的多样化需求，并带动农民从单纯的农业生产转向更为广阔的市场领域。通过产业融合，构建起以农业为基础、加工业为支撑、旅游业为带动的产业发展新模式，实现经济社会的全面发展。

（五）推动文旅产业和乡村旅游发展

全力推进大墩峡 4A 级景区、乡村游客中心、旅游厕所、停车场等旅游公共服务设施维修加固，进一步完善旅游基础设施，使全县旅游基础条件和接待服务能力赶上或超过灾前水平，辐射带动群众增收。

乡村旅游是促进农村经济发展、传承民族文化的有效手段。乡村旅游的发展还能带动当地基础设施的改善和旅游服务业的发展，为当地居民提供就业机会，促进农民增收渠道的多元化。通过乡村旅游的发展，可以有效推动当地经济的转型升级，实现可持续发展。积石山可以依托当地的自然景观，如山水风光、田园风光，开发徒步、骑行、摄影等旅游项目，吸引游客体验自然之美。同时，结合当地的民族文化，如保安族、东乡族的文化特色，开发民族风情体验游，让游客参与民族歌舞、手工艺品制作等活动，感受独特的民族文化魅力。

（六）推动美食产业发展

采取龙头企业带动、个体户参与、奖补资金支撑等形式打造美食产业发展新格局，利用"河州味道、临夏美食"的积石山美食产业特色，促进美食产业提质扩面，让"河州味道、临夏美食"成为群众就业创收的"金饭碗"。同时，纵深推进电子商务等新兴产业，以多元产业格局助推群众生产生活全面改善。

（七）多措并举，健全帮扶体系

用足用好各类帮扶资源，引导社会力量帮扶群众。把群众稳定增收作为核心任务，结合"百万农民增收"工程和防止返贫就业攻坚行动，加大到户产业奖补和创业担保贷款投放力度，开辟劳务输转、帮扶车间和农村公岗、自主创业等多种就业渠道，扶持群众发展种植养殖、餐饮门店、农村电商等多种业态，强化联农带农机制，确保群众收入只增不减。全力消除返贫致贫风险，坚决守牢不发生规模性返贫的底线。

社会科学文献出版社

皮书

智库成果出版与传播平台

❖ 皮书定义 ❖

皮书是对中国与世界发展状况和热点问题进行年度监测，以专业的角度、专家的视野和实证研究方法，针对某一领域或区域现状与发展态势展开分析和预测，具备前沿性、原创性、实证性、连续性、时效性等特点的公开出版物，由一系列权威研究报告组成。

❖ 皮书作者 ❖

皮书系列报告作者以国内外一流研究机构、知名高校等重点智库的研究人员为主，多为相关领域一流专家学者，他们的观点代表了当下学界对中国与世界的现实和未来最高水平的解读与分析。

❖ 皮书荣誉 ❖

皮书作为中国社会科学院基础理论研究与应用对策研究融合发展的代表性成果，不仅是哲学社会科学工作者服务中国特色社会主义现代化建设的重要成果，更是助力中国特色新型智库建设、构建中国特色哲学社会科学"三大体系"的重要平台。皮书系列先后被列入"十二五""十三五""十四五"时期国家重点出版物出版专项规划项目；自2013年起，重点皮书被列入中国社会科学院国家哲学社会科学创新工程项目。

法律声明

"皮书系列"（含蓝皮书、绿皮书、黄皮书）之品牌由社会科学文献出版社最早使用并持续至今，现已被中国图书行业所熟知。"皮书系列"的相关商标已在国家商标管理部门商标局注册，包括但不限于 LOGO（▨）、皮书、Pishu、经济蓝皮书、社会蓝皮书等。"皮书系列"图书的注册商标专用权及封面设计、版式设计的著作权均为社会科学文献出版社所有。未经社会科学文献出版社书面授权许可，任何使用与"皮书系列"图书注册商标、封面设计、版式设计相同或者近似的文字、图形或其组合的行为均系侵权行为。

经作者授权，本书的专有出版权及信息网络传播权等为社会科学文献出版社享有。未经社会科学文献出版社书面授权许可，任何就本书内容的复制、发行或以数字形式进行网络传播的行为均系侵权行为。

社会科学文献出版社将通过法律途径追究上述侵权行为的法律责任，维护自身合法权益。

欢迎社会各界人士对侵犯社会科学文献出版社上述权利的侵权行为进行举报。电话：010-59367121，电子邮箱：fawubu@ssap.cn。

社会科学文献出版社